KB089710

동해의
물길 따라

함영덕 저

B (주)백산출판사

아름다운 동해바다와 설악의 비경이 담긴 산하를 답사하면서 그동안 미완으로 남겨둔 부분을 다시 정리하게 되어 감회가 새롭다. 세상은 넓고 문화는 다양하다. 우리의 산하가 얼마나 아름답고 소중한지 여러 나라를 여행하면서 더욱 실감하게 되었다.

우리는 4차 산업혁명의 격변기에 서 있다. 관광산업도 획기적인 변혁기에 와 있다. 미국 스페이스X사는 2023년 세계 최초로 민간인을 태우고 달나라관광을 할 예정이다. 76만km의 달나라 여행상품은 내놓자마자 매진되었다. 미국 민간우주개발기업 스페이스X사의 CEO 일론 머스크는 화성 이주를 위해 펠컨 헤비로켓을 성공적으로 발사했다. 2024년에는 유인탐사선 레드 드래건을 싣고 화성으로 발사할 예정이다. 본격적인 우주관광시대가 열리기 시작했다. 꿈으로만 생각했던 것이 이제 현실로 바짝 다가섰다. 민간우주개발기업 버진캘럭틱이 우주비행선 '스페이스십2'를 우주 경계인 80km 상공까지 쏘아 올리는 시험비행에 성공하여 본격적인 민간우주여행시대가 열리게 되었다. 버진캘럭틱의 시험비행 성공으로 민간우주여행사업이 한층 탄력을 받을 전망이다. 민간우주관광은 브랜슨 회장을 비롯해 제프 배이조스 아마존창업자, 일론 머스크 스페이스X 최고경영지 등 억만장지 들의 과감한 투자로 빠르게 현실화되고 있다. 이런 변화의 시대에 우리의 관광산업과 관광여행에도 많은 변화가 초래될 것이다. 우리는 정보의 70% 이상을 SNS를 통해 취득하고 소통하고 있다.

이 책을 집필하면서 이런 점을 감안하여 다양한 시도를 하였다. 이 책은 제1부 강릉을 중심으로 한 인문문화와 해변관광을 다루었다. 가족과 함께 바닷가에서 온천을 하고 음식과 커피를 마시며 추억을 쌓는 패턴이 많아지기 시작했다. 제2, 4부는 설악산의 아름다운 풍광과 속초의 유서 깊은 불교문화를 다루었다. 제3부는 인제 지역 경관과 문화를 다루었다. 제5, 6부는 양양/고성/간성 지역의 불교문화와 통일안보문화를 살펴보는 계기를 마련하였다.

새로운 관광여행문화의 패턴에 따라 책의 편집을 기존의 방식과는 다른 형태로 구성했다. 첫째, 종이책 내용의 한계를 보완하기 위해 모든 내용을 디지털로 공개한다. 둘째, 각 장르마다 글과 사진과 동영상을 올려 시각적인 부분을 제공한다. 셋째, 각 주제를 모두 녹음하여 이것을 사진 및 동영상과 함께 탑재하여 읽지 않고도 들을 수 있게 만들었다. 넷째, QR코드를 책에 실어 전국의 관광지역에 대한 정보를 탐색할 수 있도록 하였다. 다섯째, 전국 기차역을 중심으로 한 관광권의 정보를 제공하여 기차여행의 활성화를 도모하였다.

여섯째, e-book 출판과 QR간편결제 시스템을 탑재하여 향후 전국 어디서나 간편하게 결제할 수 있는 시스템을 구축했다.

일곱째, 본문 내용을 42개국 언어로 자동번역할 수 있는 AI기능을 장착하여 세계 여러 나라 사람들이 볼 수 있게 했다.

여덟째, 주변 관광지에 대한 전통시장과 특산물, 음식점, 숙식시설에 대한 6,000개 이상의 관광서비스를 활용할 수 있도록 구축했다.

'동해의 물길 따라'는 QR코드를 탑재하고 원플랫폼(OnePlatform)시스템을 구축하여 온(on), 오프(off)라인을 동시에 사용할 수 있도록 하였다. 따라서 눈으로 읽고, 사진이나 동영상을 보고, 내용을 들을 수 있으며 전국의 여행지나 기차여행에 필요한 정보를 모두 탑재하여 10가지 기능을 통합, 관광출판문화 최초로 4차 산업혁명을 시도하였다.

SNS상에 나오는 글이나 사진, 동영상 편집은 독자에게 만족할 만한 수준이 되지 못할 수도 있다. 역동적이고 현장감 있는 자료를 위해 본인이 사진과 동영상을 직접 찍고 편집을 하다 보니 독자에게는 부족한 점이 없지 않을 것이다. 미비한 점은 향후 계속해서 SNS상에 올려 보완해 나갈 예정이다.

그동안 원고 교정과 조언을 아끼지 않은 포항의 장태원 시인, 오랜 세월 OnePlatform시스템을 개발하느라 노력한 (주)한국문화관광콘텐츠개발 최영환 대표님, 출판을 지원하신 백산출판사 진욱상 회장님, 내레이션 작업에 흔쾌히 동참한 강릉시낭송연합회, 많은 조언을 해 준 김수정 회장님, 김학주 시인, 철야작업하는 나를 위해 늘 도시락을 챙겨준 아내 효숙과 응원해 준 딸 경이에게 심심한 감사를 드린다.

목차

2부 설악산의 경관과 인문문화

3부 인제 지역의 경관과 문화

1부

강릉 지역의
인문문화와 해안경관

1 동해를 바라보며

　　파도가 내 발자국을 지우고 있다. 아득한 수평선과 눈부신 햇살이 밀려온다. 젊은 날 내 고뇌와 방황의 7할은 푸른 파도와 호수의 바람으로 잠재웠다. 수평선을 맞대고 바다와 나는 무수한 시간들을 마주했다. 사랑하는 이들을 떠나 보내며 바라보았던 흐릿한 저 바다, 조개껍데기를 주우며 새겨보았던 잊혀진 이름들, 폭풍우가 몰려올 때면 두 손을 불끈 쥐고 맞서보았던 거친 파도소리, 저 바다가 있었기에 폭풍 같았던 내 청춘의 격랑기를 잠재울 수 있었다. 청춘의 그물을 바다와 호수와 허공에 수없이 던졌지만 잡힌 것은 바람의 깃털과 소금기 배인 비늘뿐이었다. 저 바다와 호수의 황금빛 잔물결은 내 젊음의 구원자이자 한 줄기 빛이었다.

　　강문교 너머 수평선엔 고기잡이 배들이 점점이 떠 있다. 만선을 기대하며 바다를 가르던 청춘의 삶은 어느덧 가뭇없이 사라지고 이제는 잡은 물고기도 제자리에 놓아주어야 하는 변곡점의 여정에 와 있다.

　　황량한 타클라마칸사막이나 유라시아 대평원을 지날 때에도 내 가슴엔 늘 동해바다가 일렁였다. 사막의 메마른 벌판이나 가도 가도 끝이 없는 초원의 평원平原이 동해와 분리된 것이 아니라 하나로 연결된 한 뿌리임을 깨닫게 되었다.

강문교 해변의 작은 방파제를 따라 걸으며 바다와 연해 있는 호수로 발길을 돌리던 그 시절이 그리워진다. 내가 가장 좋아하는 호수의 시간은 해지기 30분 전이다. 저녁노을을 정면으로 보아도 눈이 부시지 않고 황금빛 잔물결은 바다의 차가운 바람소리를 밀어내고 밀어처럼 따뜻하게 가슴을 물들여주었다. 갈대밭에 어둠이 스며들 때면 내 마음도 어느새 저녁노을처럼 감미롭게 물들었다.

바다와 호수는 내 영혼의 샘이자 스승이며 고향이었다. 지구가 탄생하여 아메바에서 35억 년을 진화하여 오늘 내가 여기 이 바다 앞에 서 있다. 진화의 시간을 거슬러 가보면 만남과 이별이란 어쩌다 스쳐가는 한 자락 미풍에 불과한데 무얼 위해 그리도 많은 시간을 잠 못 이루고 지새웠던가.

한 스푼의 동해바다 물에 온 바다가 담겨 있다. 세포 하나에도 전 우주가 존재하듯 내 안의 DNA에도 전 우주의 정보가 흐르고 있다.

나는 늘 내 자신의 존재와 우주의 중심에 대해 저 바다에 물어보곤 했다. 내가 깨어 있는 그 순간, 의식이 머무는 그곳이 바로 세상의 중심이고 우주의 중심이다. 뉴욕도 파리도 서울도, 지구조차 우주의 모래알에 지나지 않기 때문이다.

2천6백년 전 붓다는 이 사실을 깨닫고 중생들에게 말했다. "네 자신이 바로 붓다이다. 단지 중생들이 자기 자신이 붓다임을 깨닫지 못하고 있을 뿐"이라고 설파하였다. 지금 이 순간 우리 모두는 세상을 바꿀 에너지를 간직하고 있다. 그것을 안다면 자신의 불행을 남의 탓으로 돌리기엔 우리에게 주어진 시간이 너무나 짧다.

우리를 둘러싼 온 우주는 눈에 보이지 않는 언어와 몸짓으로 서로 소통하고 있다. 우리 눈에는 동떨어진 섬처럼 보이지만 깊이 들어가

보면 모든 섬은 육지와 연결되어 있다. 별과 바다, 모래와 바람이 내 안으로 흘러 들어와 점점 더 깊은 강물처럼 흐르고 있다. 자신을 가두었던 일체의 사념과 일상들이 자유의 강으로 흘러가고 있다.

예수는 말했다. "들판에 핀 저 백합꽃을 보아라. 그들은 애써 일하지 않아도 아름답다. 솔로몬의 영광도 저 백합꽃을 능가하지 못한다. 그들은 솔로몬보다 더 아름다운 향기를 내뿜고 있다. 저 백합에 대해 명상하라."

아주 작은 생명 안에도 영원한 생명의 씨앗이 잉태되어 있듯 작은 겨자씨 하나가 수천 수억 년 동안 씨앗을 퍼트리면 지구 전체를 푸르게 만들기에 족하다.

내 안으로, 그대 안으로 한 걸음씩 들어가다 보면 근원을 알 수 없는 그리움과 마주하게 된다. 바다는 인류 생성의 근원이며 어머니의 고향이라는 것을 느끼게 한다. 자궁에서 헤엄치고 놀던 그곳이 어머니의 바다이다. 태어나기 전부터 우리는 바닷물을 맛보고 느끼면서 성장하게 된다. 사람의 피나 자궁 속의 양수¥水가 바닷물과 비슷한 염도를 가진 것도 바다가 인간의 고향이기 때문이다. 망망한 바다를 바라보며 알 수 없는 노스탤지어에 빠지게 되는 것은 근원적인 것에 대한 회귀본능 때문이 아닐까. ✌

² 호반의
저녁노을

　　백사장을 지나 바다와 호수로 이어지는 냇가를 따라 경포호수 가에 이르면 인적이 끈긴 호반의 오솔길이 나타난다. 누렇게 익어가는 벼 이삭과 갈대 사이를 걸으면 새떼들이 날아오르고 호수에 놀던 청둥오리들이 물살을 가르며 노을 속으로 유유히 날아가던 그 시절을 되돌아보았다. 잡초로 덮여 발길이 끊긴 둑방길을 홀로 걸으며 저녁노을과 황금빛 잔물결, 무수히 날아오르던 새떼들

호반의 저녁노을(범정 함성호 자료제공)

의 향연을 음미하던 그 추억은 이제 아련한 기억 저편에만 남아 있다. 그 둑길은 이젠 관광로이자 시민들이 즐겨 찾는 휴식공간으로 변했다.

경포호반에 위치한 논들은 큰 습지나 잔디밭과 연못으로 꾸며져 거대한 야외정원으로 변하고 있다. 인근에 강릉 녹색도시체험센터가 들어서 각종 교육과 체험장으로 활용되고 있다. 2018동계올림픽을 개최한 도시답게 호수 서쪽 편에는 올림픽 경기장이 들어서고 해변 가에는 호텔들이 자리 잡고 있어 몇 년 사이에 많은 변화를 맞고 있다.

경포호수가 꽁꽁 언 날 십리 빙판의 한가운데 홀로 앉아 한겨울의 찬바람을 즐겼던 추억이 떠오른다. 달빛에 반사되는 눈부신 백색의 향연과 적막함은 별세계에 온 느낌이었다. 두 팔과 다리를 뻗고 빙판에 누워 별빛이 부서지는 밤하늘과 홀로 보기에는 눈시울이 시

경포호 물레방아 쉼터

리도록 아름다운 달빛을 소리 내어 품어보았던 그 시절이 생각난다. 나의 젊음은 광활한 바다와 호수의 저녁노을이 없었다면 존재할 수 없었을 것이다.

호수의 운치는 매일 매시간 새롭게 태어난다. 한번도 같은 표정으로 맞이한 적이 없다. 해의 위치와 바라보는 빛의 각도에 따라 시시각각 달라진다. 발걸음을 옮길 때마다 호수의 표정과 속살은 수 많은 모습으로 변신한다. 호수는 계절마다 다른 옷을 입고 달마다 다양한 몸짓과 장식으로 변신을 한다. 하루에도 시시각각 햇빛을 담아 수천 수만의 표정을 짓는다. 별과 달과 사랑을 선물하는 호반의 야경은 한 폭의 풍경화이자 영화의 한 장면 같다. 사랑하는 이를 만날 때에는 핑크빛 물결로 설레지만 님을 떠나보내고 난 뒤의 모습은 밤비처럼 스산하다.

호수에 내 자신의 그림자를 드리울 때면 내 안에 시들고 박제된 꽃들이 새롭게 피어난다. 진흙 속에 연꽃이 피어나듯 어둡고 컴컴한 터널이 깊을수록 내 안에 더 향기로운 꽃 한 송이가 피어난다.

경포호 새바위

일상에 찌든 그대 영혼을 저 광활한 바다에 던져버리고 지친 그대 마음 푸른 파도를 타고 춤추게 하라. 호반의 저녁노을과 밤하늘의 무수한 별빛을 모아 그대 안에 새로운 꽃을 피워보라. 박제된 일상으로부터 자신을 내려놓고 지금 이 순간에 머무르며 그대 숨 쉬고 있음을 느껴보라. 몇 시간 아니 단 몇 초만이라도 이 순간에 머무르며 바다가 되고 호수가 되어보라.

³ 경포호수는
옛 모습으로 다시
복원되어야 한다

　　　　　천년 고도 강릉행정의 최악의 참사는 경포호수
에 도로를 직선으로 뚫고 둑을 쌓아 논을 만드는 간척사업이었다.
6·25전쟁과 보릿고개를 겪으며 식량문제는 그 당시 가장 절실한 현
안 가운데 하나였을 것이다. 그러나 식량증산을 위해 새로운 농업기
술을 도입하거나 개간을 통해 농지를 확대할 수 있었음에도 불구하
고 관료들의 단견으로 강릉의 상징이자 인문학의 보고인 경포호를
단순히 쌀 증산의 도구로 보았던 것이 비극적인 결과를 초래했다.

경포호(김홍도 그림)

그 당시 미래를 보는 안목과 새로운 발상의 전환으로 경포호를 보존하고 주변환경에 맞는 장기적인 개발전략을 세웠다면 오늘날 우리나라를 대표하는 관광지로서 자리매김을 하였을 것이다. 간척사업으로 인해 관동팔경의 출발지이자 1번지인 경포호수는 팔다리가 잘리고 몸통 일부만 겨우 살아남아 옛 명성만 읊조리는 박제된 호수로 남아 있다.

녹색도시 선정과 동계올림픽을 계기로 경포호수 주변에 많은 투자와 노력으로 괄목할 만한 변화를 가져왔지만 원형복원이라는 근본적인 문제를 해결하지 못한 채 호수를 개발하고 있는 것은 아닌지 다시 한번 진지하게 돌아보아야 할 시점이다.

70-80년대엔 강릉 경포대와 동해바다는 여름철 관광지로 유명세를 누렸다. 그러나 1995년 지방자치제 실시 이후 전국의 지방정부들은 앞다투어 관광지와 관광상품을 개발하는 등 다양한 변화를 추구한 데 비해 강릉은 상대적으로 변화보다는 현상을 유지하는 안일한

경포호 소나무 정원

대응으로 오랜 침체기를 맞게 되었다. 시대의 발 빠른 변화에 잠들어 있던 사이 관광의 다양화와 새로운 관광패턴의 출현으로 강릉은 스쳐가는 관광지로 전락하였다.

강릉관광 최대의 취약점은 관광객을 머무르게 하는 동인이 부족한 것이다. 그것은 강릉 문화경관의 핵심인 경포호수가 원형을 크게 상실함으로써 스스로를 무장해제하는 결과를 초래하였다.

신라화랑들의 유람에서부터 고려, 조선시대까지 수많은 시인과 묵객들이 경포호반에서 풍류를 즐기며 아름다운 경관을 시·서·화로 남겼다.

경포호는 석호潟湖다. 석호는 바다 가운데 길게 뻗어나간 모래톱 즉 사주沙洲가 발달하면서 해안의 만灣을 막아 만든 호수이다. 강릉의 경포호와 속초의 청초호, 영랑호, 고성의 삼일포, 화진포 등 강원도와 함경남북도의 해안에 발달되어 있다.

경포호는 예부터 경호鏡湖 또는 군자호君子湖 등으로 불렸다. 경호는

경포호 습지

거울처럼 깨끗하다는 뜻이고 군자호는 호수의 수심이 깊지도 얕지도 않은 것이 군자의 품격을 닮았다고 해서 붙인 이름이다.

겸재 정선과 김홍도가 그린 경포호를 보면 오늘날의 모습과는 너무나 차이가 많다. 송강 정철이 노래했던 경포대나 조선시대 금강산 유람길에 들러 수많은 시인 묵객들이 노래하던 경포대는 지금 사라지고 없다. 호수의 둘레가 12km인 경포호수가 지금은 4km만 남아 겨우 이름만 보존하고 있다.

앞으로 장기적인 안목으로 경포호는 옛 모습에 가깝게 복원되어야 한다. 경포호 주변에 있는 논들을 강릉시가 다시 매입하여 원래의 형태로 복원시켜야 한다. 경포호 주변의 논들은 경포도립공원으로 지정된 구역이라 개발행위가 제한되어 있다. 예산 조달의 어려움이 있을 경우 민간기업을 참여시키는 민관합작民官合作의 제3섹터 개발방식을 검토해 볼 수 있다. 강릉시가 다시 매입하여 가능한 한 원형대로 복원시켜야 한다. 강릉시가 호수의 많은 지역을 논으로 만들었으니 이제는 경포호를 가능한 한 원형대로 다시 복원하여 시민들과 국민들에게 되돌려주어야 할 때다. 수천 년에 걸쳐 자연이 빚어낸 문화경관 유산인 경포호는 강릉시민뿐만 아니라 우리 국민 모두의 것이다.

아직도 경포도립공원 안에는 논이나 밭으로 된 땅들이 상당히 많이 남아 있어 논밭을 다시 호수로 만든다면 현재의 호수보다 배 이상 더 커질 수 있을 것이다. 경포호 둘레와 오죽헌 주변 앞의 논까지 호수를 만들어 연결시키면 경포호는 새로운 경쟁력을 갖춘 최고의 명소 가운데 하나가 될 수 있다.

1970-80년대 전국적인 관광지였던 강릉의 위상은 1998년 IMF를 기섬으로 급격히 쇠락하기 시작했다. 지자체 실시 이후 타 도시의 비약적인 관광 인프라 정비에 비해 강릉은 정체된 관계로 스쳐가는

관광지가 되었다. 그 원인을 분석해 보면 관광객들이 반드시 머물게 하는 특별한 동인이 될 테마가 부족하다는 것이다. 설악산이나 속초를 가다 잠시 경유하는 지역이 되었다. 2018동계올림픽을 계기로 대형 호텔이 들어서고 도시의 기반시설이 많이 정비되어 강릉은 괄목할 만한 변화를 가져왔다. 주말이면 예전보다 많은 관광객이 방문하지만 그것은 근본적인 해결책이 될 수 없다.

나는 호수를 걸을 때마다 그 옛날 산기슭까지 호수로 이어진 경포호를 생각하며 안타까워했다. 상하이에서 소주, 항주, 장가계, 계림, 석림, 리지앙, 구채구, 청두와 사천성으로 이어지는 중국 최고의 관광권과 시안에서 란저우와 둔황, 하미, 투르판, 카스를 거쳐 마지막 국경마을 알렉산고에 이르기까지 고대 오아시스로의 다양한 풍물과 대륙의 문화를 탐방하는 배낭여행을 통해 호수의 소중함을 더욱더 절감하게 되었다.

호반의 저녁노을과 청둥오리

소주蘇州의 4대 명원 유원留園, 졸정원拙政園

정원의 도시 소주蘇州에서 소주 4대 명원名園 중 하나인 유원과 졸정원을 탐방했다. 누각이나 회랑을 정교하게 배치한 유원의 뛰어난 건축술은 화창花窓이라 불리는 창문 너머로 보이는 아름다운 풍경이 일품이다. 명대에 만든 회랑을 지나면 오밀조밀한 작은 정원들이 연이어 나타난다. 시원한 맞바람이 불어오는 수양버들 가의 정자에 앉아 잉어 떼들이 노니는 모습을 보면 피로가 눈 녹듯 사라진다. 정원은 중, 동, 서, 북 네 부분으로 나뉘어 동부는 건축물, 중부는 회랑, 북부는 전원풍경, 서부는 산수를 표현하여 각각의 영역마다 다른 취향의 풍경을 보여준다. 특히 동부정원인 동원에 있는 관음봉冠雲峰은 높이 6.5m, 무게 5톤에 달하는 거대한 태호석을 배치하여 자연의 일부를 옮겨 놓은 듯한 독특한 분위기를 연출하고 있다. 유원은 오대산 소금강의 어느 귀퉁이를 옮겨 놓은 것 같은 거대한 나신을 한껏 뽐내고 있어 사치와 풍류의 극치를 맛보게 한다.

반면에 졸정원은 4ha 대지로 소주 4대 명원 중 최대의 규모. 정원 숲에 다양한 연못을 배치하여 넓은 평지 위에 펼쳐진 숲과 같은 느낌을 준다. 정원 곳곳에 약간 높은 둔덕을 쌓고 정자를 만들어 시원하고 호방한 기품을 풍기게 한다. 부지의 60%가 연못인 졸정원은 연못 사이로 돌다리를 지그재그로 놓고 푸른 연꽃과 수양버들, 남방의 다양한 식물들을 배치하여 자연미를 최대한 살렸다.

정원은 동원, 중원, 서원과 주거 건물로 나뉘는데 그중에서 중원은 정원의 중심이며 원향당遠香堂에서 바라보는 풍경이 일품이다. 동부는 밝게 확 트인 전경에 매미가 어찌나 시원스럽게 울어 대는지 가슴속의 열기마저 서늘하게 만들었다. 소설 홍루몽紅樓夢의 배경인 대관원의 모델이라 전해지고 있다. 주요 경관을 가진 건축물로는 난설당蘭雪堂, 철운봉綴云峰, 천천정天泉亭 등과 같은 정자가 있어 넉넉한 자연경관과 어우러져 졸정원의 정취를 중국 정원문화의 진수로 평가받게 한다.

춘추전국시대 오^吳나라 성 판문을 방문했을 때도, 성벽 안으로 수로를 파서 물을 끌어들여 연못을 만들고 주변에 기이한 태호석을 배치하여 과거에 병영이었다는 느낌보다는 아름답고 우아한 정원처럼 느끼게 만들었다. 섬세하고 아름다운 여성적인 유원과 호방하고 열린 공간을 표현한 졸정원은 1997년 세계문화유산에 등록되었다. 척박한 땅에 자연의 아름다움을 정원에 옮겨놓으려는 소주사람들의 집념을 엿볼 수 있었다.

중국 저장성 항주 서호西湖의 호수정원

항주는 중국 춘추시대 오월(893-978), 남송(1127-1279)의 수도였다. 서호는 원래 전단강과 서로 연결된 해안 포구였는데 진흙과 모래로 막혀 몇 차례의 대규모 물길을 준설하여 육지의 인공호수로 조성하였다. 당대 백거이白居易가 항주태수로 부임했을 때 1km의 제방白堤을 준설해 육정六井을 세웠다. 송대 소식蘇軾이 항주지사로 부임해 20만 명을 동원해 2.8km 남북향 제방蘇堤을 쌓고 육좌교六座橋를 설치했다. 명대 양맹영楊孟瑛이 항주태수로 부임하여 세 번째 대규모 준설작업을 벌여 육교六橋를 설치해서 소제의 육교와 더불어 서호 12교라 부른다.

서호는 백낙천白樂天과 소동파蘇東坡 두 사람의 이름을 따서 만든 두 개의 제방에 의해 서호의 본 호湖인 외호外湖와 소제蘇堤에 의해 악호岳湖, 서리호西里湖, 남호南湖로 나누어지고 백제白堤에 의해 북리호北里湖로 나누어진 5개의 호수가 인공으로 조성되어 있다. 호수 안에는 소영주와 호심정, 완공돈이란 세 개의 섬을 인공으로 조성하였다. 가장 큰 섬인 소영주 안에는 또다시 작은 섬을 만들었다.

　호심정湖心亭 선착장에 도착하여 섬을 둘러보니 뜻밖의 풍경에 놀랐다. 서호의 바닥을 파서 축조한 흙으로 호수 안에 섬을 만들고 섬 안에 또다시 호수를 만들어 연꽃을 기르고, 붕어 떼들이 유유히 노니는 독특한 분위기를 연출하고 있었다. 연못 안에는 돌로 만든 아기자기한 다리를 연이어 축조하고 정자를 만들어 이름을 붙이는 항주사람들의 정원 축조술과 미적 감각이 몹시 부러웠다. 서호를 한마디로 표현하면 호수정원이다. 땅 위에 개인 정원의 아름다움을 추구한 사람들이 소주라면 호수에 섬을 만들고 섬 안에 아름다운 정원을 조성하여 풍류를 즐기는 사람들은 항주다. 호수정원과 지상정원이 두 관광지역의 차이점이다. ✍

<u>4</u> 경포호와
중국 10대 명승지
서호西湖

　　항주에 와서 서호를 보면서 경포호수에서 느꼈던 답답함과 아쉬움이 되살아났었다. 경포호는 신라시대부터 유명 화랑들이 다도茶道를 즐기며 신심수련을 하던 명소로 이름을 날렸다. 고려와 조선시대에 이르기까지, 관동팔경 유람의 일번지로서, 금강산을 가는 관문으로의 명성을 천년 이상 누렸다.　그러나 해방 이후 식량증산의 일환으로 호수를 논으로 간척하는 최악의 결정으로 인해 둘레가 12km에서 4km로 쪼그라든 호수는 과거의 아름답고 화려

경포호 벚나무 가로수길

했던 옛 명성만 이야기나 문헌으로 들을 수밖에 없게 되었다.

반면에 서호를 보면서 느꼈던 감동은 호수의 바닥을 파서 섬을 만들고 섬 안에 또 다른 호수정원이나 산을 만드는 중국인들의 안목과 자연을 바라보는 삶의 방식이었다. 중국의 수많은 시인 묵객들이 노래했던 서호도 우리 입장에서 보면 그리 맑은 호수는 아니다. 그러나 중국대륙의 강이나 호수는 붉은 황토물이 대부분이고 깊은 암벽 계곡이나 높은 산일 경우를 제외하고 맑은 물을 보기란 쉽지가 않다.

해방과 더불어 6·25전쟁을 겪으며 식량부족에 시달리자 강릉의 얼굴이자 심장인 경포호를 간척하여 식량증산을 했다는 것은 지금도 납득하기 어렵다. 중국인들은 공산화 이후 우리보다 더 많이 어려웠고 수백만 명이 기아로 생명을 잃었다. 그러나 그들은 서호를 메워 논을 만들지 않았다. 오히려 꾸준히 가꾸어서 중국 10대 관광 명승지로 만들었다. 옛 호수나 정원을 잘 보존하여 오늘날 황금알을 낳는 관광상품으로 탈바꿈시켰다.

초당 송림

소주의 4대 명원인 유원이나 졸정원을 세계문화유산으로 등록할 만큼 문화보존의식이 뛰어났다. 서호는 진흙이나 모래로 막힌 볼품없는 포구를 당·송·명대에 걸쳐 수백 년간, 수십만 명의 인원을 동원하여 흙을 파내고 제방을 준설하고 가꾼 결과이다. 당장 배가 고프다고 논을 만들고 식량증산을 하지 않았던 것이다. 중국인들은 오랜 세월에 걸쳐 제방을 쌓고 흙을 퍼내고 호수를 넓히고 수양버들과 목련, 물푸레나무, 국화, 매화 등 진귀한 꽃들을 가꾸었다. 남방의 나무들이 사시사철 피고 지는 서호는 한 잔의 술에 취해 인생을 노래하고 풍경에 취해 시 한 수 읊던 옛 사람들의 정취를 음미할 수 있는 곳으로 만들었다.

어려운 자연조건에도 불구하고 수백 년에 걸쳐 수십만 명의 인원을 동원해서 꾸준히 준설하고 가꾸는 항주인들의 생활방식이나 역사의식을 다시 한번 되새겨보아야 한다. 중국 10대 명승지로 꼽을 만큼 인기 있는 관광지로 자리매김한 것도 수백 년에 걸친 항주인들의 자연 사랑과 탁월한 역사인식 때문이다. 수십만 명의 인력을 동원해 제방을 쌓고 호수바닥의 진흙을 파서 섬을 만들고 섬 안에 연못과 정자를 지어 호수정원을 만드는 중국인들의 풍류와 자연을 가꾸는 자세는 본받을 만하다. 오늘날 후손들에게 막대한 관광수입을 가져다준 역사적 혜안이 몹시 부러울 뿐이다. 그들은 둘레가 15km인 서호를 하나의 정원으로 생각하여 인위적인 노력과 애정을 가지고 오랜 세월을 가꾸어 왔다. 자연 그대로 두었다면 농토로 일구었거나 진흙밭이 되어 도시 주변에 있는 볼품없는 늪지에 불과했을 것이다.

경포호반을 걸을 때마다 호수 주변의 논을 파내고 원형을 최대한 복원하여 호수 한가운데서 공연할 수 있는 그런 호수정원 문화를 꿈꾸었는데 서호를 바라보니 중국인들은 그 생각을 먼 옛날부터 이미 현실화하여 유명 명승지로 가꾸어 놓았다. 2007년 『오버 더 실크로드』란 내 저서의 「항주 서호편」에는 경포호수의 이런 아쉬움에 대해 글로 남긴 적이 있다. 서호를 높이 평가하는 것은 자연경관보다 왕조가 교체되는 수백 년의 세월 동안 한결같은 마음으로 수많은 사람들의 관심과 보살핌으로 가꾸고 보존해 왔다는 점이다.

세계에서 가장 유명한 도시 가운데 하나인 라스베이거스도 사막의 불모지였다. 사막에 물을 끌어들여 인간의 의지와 노력으로 만든 인공도시다. 사람이 살 수 없는 가장 열악한 자연조건을 극복하고 세계인들이 가장 즐겨 찾는 관광도시로 만든 것도 바로 인간의 창의성과 의지다. 그런 의미에서 경포호와 서호는 늘 많은 것을 생각하게 한다.

반면에 강릉시는 천년 이상이나 관동지역의 문화와 유람의 중심지인 경포호수를 가꾸고 보존하기는커녕 식량 증산정책의 일환으로 손쉽게 경포호를 그 대상으로 선택했었다. 새로운 땅을 개간하거나 경작하지 않는 농지를 개발하여 증산하는 방법도 있고 농업기술 개발 같은 방법을 선택할 수 있었음에도 불구하고 호수를 단순히 식량 증산의 수단으로 보았다는 것은 가장 참담한 생각의 발상이었다. 도로나 제방도 최대한 원형을 보존하는 방식이 아니라 신도시를 건설할 때처럼 직선으로 선을 긋는 행정편의주의식 발상으로 호수 가운데 도로를 내고 둑을 쌓아 논을 만들었다. 그 결과 관광은 활기를 잃고 강릉의 정체성마저 상실하게 만들었다.

언제까지 신사임당과 율곡선생을 얘기하고 허균과 허난설헌 같은 역사적 인물을 앞세워 과거의 영광을 추억하고 아쉬워해야 하는가. 이제 강릉은 과거를 딛고 넘어서 현재 강릉시가 갖추어야 할 진정한 문화콘텐츠를 개발해야 한다. 동계올림픽을 계기로 강릉이 갖추어야 할 기반시설은 어느 정도 갖추었다. 이제부터는 새로운 방식의 새로운 문화콘텐츠로 강릉을 개조하는 작업을 해야 할 때이다. 그 첫 번째 작업이 경포호를 복원하는 것이다. 다행히 경포도립공원 안에 있는 많은 논들은 공원법에 묶여 아직 개발이 이루어지지 않고 보존되어 있다. 이 논들을 강릉시가 단계적으로 매입하여 원형대로 흙을 파내는 작업을 해야 할 것이다.

북경에 있는 이화원은 삽과 곡괭이로 수많은 사람들이 동원되어 인공호수를 만들었는데 오늘날 기술로는 경포호반 일대의 모든 논들을 호수로 만드는 작업이 그리 어렵지 않을 것이다. 동해바다에 연해 있는 경포호수를 하나의 정원으로 생각해서 최대한 원형을 복원하고 창의적인 테마공원으로 조성한다면 국내는 물론 세계적인 경쟁력을 갖춘 명소로 만들 수 있다. 강릉 관광의 취약점인 경유형 관광지에서 체류형 관광지로 전환할 수 있는 해답이 경포호의 복원에 달려 있다. ✒

강문해변

5 관동팔경 경포호의 복원과
경포호반 둘레길 조성

21세기 기술능력은 빛의 속도로 발전해 가고 있다. 4차 산업혁명의 거센 파고가 눈앞에 스크린처럼 다가와 있다. 자신만의 고유한 특색이나 경쟁력이 없다면 더욱더 살아남기 어려운 시대가 되었다.

교육문화관광도시인 강릉은 이런 시대의 흐름과 많이 멀어져 있었다. 그것은 과거의 명성에 젖어 변화를 반기지 않는 일부 지역민들이나 관료들의 생각도 한몫했을 것이다. 70년대 이후 강릉 경포대는 끝없는 쇠락의 길을 걸었다. IMF 금융위기 이후 많은 인구가 유출되었고 도시는 공동화되기 시작했다. 2018년 동계올림픽 개최로 정부의 재정지원에 힘입어 도시기반 시설확충과 고속전철의 운행으로 약간의 활기를 되찾고 있으나 이 또한 본질적인 문제해결이 될 수는 없다. 강릉시민 스스로 만든 노력과 역량이라기보다는 동계올림픽 개최를 위한 부수적인 효과를 향유하고 있기 때문이다.

강릉이 근본적으로 자족적이고 경쟁력을 갖춘 도시로 가는 길은 무엇일까. 첫 번째가 경포호를 다시 복원시켜 체류형 관광지로 개발하는 것이다. 두 번째는 국내는 물론 세계인들이 공감할 수 있는 문화콘텐츠 개발이나. 2002년 정동진 대양산大陽山의 20만 평에 태양공원을 조성하는 프로젝트를 추진하다 미완의 사업으로 남아 있다.

세 번째는 세계적인 의료관광휴양도시 개발이다. 강릉이 가지고 있는 인문자연자원과 관광자원을 접목시켜 1조 원 이상의 경제효과를 유발시킬 수 있는 대규모 의료관광휴양타운 조성이 필요하다. 네 번째는 축제의 도시로 개발하는 것이다. 이를 위해서는 강릉시민의 열정과 강릉을 이끌어 나가는 공무원들의 창의적이고 열린 의식이 가장 중요한 요소이다. 그중 사람이 가장 중요한 경쟁요소 가운데 하나이다. 천하에 그 어떤 경관을 보고 흥분하여 죽었다는 얘기는 들어본 적이 없다. 그러나 월드컵이나 스포츠경기를 보다가 종종 심장마비로 사망하는 경우가 있다. 자연이 아무리 아름답더라도 사랑하는 사람만 못하고 인간만큼 인간을 감동시키는 것은 없다. 그래서 인간을 감동시키는 축제이벤트를 지속적으로 발굴해야 한다.

경포호 복원문제 때문에 차를 몰고 주변 호반을 다녀보니 다행히 좁지만 호수 둘레에 길들이 다 연결되어 있었다. 60년대 호수를 매립하기 이전에 사용하던 길들이 아직도 사용되고 있었다. 선교장과 경포대 사이에 있는 넓은 골짜기 논들은 호수로 복원이 가능하며 이런 곳은 뱃놀이를 할 수 있을 만한 공간이다. 무엇보다도 우선 강릉

경포호반의 잔물결

시가 경포도립공원 주변의 논들을 매입하여 바닥을 파내고 호수의 옛 모습을 복원시켜야 한다.

동계올림픽으로 인해 올림픽경기장 앞으로 새로운 도로가 건설되어 있다. 따라서 기존의 2차선 도로가 반드시 필요한 길은 아니다. 기존의 아스팔트길은 모두 걷어내고, 도로의 벚나무는 호수 주변의 둘레길을 만드는 데 조경수로 활용하면 좋을 것이다. 장기적으로는 속초방향으로 가는 국도 역시 철거하여 호수로 만들고 그 위에 주변 경관과 어울리는 다리를 놓아 차량을 통행시키면 일석이조의 효과를 얻을 수 있다. 호수에서 오죽헌으로 이어지는 주변 논들과 오죽헌 앞에 펼쳐진 넓은 논도 모두 호수로 복원하고 그 위에 운치 있는 다리를 세우고 차량을 통행시키면, 물의 도시 호반의 도시로 재탄생할 것이다. 경포호수 주변의 논들만 준설해도 60-70%의 복원효과는 낼 수 있을 것으로 추정된다.

호수를 관광자원으로 볼 때 3가지 측면을 고려해 볼 수 있다. 첫째는 배를 타고 호수의 정취를 감상할 수 있느냐의 여부다. 둘째, 배를 타지 못하면 중국 베이징 근교에 있는 이화원처럼 교각을 통해 호수 가운데까지 가서 호수의 정취를 맛보게 하는 것이다. 셋째, 호숫가에 위치한 정자나 건물에서 호수의 아름다운 경관을 음미하게 하는 것이다.

불행하게도 경포호수는 이 세 가지 요소를 다 갖추지 못하고 있다. 사람들은 경포호수를 눈으로 보거나 조금 걷다가 떠나게 된다. 과거의 명성을 먹고 사는 스쳐지나가는 박제된 공간이 되었다.

이 세 가지 요건을 충족하기 위해선 호수 가운데 섬을 만들고 섬 안에 전통과 현대적 감각을 가미한 누각이나 건물을 짓고 이곳을 다양한 문화공간으로 이용하는 방안도 생각해 볼 수 있다. 선착장이 필요하면 골짜기 논을 복원하면 된다. 또한 누구나 원하면 호수 가운데까지 갈 수 있도록 아름다운 교각을 설치할 수도 있다. 한편으로론 요즘 젊은이들이 좋아하는 유리다리를 놓아 호수의 물고기들과 생태계를 오감으로 즐기게 할 수도 있다.

누구나 호수 한가운데서, 또한 호숫가에서 사계절의 아름다움을 만끽할 수 있고 다양한 문화활동이 가능한 공간을 구상해 보는 것은 어떨까. 누각이 3층 정도 건물이라면 1층은 개방적인 건물을 만들어서 젊은이들이 자신의 재능을 마음껏 펼칠 수 있는 문화예술 공연장소를 제공하는 것도 좋을 듯하다.

> **tip**
> **인공호수 보봉호**
>
> 중국 최고의 관광지 장가계를 답사하고, 다음날 댐을 쌓아 만든 길이 2.5km, 수심 72m인 인공호수 보봉호를 탐방했다. 아름다운 호수와 기이한 봉우리들이 어우러져 무릉원의 수경水景 중에 대표작으로 꼽힌다. 호숫가 정자에서 들려오는 청아하고 낭랑한 토가족 젊은 남녀가 불러주는 전통노래 가락이 호수의 정취를 한껏 북돋아주었다. 호수의 풍광은 잊혀졌지만 유람객들을 위해 불러준 토가족 젊은이들의 노래 몇 곡조가 더 선명하게 기억에 남았다. 앙증맞은 토가족 가이드 처녀 당사위양의 낭랑한 노래 한 곡조 선물에 유람선에 탑승했던 일행 모두는 마음을 빼앗기고 말았다.

달 밝은 밤 경포호수 한가운데서 가야금과 거문고 소리 들으며 호수의 정취를 감상할 수는 없을까. 색소폰과 트럼펫, 대금소리의 여운을 가슴에 담는 건 어떨까. 아름다운 호반의 불빛을 음미하며 시낭송을 들으며 시심詩心을 일깨우는 것도 옛 선인들의 전통을 이어가는 것은 아닐까. 휘영청 밝은 달빛 아래 특색 있는 작은 음악회를 감상하는 여유도 좋을 듯하다. 로마를 배경으로 한 영화 '로마의 휴

동해의 물길 따라

일'처럼 경포호반을 배경으로 촬영한 드라마나 영화로 세계인들의 가슴을 울리는 작품을 만들면 어떨까. 그 어떤 영화나 드라마의 배경보다 아름다운 자연문화유산을 우리 스스로 사장死藏시키고 답을 못 찾고 있는 것은 아닐까. 경포호는 수천 년 동안 이 땅의 허파이자 인물을 배출한 모태였다. 강릉 자연문화유산의 으뜸인 경포호의 허파와 자궁은 훼손되고 막혀서 명맥만 겨우 유지하고 있다. 하늘의 별과 달을 벗으로 삼고 푸른 바다와 소나무숲을 이웃으로 두어 수많은 물고기와 사람들을 초대하여 축제의 향연을 여는 것을 상상해 보자. 해와 달의 공원을 만들고 호수와 바다를 무대로 열정적이고 창의적인 문화공연을 연출하는 멋진 신세계도 꿈꾸어보자. 호수 가운데를 중심무대로 경포해변과 호반 주변에 대형스크린을 설치하여 수십만이 공연을 즐길 수 있는 호반 야외무대를 만들어볼 수도 있다. 꿈은 꾸는 자만이 이룰 수 있다. 혼자 꿈을 꾸면 공상이 되지만 여럿이 함께 꾸면 그 꿈은 현실이 되고 역사가 된다. 강릉시민과 아름다운 동해와 호반을 좋아하는 사람들이 함께한다면 꿈은 반드시 이루어질 것이다.

고요한 호반

해와 달의 공원에서 국내는 물론 세계 어떤 젊은이나 예술가들도 마음껏 연주할 수 있는 특정 공간을 만들어주는 것은 어떨까. 호수 한가운데서 일어나는 각종 행사나 이벤트를 유튜브나 페이스북을 통해 생중계할 수 있는 시스템을 구축해 경포호수를 세계 젊은이들과 예술가들이 찾고 싶은 명소로 만들어야 할 때가 아닌가. 호반을 바라보며 따끈한 차 한 잔을 나누거나 커피향 짙게 풍기는 찻집에서 연인들과 가족들이 추억을 만들고 다양한 전시회도 감상할 수 있는 공간을 마련해 준다면 체류형 관광은 자연히 확대될 것이다.

tip

독일 뮌헨 맥주축제

독일 문헨의 옥토버 페스티벌, 뮌헨 맥주축제는 9월 말에서 10월 초까지 약 2주간 열리는데 연간 600만 명 이상의 축제 참가자가 모여들어 1조 원에 가까운 경제적 파급효과를 내고 있다. 스코틀랜드의 수도였던 에든버러는 2차 세계대전 후 극심한 경제적 침체와 황폐해진 50만 시민들의 마음을 다독이고자 '예술을 통한 인류의 상호협조와 이해를 목적으로 에든버러축제를 출발시켰다. 세계 최대 예술축제인 에든버러프린지 페스티벌을 비롯하여 20여 개의 국제적 축제를 연중 개최하여 '유럽의 꽃'으로 명성을 높였다. 지역축제를 통해 침체된 도시에 활력을 불어넣고 경제를 활성화시킨 지역개발의 대표적 사례로 손꼽히고 있다.

천년의 꿈이 서린 경포호둘레길과 스토리텔링

경포호반은 우리나라에서 가장 많은 이야기를 간직하고 있는 호수다. 신라 화랑도들의 다도茶道와 심신수련의 장으로서 명성을 날렸고 조선시대 사대부들의 관동팔경과 금강산 구경의 관문이었다.

경포호수 주위로는 경포대와 금란정, 방해정, 해운정, 활래정, 경호정,

석란정, 상영정, 취영정, 호혜정, 월파정이 있었다. 지역 유림들이나 외부 유명인사들이 찾아와 다과를 나누며 시·서·화를 논하던 유적들이 많다. 조선시대 유명 시인묵객들은 경포에 들러 그들의 발자취를 남겼다. 특히 조선 중후기에 건립된 선교장은 염전으로 부를 일구어 만석꾼의 지위에 오르면서 전국에서 모여드는 풍류객들이 남긴 시문으로 가득하다. 당시 최고의 문인들이 선교장을 방문했고 시·서·화에 능한 문인들이 오랫동안 머물렀다. 그리고 이곳을 떠나면서 작품을 한 점씩 남겼다.

오죽헌을 중심으로 한 율곡 이이와 신사임당 이야기, 초당을 중심으로 한 허균, 허난설헌 남매와 더불어 허씨 가문이야기, 그 외에 송강 정철의 관동별곡이나 양사언과 김시습 그리고 왕명을 받고 그린 겸재 정선과 김홍도의 경포대 그림 등 헤아릴 수 없는 이야기를 품고 있다.

이런 인문적인 자료와 지역의 역사나 인물들을 정리하여 스토리텔링 호반둘레길을 만든다면 방문객의 마음을 사로잡을 또 하나의 관광상품이 될 것이다. 호반둘레길을 만들 때 코스마다 적합한 길 이름을 붙이고 그와 관련된 이야기를 풀어내어 의미를 부여하는 개념화작업은 색다른 감동을 주게 된다.

호반둘레길 주변도 난개발을 막을 수 있도록 전체적인 분위기에 맞게 건축하거나 테마를 주어 조성하도록 해야 한다. 둘레길을 걸으면서 강릉 지역의 역사와 문화풍속을 체험하다 보면 저절로 머물러 가는 동기가 생기게 된다. 푸른 동해바다가 넘실대고 이야기기 녹아 있는 호반에서 감흥을 느끼다 보면 저녁이 오고, 밤의 정취에 취하다 보면 떠날 수가 없게 된다.

수평선을 바라보면 마음에 엉킨 복잡한 것들을 빨아당기는 바다의 에너시가 가득 차 있다. 시선으로 부딪쳐 반사되는 에너지가 없기 때문에 바다는 늘 블랙홀처럼 우리의 생각을 빨아당긴다. 한 시간만 멍하니 바라보아도 머리가 맑게 비워진다. 미워하는 대상이나 고통스런 기억마저 던져버리기에 바다보다 더 좋은 곳은 없다. 그래서 도시생활에 염증을 느끼거나 복잡한 일들이 일어날 때 바다를 찾아 위안을 받는다.

그러나 바다만으론 머무르게 하는 힘이 약하다. 바다는 바라보다 머무르기보다는 그곳을 떠나게 한다. 그러나 호수는 텅 비어진 마음에 따뜻한 위로나 다양한 이야기를 전해준다. 가슴에 무언가를 채워준다. 호수는 잔잔하고 여성적이며 수용적인 이미지다. 바다가 비워준 마음을 호수는 따뜻하게 감싸준다. 특히 저녁노을이나 야경은 신비로움과 미지에 대한 동경을 심어준다. 바다와 호수는 음과 양의 조화이며 서로의 부족한 부분들을 채워주는 에너지로 충만해 있다.

둘레길 조성에서도 주변의 수목이나 꽃 한 송이라도 호수경관에 잘 어울리도록 꾸며야 한다. 지금 경포호에 습지작업을 하고 있다. 물론 나름대로 녹색도시로서의 좋은 명분과 훌륭한 업적이지만 이제는 근원적으로 한 차원 더 높은 도약을 준비해야 할 때이다.

나는 학생들과 함께 매년 세계 5대 연안습지인 전라남도 순천만을 탐방하는데 해안 하구에 형성된 연안습지는 갈대밭만 해도 160만 평에 이른다. 전국 제일의 갈대군락과 갯벌, 그리고 순천만의 자랑인 S자곡선 수로를 보면서 강릉 경포호수의 습지 조성작업은 순천만에 맡기고 이제는 그 돈으로 논을 매입해서 경포호를 더 경쟁력 있는 원형 복구에 쓰는 것이 효율적이지 않을까 생각해 보았다. 경포호반에 심어진 나무 한 그루마저 호반과 초당동 송림의 스카이라인과 어울리는 품종으로 고민해 보아야 할 때다.

싱가포르는 잘 가꾼 열대 수목과 깨끗하게 정비된 도시 경관이 매우 인상 깊다. 특히 땅 한 평 허술하게 비워둔 곳 없이 푸른 잔디로 잘 가꾸어져 있다. 싱가포르의 랜드마크인 멀라이언파크와 마리나

베이즈의 센토사섬, 주롱새공원과 모노레일, 아름다운 야경 등 세계적인 관광지를 보면 전부가 인공으로 조성한 것들이다. 싱가포르는 나라를 정원처럼 꾸민 도시국가라 평하고 싶다.

싱가포르는 서울시 면적과 거의 비슷한 1.15배 크기로 말레이시아로부터 독립할 때 작고 보잘것없는 도시국가지만 지금은 아시아에서 가장 잘사는 나라가 되었다. 해안을 메우고 도로를 만들고 도시를 마치 개인 정원 가꾸듯 한 평의 땅을 서울의 금싸라기 땅 개발하듯 온 정성을 다해 가꾼 그 정성이 방문객을 감동시킨다. 향후 경포호반 둘레길을 조성할 때도 건축물 하나에도 똑같은 것을 짓지 못하게 규정하여 야외 건축박물관을 조성한 싱가포르인들의 피나는 노력과 열정을 본받았으면 한다.

북경 근처에 있는 이화원도 1750년 건륭제가 생모 효성원왕후의 환갑을 기념해서 이화원의 전신인 청의원淸漪園을 조성하도록 명령했다. 은자 480만 냥을 쏟아부어 1764년(건륭 29년)에 완성한 황실의 여름 별궁인 인공호수다. 항주의 서호를 비롯하여 강남 지역의 여러 명승지를 모방하여 이곳에 재현했다. 아편전쟁 때 보물들이 약탈되고 목조건물이 전소되어 폐허가 된 것을 서태후가 수렴청정을 하면서 해군경비를 유용하여 청의원을 중건하고 이화원으로 개칭하였다.

불행하게도 강릉은 열악한 조건을 개선하고 수많은 인력과 시간을 투자하여 경관을 가꾸고 건물을 건축하는 세계적인 흐름에 역행하였다. 강릉시는 해방 이후 식량난을 해소하기 위해 수천 년에 걸쳐 형성된 아름다운 자연경관인 경포호수를 단지 식량증산이란 하나의 목표를 위해 도로를 내고 제방을 쌓아 논을 만드는 이해할 수 없는 행정적 실책을 범했다. 이제 강릉시는 경관훼손에 대한 책임을 시고 원상복구를 하여 강릉시민과 우리 국민들에게 다시 되돌려주어야 한다. ✍

⁶ 해와 달의 고장
경포대^{鏡浦臺}

　　어린 시절부터 벚꽃이 피면 즐겨 찾던 기억이 새롭
다. 활짝 핀 벚꽃 사이로 호반을 내려다보며 즐거워했던 어린 시절
이 생각나는 곳이다. 관동팔경의 출발지이자 일번지인 경포대는
천여 년의 세월 동안 수많은 시인묵객들이 다녀가며 아름다운 호반
의 풍경을 노래하고 화폭에 담았다. 고려시대부터 경포대에 관한 시
문이 전해졌다. 조선시대에는 율곡 이이의 '경포대 부'와 성현, 이수
광, 신사임당, 허난설헌 등과 같이 호숫가에 살면서 쓴 시들도 다수
있다. 관동팔경을 노래한 송강 정철의 '관동별곡'을 비롯한 기행시도
전해지고 있다.

　　역대 국왕 중에서는 태조 이성계와 세조가 동쪽 지방을 순행하다
가 경포대에 올랐다는 기록이 있다. 숙종은 관동팔경의 그림을 보고
강릉의 경포대를 비롯한 관동팔경의 모든 곳에 대한 시를 남겼다.
정조도 관동지방을 유람하고 돌아와 그린 화가의 병풍을 보고 경포
대에 대한 시를 남겼다.

　　송강 정철은 1580년 강원도 관찰사로 부임하며 금강산과 관동팔경
을 유람한 후 경포대에 대한 자신의 소감을 '관동별곡'으로 남겼다.

저녁놀이 비껴 드는 현상의 철쭉꽃을 이어 밟아

신선이 타는 수레를 타고 경포대 내려가니

십리나 뻗쳐 있는 얼음같이 흰 비단을 다리고 다려서

큰 소나무 숲속에 흠뻑 걸쳐 놓은 것 같고

물길도 잔잔하여 물속의 모래알을 헤아릴 만하구나

한 척의 배를 띄우고 닻줄 풀어 정자 위에 올라가니

강문교 넘은 곁에 동해바다가 저기로구나

조용하구나 이 기상이여, 넓고 아득하구나 저 동해바다의 경계여

이보다 갖춘 데 또 어디 있단 말인가. 홍장의 고사가 야단스럽구나

강릉대도호부의 풍속이 좋기도 하구나

겸재 정선과 김홍도가 그린 당시 경포대의 모습과 송강 정철이 노래한 경포대의 모습은 현재와는 너무나 다르다는 것을 알 수 있다. 우리가 알고 있는 경포호의 모습은 옛날 모습의 1/3 정도밖에 남아 있지 않기 때문이다. 경포호의 복원이 반드시 필요한 이유가 여기에 있는 것이다.

경포대 정자

경포대 건축연혁

경포대는 1326년(고려 충숙왕 13)에 강원도 안렴사 박숙에 의해 현재 방해정 부근인 인월사 터에 창건되었다. 조선 중종 3년(1508년) 강릉부사 한급이 현재의 자리로 옮겼다. 1602년(인조 4년) 강릉부사 이명준이 크게 중수하였다. 현재의 경포대 정자는 1745년(영조 21년) 강릉부사 조하망이 낡은 건물을 헐어내고 중수하였다. 1897년 강릉부사 정현시는 경포대를 중수하여 누정 내부에 다락방을 만들었다. 팔작지붕으로 지은 익공계양식의 정자다.

다섯 개의 달을 품은 경포대

경포대는 천하제일강산天下第一江山으로 이름났던 곳으로 관동팔경 중 으뜸으로 쳤다. 동해에는 검푸른 파도가 일렁이고 거울 같은 투명한 호수물결이 무성한 송림과 백사장에 둘러싸여 한 폭의 선경 같은 풍광을 이루었다. 정자에 올라 붉게 솟아오르는 일출을 보면 온 가슴이 빛으로 충만하고 전율을 느끼게 한다.

경포대의 전경(범정 함성호 자료제공)

예부터 경포대는 주변의 뛰어난 풍광으로 시인묵객들이 찬미한 경포 8경과 다섯 개의 달의 도시로 유명했다. 밤하늘에 부서지는 별빛과 휘영청 밝은 달빛이 갈대숲에 내려앉으면 사방이 별유천지로 변한다.

경포대에 오르면 다섯 개의 달이 뜬다. 첫째, 바다에 뜨는 달로 일렁이는 파도를 타고 춤을 추면 마치 탑같이 보인다 하여 월탑月塔이라고도 하고, 파도에 부서지는 달의 물결을 월파月波라 부르기도 한다. 둘째, 하늘에 떠 있는 달이다. 별과 구름과 은하수를 벗 삼아 홀로 밤을 밝히는 등불 같은 달이다. 셋째, 맑고 잔잔한 호수 위에 일렁이는 달이다. 고요한 달빛이 호수 위에 비치면 수면 위에 길게 드러누운 달 기둥이 된다 하여 월주月柱라 부른다. 넷째, 경포대에 앉아 풍류를 즐기는 풍류객의 술잔 속에 비친 달이다. 달빛으로 술을 빚은 선객들이 마시는 술이다. 다섯째, 님의 눈동자 속에 비친 달이다. 달 속에 님이 있고 님의 눈동자 속에 달이 있으니 님과 달과 내가 한 몸이 된다.

현판은 조선 후기 서예가 유한지의 글씨로 전서, 예서를 잘 써서 일대

제일강산 현판

에 이름을 날렸다. 특히 경포대 누각 내부 중앙에는 '제일강산第一江山'이라는 현판이 걸려 있다. 第一江山 현판은 조선 말기 서화가인 서남 이희수가 평양연광정의 '第一江山' 현판을 그대로 옮겨 모사模寫하여 소장하고 있던 것을 1953년 강릉에서 경포대의 현판 제작을 위해 빌려왔으나 모본 가운데 강江자를 잃어버려 강릉에 살던 서예가가 강江자를 썼다.

천하제일강산 글씨를 누가 썼느냐에 대해 북송北宋 때의 명필 미불이라는 설과 명나라 서예가 주지번이라는 두 가지 설이 있다. 이중환은 『택리지』에서 주지번이 조선 사신으로 오는 길에 연광정에 올라 '天下第一江山'의 여섯 자를 써서 현판에 걸었는데 청나라 황제에 의해 '天下'는 없어지고 第一江山만 남았다고 한다.

tip

경포대의 현판

경포대鏡浦臺라는 현판은 전서체와 해서체 두 가지가 걸려 있다. 정자의 동쪽에 걸려 있는 해서체 경포대 현판은 순조 때 서예가인 이익회의 글씨로, 조선 후기 문신으로 글씨가 뛰어난 서예가이다. 남쪽에 걸려 있는 전서체 경포대 현판은 조선 후기 서예가 유한지의 글씨다. 유한지는 문인·서예가로 전서와 예서를 잘 써서 이름을 날렸다.

원교 이광사는 『서결書訣』에서 중국 송나라 명필 미불의 글씨라고 주장했다. 현재 미불의 석각서 탁본 '第一山'을 연광정 '第一江山'과 비교하면 동일한 것으로 확인되었다. 주지번이나 미불의 글씨라는 주장을 종합해 보면 주지번이 미불의 '第一山' 석각 탁본 글씨에 天下와 江자를 보태어 평양연관정에 현판을 걸었으나 청나라 황제의 명에 의해 天下자는 없애고 걸었다고 볼 수 있다. 江자도 후에 조선 후기 서화가인 윤순의 글씨로 교체된 것으로 보고 있다.

동해의 물길 따라

7 천재 시인 허난설헌과 초당 생가터

차 한 잔 마실 시간 강문교에서 냇가를 걸으면 경포 호수를 연결하는 월송교月松橋를 지나게 된다. 거기서 조금 더 걸으면 잔디밭 광장을 지나 허균, 허난설헌 공원 입구에 있는 교산교蛟山橋와 허난설헌 다리를 건너 초당 소나무 숲속에 있는 생가터에 이르게 된다. 주변은 울창하게 솟은 미인송 숲으로 둘러싸여 있고 호수 건너 저 멀리엔 백두대간이 늠름하게 뻗어 있다.

허난설헌 생가 전경

솟을대문을 들어서면 사랑마당 사이에 ㅁ자형 본체가 있다. 본체는 두 대문을 두어 사랑채와 안채로 구분된다. 안채는 겹집의 형식으로 부엌과 안방, 마루로 구성되어 있다. 집 전체를 둘러싼 붉은 흙담을 배경으로 피어나는 다양한 꽃들은 계절마다 주변의 운치를 다채롭게 만든다.

강릉 경포호를 배경으로 태어나고 자란 인물 중에 가장 극적으로 대비되는 인물을 꼽으라면 신사임당과 허난설헌일 것이다. 허난설헌은 동쪽 해변마을 초당에서 신사임당은 북촌에서 태어났다. 또 같은 명문가에서 태어나 스스로 호와 자를 가질 만큼 깨어 있었다. 어린 시절을 남녀의 차별을 받지 않고 자란 허난설헌은 결혼 후 가부장적인 시대에서 남편과 시댁과의 갈등 속에 살면서 딸과 아들을 잃고 배 속의 아이마저 유산하고 27세의 젊은 나이에 생을 마감했다. 반면에 신사임당은 4남 3녀를 낳아 율곡 이이 같은 대학자, 그림을 이어받은 딸 매창, 명필 이우를 배출했다. 신사임당은 결혼을 해서도

허난설헌 생가

자기 주도적으로 가정을 운영하고 남편을 내조하며 자신의 예술세계를 완성시켜 나갔다.

허난설헌은 시댁과 남편과의 갈등 속에서 그 외로움과 고통을 시로 달랬지만 죽기 전에 평생 지었던 시들을 태워버렸다. 초당에 가득했던 그녀의 시들은 모두 재로 변했다. 다만 뛰어난 기억력을 가진 아우 허균이 평소 외우고 있던 시들과 친정에 남아 있던 시들을 정리하여 한 권의 시집으로 엮었다.

위대한 여류시인의 탄생

허난설헌의 이름은 초희楚姬, 호號는 난설헌蘭雪軒, 자字는 경번景樊이다. 꽃 가운데 유독 난초를 좋아했다. 하늘나라를 동경하여 세상을 덮이주는 흰 눈을 무척 좋아해서 난설헌이라 호를 지었다.

여성은 아이를 낳아 대를 잇는 존재로, 남편을 보필하여 가문을 일으키는 현모양처가 최고의 가치였던 시대에, 족보에 이름조차 남기지 못하던 조선사회에서 스스로 당당하게 호와 자를 갖는다는 자체는 남들로부터 자기 자신을 가려내는 행위이다.

허난설헌은 허엽의 여섯 남매 가운데 다섯째로 태어났다. 허엽의 첫째 부인은 서평군 한창숙의 딸인 청주 한씨로, 맏아들 허성과 두 딸을 낳았으나 일찍 세상을 떠났다. 허엽은 두 번째 아내로 예조참판 김광철의 딸 강릉 김씨와 혼인하여 허봉과 허난설헌, 막내 허균을 낳았다.

아버지 허엽은 대사성과 대사간, 홍문관 부재학을 역임한 당대의 석학이었다. 아버지 허엽과 오빠 허성, 허봉, 난설헌, 허균은 당시 허씨 오문장가로 이름을 날렸다. 12년 연상인 오빠 허봉은 허난설헌에게 시 공부의 길을 열어주었다. 당시 삼당시인三唐詩人으로 알려진 손곡 이달을 소개해 시를 가르치게 했다. 이달은 서자인 탓에 뛰어난 능력에도 불구하고 과거시험조차 볼 수 없어 천하를 방랑하며 살았다. 이달에게 시를 배운 허난설헌은 당나라 시의 영향을 많이 받아 명나라 사람들도 매우 좋아했다.

허난설헌은 다섯 살에 글을 읽고 여덟 살에 〈광한전백옥루상량문〉을 지어 신동이라 불렸다. 이는 허난설헌의 작품 가운데 유일하게 전하는 산문으로 동생 허균이 1605년 충천각에서 석봉 한호에게 부탁하여 그의 글씨로 써서 1차로 간행되었다.

허난설헌은 신선세계에 있는 상상 속의 궁궐인 광한전백옥루의 상량식에 상량문을 지을 시인이 없어 자신이 초대되어 상량문을 지었다는 내용의 글이다. 상량문은 집을 지을 때 대들보를 올리며 행하는 상량의식의 글이다. 이 글에서 허난설헌은 실현 불가능한 현실 세계의 이상을 가상세계인 선계를 설정하여 세속을 초월한 이상향을 실현하고 있다.

비극적인 결혼생활

허난설헌의 어린 시절은 자유로운 집안 분위기 속에 오빠들과 행복한 시간을 보냈다. 천진난만하고 호기심 많은 아이로 주변 사람들과 잘 어울려 노는 즐거운 시절이었다. 난설헌 같은 천재라도 그 당시 모든 여인이 해야 하는 결혼을 피할 수 없었다. 허난설헌은 17세에 안동 김씨인 김성립과 혼인했다. 그의 집안은 5대째 문과에 급제자를 배출한 명문가였다.

김성립은 여러 번 과거에 낙방했다. 학문적 깊이나 시를 쓰는 능력은 아내에 미치지 못했다. 아내에 대한 열등의식으로 학문에 열중하기보다는 기생들과 노는 시간이 늘어났고 그녀의 외로움과 갈등은 더욱 깊어갔다. 시어머니 송씨 또한 글 읽고 시 쓰기 좋아하는 며느리를 좋아하지 않았다. 친정집 식구들의 격려와 도움으로 천여 편에 이르는 시를 쓰게 되었으나 아버지의 급작스런 죽음과 작은 오빠 허봉이 동서분당에 휘말려 유배를 가면서 가세가 기울기 시작했다.

허난설헌의 불행은 여기서 그치지 않았다. 사랑하는 딸을 잃고 연이어 아들마저 잃게 되었다. '아들을 잃고 통곡하다'는 시를 통해 그녀의 애절한 슬픔을 표현하고 있다. 그 슬픔을 이기지 못해 임신한 아이마저 유산하고 말았다. 22세 때 상을 당해 외갓집에 묵고 있을 때 꿈속에서 아름다운 두 선녀를 만나 신선세계에서 가장 아름다운 곳인 광상산廣桑山에 올라 두 여인의 요청에 의해 시를 한 수 지었다.

꿈속에 광상산에서 노닐다   夢遊廣桑山

푸른 바닷물이 구슬 바다에 스며들고	碧海浸瑤海
푸른 난새는 광채 나는 난새에게 기대었구나	靑鸞倚彩鸞
연꽃 스물일곱 송이가 늘어져	芙蓉三九朶
달밤 찬 서리에 붉게 지네.	紅墮月霜寒

이 시를 쓴 지 5년이 지난 27세 되던 해에 "올해가 바로 스물일곱이 되는 해이므로 연꽃이 서리를 맞아 붉게 떨어질 겁니다." 아무도 이 말을 믿지 않았지만 그해 어느 날 아무런 병도 없이 조용히 한 많은 세상을 떠났다.

허난설헌은 세 가지 한을 품고 세상을 떠났다. 첫째, 자신의 이상과 기상을 펼치기에는 너무나 작고 완고한 조선에 태어난 것 둘째, 여자로 태어난 굴레로 인해 자신의 뜻과 꿈을 마음껏 펼칠 수 없었던 것 셋째, 인품과 시재를 겸비한 남편을 만나지 못한 것과 자녀마저 모두 잃게 되어 모성애를 베풀 기회마저 가질 수 없었다는 것이다.

김성립은 허난설헌이 죽은 1589년 증광문과에 급제하여 홍문관 저작을 지냈다. 1592년 임진왜란이 일어나자 의병을 일으켜 왜군과 싸우다 전사했다.

⁸ 다시 피어난 붉은 연꽃
스물일곱 송이

　　닫혀 있는 조선사회의 윤리와 규범을 여자로서 극복하는 방법은 매우 제한적이었다. 허난설헌은 현실에서 이룰 수 없는 꿈과 이상을 신선세계를 노래한 87편의 유선시遊仙詩로 표현하였다. 하늘을 자유로이 왕래하고 조물주인 천제와 만날 수 있고 생사의 한계나 시공을 초월한 신선들의 세계가 허난설헌의 마음의 고향이었다. 슬픔도 고통도 차별도 없는 영생을 누리는 신선의 세계가 그녀의 안식처였고 시심의 원천이었다.

　　허난설헌은 세상을 떠나기 전 천 편이 넘는 시들을 불태웠다. 선계에 머물던 그녀의 정신세계에서 보면 인간세계의 번잡한 모든 것들은 부질없는 티끌이요 먼지처럼 쓸어버리고 갈 대상이었는지도 모른다.

허난설헌의 생애를 이야기하다

tip

중국 대륙과 일본에 피어난 허난설헌의 시향詩香

동생 허균은 누이가 떠난 다음 해인 1590년에 친정집에 남아 있던 시들과 자신이 기억하고 있던 시들을 모아 서애 유성룡에게 발문을 부탁하여 필사본을 몇 권 만들었다. 허난설헌 시들은 『난설헌집』에 수록되기 전 정유재란 때 조선에 원정 왔던 문인 오명제가 채집하여 엮은 『조선시선朝鮮詩選』에 58수나 수록되어 중국에 알려지게 되었다. 오명제보다 1년 뒤 원군으로 온 장수 남방위도 시를 수집한 후 『조선고시』라는 시집을 편찬하였는데 여기에도 허난설헌의 시 25수가 수록되었다. 이는 수록된 시 중 가장 많은 수를 차지했다. 중국인들에게 허난설헌은 조선 최고의 시인으로 평가받았다.

명나라 3대 문사文士로 꼽히던 주지번이 1606년 중국 사신으로 조선에 왔다. 주지번은 유명한 문장가이며 서화가로서 시 짓는 것을 좋아했다. 사신을 접대하는 데 문장을 대적할 수 있는 허균이 추천되었다. 조선에 오기 전 중국에서 유행했던 허난설헌의 시를 알고 허균에게 그녀의 시집을 보여달라고 요청했다. 허균은 출간하려고 준비해 놓았던 허난설헌의 시집 초고를 주지번에게 주었다. 그는 허난설헌의 시집을 읽어본 후 감탄하며 『난설헌집』 서문을 지어주었다. 주지번이 가져간 210수의 『난설헌집』 시는 허난설헌 시문학의 또 다른 면모를 중국에 알리는 계기가 되었다. 또한 중국에서 심무비가 허난설헌의 시를 실은 『경번집景樊集』을 간행했다는 기록이 남아 있다. 명나라 말기 학자 반지항의 문집인 『긍사亘史』에는 「취사원창聚沙元倡」이라는 제목으로 허난설헌의 시를 수록하였다. 그녀의 시는 중국의 수많은 시집에 소개되면서 최고의 인기를 누렸다.

1606년 허균이 『난설헌집』을 목판본으로 간행하였다. 그해 활자본 『개주갑인자본』이 출간되었다. 1692년 동래부에서 중간한 『동래부중간목간본』이 간행되었고 이것이 일본으로 건너가 인기를 끌었다. 1711년 분다이야에 의해 『난설헌집』이 일본에서도 간행되었다.

가문의 대를 잇고 남편을 내조하는 것을 최대의 덕목으로 삼는 조선사회에서 천 편이 넘는 시를 쓰며 외롭고 고통스런 삶을 살다 간 허난설헌의 시 세계는 조선을 넘어 중국에서 화려하게 부활했다. 하지만 그녀는 여성이라는 이유만으로 억압받고 인정받지 못했다. 동생 허균이 역적으로 몰려 멸문을 당하는 참화를 겪으면서 그녀의 시 세계는 조선에서 평가절하되었다.

임진왜란에 즈음하여 모계사회에서 부계사회로, 처가살이에서 시집살이로 세상이 급변하였다. 송나라 유학자 주희가 만든 『주자가례朱子家禮』가 그 기본이 되었다. 성리학은 정치와 경제, 사회적 권한을 장자에게 상속시켜 사회를 안정시키는 이념이다. 그 이념을 예법으로 구체화시킨 사람이 주희였고 그 예법이 『주자가례』였다. 성리학을 통치이념으로 선택한 신진 사대부에게는 따라야 할 선진이념이었다.

고구려는 여자 집에 사위 집(서옥)을 짓고 사위가 처가살이를 했다. 아들을 낳아 장성하면 남편 집으로 돌아갔다. 고려시대 또한 남자들은 처가살이를 하고 아들이 성장하면 본가로 갔다. 천년 풍습 처가살이는 조선시대 중반까지 지속되었다.

조선 개국 후 신진 사대부들은 『주자가례』에 규정된 선진예법 친영례親迎禮를 주장하였다. 1414년 태종의 셋째 아들 성녕대군이 친영례로 혼인했다. 세종은 왕자와 왕녀의 혼인에는 친영례를 하라고 명했다(1434년 세종실록). 이듬해 파원군 윤평이 숙신옹주를 친히 맞아가니 본국에서의 친영親迎이 이로부터 비롯되었다. 세종이 전격 실시한 친영례가 임진왜란을 즈음하여 사대부들에게 퍼져나가기 시작했다. 16세기 후반에는 어지간한 양반집은 처가살이를 청산하고 며느리를 맞이하는 풍속으로 바뀌게 되었다.

천년 이상 지속된 모계사회가 공식 종언되었다. 혈통보다는 종통宗統이 우선시됐고 종통이 끊기면 양자를 들여서 잇게 했다. 형제와 자매, 사위가 돌아가면서 치르던 제사는 맏아들이 단독으로 치르게 했다. 재산도 남녀 골고루 나누어주던 풍속이 장자우선으로 변했다. 재혼녀가 낳은 자식은 과거가 금지됐다. 상처한 사대부는 태어날 자식의 장래 때문에 과부 대신 미혼 처녀와 결혼했다. 종가宗家와 종부宗婦, 족보族譜는 이 무렵에 탄생한 개념들이다.

경포대를 배경으로 해안가 초당에서 태어난 허난설헌과 북촌에서 59년 먼저 태어난 신사임당은 반세기를 사이에 두고 극명하게 다른 삶을 살게 되었다. 신사임당은 딸만 다섯 자매인 딸 부잣집 둘째 딸로 결혼 후 친정에서 4남 3녀를 낳고 20년 살다가 파주 시댁에서 10년간 지내다 죽었다. 남편이 장가를 왔던 시대에 살았기에 고향 강릉집에서 시·서·화를 연마하며 안견에 견줄 정도의 여류화가로서 재능을 발휘할 수 있었다. 여자가 당당한 주체로서 남편의 종속적인 관계에 있지 않던 시대에 살았다.

허난설헌도 초당 외갓집에서 태어나 자랐다. 그녀가 태어난 시대는 이미 사대부가에는 시집살이가 정착되었다. 그녀 또한 명문가인 시댁에서 시집살이를 해야 했다. 허난설헌도 신사임당처럼 고향 강릉에서 처

허난설헌 동상

　　　　　　　　　　　　　　　　　　　　동해의 물길 따라

가살이 남편과 함께 시를 쓰고 아이를 낳고 그녀의 재능을 마음껏 발휘할 수 있었다면 여류문학사에 새로운 장이 열리지 않았을까 하는 아쉬움이 앞선다. 신사임당만큼 20년 더 살고 수천 편의 시를 보존할 수 있었다면 동아시아의 여성문학사가 바뀌지 않았을까 하는 역사의 가정법도 상상해 본다.

그녀의 생가 터 흙토담 둘레에는 자주색 백일홍나무 꽃이 활짝 피어 있다. 그녀의 기념관 앞 광장에 핀 꽃들이 바람에 무심히 흔들리고 있다. 울창한 송림 속에서 울려 퍼지는 매미소리와 풀벌레소리, 부엉이소리가 멀리서 울려오는 가운데 허엽과 허성, 허봉, 허균, 허난설헌 오문장가의 시비가 기립해 있다. 그녀의 죽지사3 시 비문만 그녀의 동상을 바라보고 있다.

죽지사3

우리 집은 강릉 땅 돌 쌓은 갯가로	家住江陵積石磯
문 앞 흐르는 물에 비단옷을 빨았지요	門前流水浣羅衣
아침에 목란배를 한가로이 매어 놓고	朝來閑繫木蘭棹
짝 지어 나는 원앙새를 부럽게 보았어요	貪看鴛鴦相伴飛

2009년 4월 처음으로 허난설헌 문화제를 개최했다. (사)허균 · 허난설헌선양사업회와 강릉시 여성단체협의회가 체험행사를 비롯하여 다양한 행사를 진행하고 있다.

위대한 천재 시인을 담아내기엔 너무 편협하고 폐쇄적인 조선사회에서 외로움과 편견의 벽과 싸우다 요절한 한 여인의 굴곡 많은 생애를 되돌아본다. 광장 한가운데 다소곳이 앉아 있는 그녀의 동상을 향해 카메라의 셔터를 누르니 만감이 교차했다.

촛불 Ⅱ

함 영 덕

미끈한 알몸 발을 곧추세워
불을 당긴다
두 손 끝에 떨리는 소녀의 귓불
삼배 올리며 눈을 감아본다
귀뚜라미 창호지 문살 틈새로
기어 나온다

바람이 내려앉는다
소쩍새도 떠났다
불꽃 강 저 너머 아미타여래
허리 굽어보고 있다
미소가 흔들린다

추녀 끝 보름달
법당 마루에 곤히 잠들고
어둠의 날개 짓 깨어나
온몸을 태워야만
살아남는 빈 가슴
밤새 쏟아낸 육신의 이불
사념思念의 강 물결
적시고 있다

초당두부마을과 허엽許曄

강릉의 대표적 향토음식인 초당두부草堂豆腐는 콩물에 바닷물을 부어 만들기 때문에 다른 지역 두부보다 더 부드럽고 깊은 맛을 낸다. 바닷물은 미네랄이 풍부해 천연 응고제 역할을 하기 때문에 콩의 풍미를 한껏 살려내는 장점이 있다.

초당두부의 역사적 유래는 허난설헌과 허균의 아버지인 허엽許曄(1517-1580)이 강릉부사로 내려왔다가 바닷물로 간을 맞추어 두부를 만들면서 시작됐다고 전해진다. 허엽은 관청 뜰에 있는 우물물의 맛이 좋자 이 물을 이용해 두부를 만들었다. 끓인 콩물을 응고시키기 위해 동해 바닷물을 길어다 썼다. 이후 강릉부사가 손수 만든 두부가 담백하고 고소해 맛있다는 소문이 났다. 강릉 사람들은 허엽의 호인 초당을 붙여 초당두부라 불렀다는 이야기가 전해진다.

그러나 실제 초당두부의 기원은 6·25전쟁 무렵으로 보고 있다. 당시 강릉 일대의 청년들이 치열한 격전지였던 동부전선에 투입되면서 많은 전사자가 발생했다. 남편을 잃고 생계가 막막해진 아내들이 두부를 만들어 장에다 팔았다. 이후 1980년대 초당마을에서 두부를 만들어 파는 가구가 증가하기 시작했다. 1986년 초당마을에서 처음으로 두부를 메뉴로 원조초당순두부집이 영업을 시작했다. 그 뒤로 약 20여 호가 차례로 식당을 열면서 현재의 초당두부마을이 형성되었다.

9 허균,
그 미완^{未完}의 개혁가

해변에서 차 한 잔 마실 시간 정도 걸어 월송교를 건너면 호반 왼쪽에 넓은 잔디광장이 나타난다. 초당솔밭과 호수 사이로 난 길을 따라 걸으면 허균 · 허난설헌 남매의 기념공원으로 가는 길목에 『홍길동전』에 나오는 캐릭터들이 코믹한 몸 동작으로 시선을 끈다.

경포호수를 두고 북촌에서 태어난 대학자^{大學者} 율곡 이이는 조선사회가 추앙하는 충신으로 사당에 모셔져 국가적 인물로 대현율곡제가 매년 개최되었다. 그러나 허균은 조선시대가 망하는 날까지 신원이 복권되지 못한 채 형장의 이슬이 되었다.

허균이 꿈꾸는 세상은 반상^{班常}의 법도가 엄격하게 차별받던 조선사회에서 누구나 부족함 없이 잘사는 세상, 양반과 상민, 적서의 차별이 없는 평등한 세상이었다. 비록 허균이 꿈꾸고 열망했던 개혁사상은 물거품이 되었지만 한글소설 『홍길동전』을 통해 민중들에게 부활하였고 한국 문학사에 한 획을 그었다.

『홍길동전』을 통해 부패한 관리를 단죄하고 모순된 조선사회를 정면으로 비판한 홍길동은 신분의 벽을 넘어 병조판서의 벼슬을 받은 후 부하 3,000여 명과 함께 조선을 떠나 성도라는 섬에 도착하여 요괴에게서 세 여인을 구해 부인으로 맞았다. 성도 주변에 있는

율도국의 새 왕이 사치와 향락에 빠져 백성을 돌보지 않는다는 소문을 듣고 정벌하여 왕위에 올라 덕으로 나라를 다스렸다. 72세가 되었을 때 왕위를 왕자에게 물려주고 왕비와 함께 산에 들어가 지내다가 어느 날 홀연히 사라졌다. 홍길동은 율도국의 왕이 되어 부정부패나 신분차별이 없는 나라, 인재를 소중히 여기는 나라를 세워 다스렸다. 홍길동은 차별과 억눌림 속에서 고통받던 백성들이 간절히 원하는 이상국가를 만든 시대의 영웅이다.

허균의 현실적인 사회개혁은 실패했지만 소설 홍길동전을 통해 그가 꿈꾸던 정의롭고 평등한 이상국가를 완성하였다. 홍길동전을 통해 민중들의 마음을 위로하고 대변했던 시대정신은 오늘날 드라마와 영화, 뮤지컬, 연극을 통해 대중의 사랑을 받고 있다. 400여 년의 시공을 넘어 그의 사상과 생애는 과거의 역사적 사실을 넘어 우리 사회에서도 현재 진행 중인 정치·사회적 덕목이다.

시대를 역류한 명문가의 기대주 허균

허균은 1569년(선조 2년) 초당 허엽의 막내 아들로 외가인 강릉 사천 애일당愛日堂에서 태어났다. 애일당의 뒷산은 이무기가 누워 있는 형상으로 그 지맥이 사천 앞바다에서 그쳐 이무기산이란 의미의 교산蛟山이라 칭하고 바닷가 바위를 교문암蛟門岩이라 부른다.

---

tip

허균의 가족사

허균은 당시 최고의 명문인 양천 허씨 집안 출신이다. 아버지 허엽은 서경덕의 문인으로 성균관 대사성과 부제학, 경상도관찰사, 동지중추부사 등을 역임하였다. 동인과 서인으로 분당되었을 때에는 동인의 영수가 되었다. 허엽은 첫째 부인 청주 한씨와 혼인하여 딸 둘과 허성을 낳았으나 일찍 사별했다. 둘째 부인 예조참판 김광철의 딸 강릉 김씨와의 사이에서 허봉과 허초희, 허균 삼남매를 낳았다.

큰형 허성은 36세에 문과에 급제하였고 작은 형 허봉 역시 과거에 급제하여 서장관으로 명나라를 다녀와 기행문 『하곡조천록荷谷朝天錄』을 썼다. 허봉은 창원부사 시절 병조판서 이이를 탄핵하다 함경도 종성으로 유배되었다가 풀려나 벼슬살이를 거부하고 백운산과 금강산 등을 유람하다 금화에서 38세의 젊은 나이에 요절했다. 허엽과 허성, 허봉, 허균, 허난설헌은 당대 허씨 5문장가로 이름이 높았다.

허균은 다섯 살에 글을 배우기 시작하여 아홉 살에 시를 짓는 신동이었다. 12세 되던 해 갑작스런 아버지의 죽음을 맞이했다. 누이 허난설헌과 함께 둘째 형 허봉의 친구인 손곡 이달李達의 문하에서 수학했다. 이달은 대제학을 지낸 이첨의 서손庶孫으로 삼당三唐 시인의

사천 교문암

한 사람으로 시재와 문장이 뛰어났으나 어머니가 천민이어서 세상에 쓰이지 못했다. 원주의 손곡(蓀谷)에 기거했으므로 스스로 호를 삼았다. 이달은 어렸을 때 읽지 않은 책이 없었기에 글을 엮어내는 것이 매우 넉넉했었다. 후일 허균이 서얼의 편을 든 것은 스승 이달의 영향을 많이 받았기 때문이다. 허균의 청년기에 찾아온 불행 중 하나는 둘째 형 허봉의 귀양과 죽음이다. 두 번째는 든든한 동지이자 서로의 문학세계를 가장 잘 이해하는 누이 난설헌의 죽음이다. 셋째, 임진왜란이 일어나 피난길에 아내가 첫 아들을 낳고 산후조리를 못하여 사흘 만에 세상을 떠났고 아들마저 젖을 먹지 못해 죽은 것이다.

굴곡진 벼슬길과 좌절된 혁명가의 꿈

20세에 생원시에, 26세 때 문과에 급제한 후 29세에 문과 중시에 장원급제하면서 병조좌랑으로 벼슬살이를 시작했다. 31세 때 황해도 도사로 임명된 허균은 여섯 달 만에 문란한 관직생활과 무뢰배들과 어울려 폐단이 많다는 이유로 탄핵을 받아 파직당했다. 36세에 수안군수로 부임하여 못된 짓을 한 토호들을 곤장으로 벌주다가 사망사건이 발생하자 민원이 발생하고 불교를 믿는다고 탄핵당해 벼슬길에서 다시 물러났다.

명나라 3대 문사文士 가운데 한 사람인 주지번이 명나라 사신으로 왔을 때 그를 접대하고 견줄 만한 상대로서 허균은 종사관으로 추천되었다. 시·서와 불교, 도교, 제자백가에 이르기까지 폭넓은 학식에 감탄한 주지번에게 매우 호평을 받았다. 이때 최치원 이후의 시 830수와 주지번이 보고 싶어 했던 허난설헌의 시도 보여주었다.

허균의 탁월한 학식과 공로로 삼척부사로 부임하였으나 석 달도 채 넘기지 못하고 부처를 섬겼다는 이유로 탄핵을 당해 물러나게 되었다. 벼슬길에 오른 지 십여 년 만에 3번씩이나 물러나면서 이단으로 낙인찍히게 되었다. 허균은 1608년 공주목사로 부임할 때부터 평소 교분이 두텁던 서얼들과 가깝게 지내면서 개혁의 꿈을 키웠다.

허균은 일곱 번의 파직과 복직을 되풀이하면서 기행과 자유분방한 굴곡진 삶을 살았다. 명문가 출신의 유망주이면서 스스로 기득권을 박차버린 혁신적인 개혁사상가였다. 그는 단지 서얼이라는 이유로 스승 손곡 이달이나 능력 있는 젊은이들이 좌절당하는 조선사회를 결코 좌시할 수 없었다.

허균의 정치적 위기는 1623년 '칠서七庶의 옥獄'에서 비롯된 계축옥사癸丑獄事에서 시작되었다. 이것은 일곱 명의 서얼들이 역모를 꾀한 사건이다. 이 사건 이후 서얼의 실질적 후원자라는 혐의에서 자유로울 수 없었다. 그럼에도 불구하고 이런 혐의에서 벗어나기 위해 당시 대북정권의 실세였던 이이첨에게 도움을 청하고 집권세력에게 적극 협력함으로써 광해군과 이이첨의 두터운 신임을 얻어 호조참의와 형조참의를 거쳐 좌찬까지 오르게 되었다.

그러나 인목대비의 폐출을 반대했던 기자헌이 유배를 가게 되자 그의 아들이며 허균의 제자였던 기준격이 허균의 역모를 고발하는 비밀상소를 조정에 올려 허균은 궁지에 몰리게 되었다. 허균은 즉각 반박상소를 올렸지만 주변의 여러 상황들이 불리하게 작용하였다. 1618년(광해 10) 8월 광해군을 비방하는 격문을 붙인 것이 허균의 심복이라는 사실이 폭로되면서 허균은 체포되었다. 허균은 죽는 순간까지 역모사실을 인정하지 않았지만 제대로 된 재판도 받지 못하고 동지들과 함께 1618년 8월 24일 저잣거리에서 능지처참을 당했다. 시대를 앞선 진취적인 개혁가 허균의 꿈은 물거품이 되었다. 마지막으로 허균은 "할 말이 있다"며 외쳤다고 『조선왕조실록』에는 기록되었다. 그의 파란만장했던 50년간의 굴곡진 삶도 비로소 영면永眠한 안식을 취하게 되었다.

초당 생가에 있는 허균 시비

시대를 뛰어넘은 미완의 개혁사상

　　폐쇄적인 성리학에 매몰되어 있던 조선사회에서 유, 불, 선에 정통하고 서학西學에 관심을 가졌던 허균의 안목과 학문적 영역에서 보면 그의 남다른 기행과 파격적인 삶의 족적을 이해하는 데 도움이 될 것이다. 편협한 이념 속에 갇혀 있던 유교사회에서 불교도라는 이유로 여러 번 파직을 당하면서도 평생 불교를 공부하였다. 서산대사, 사명대사와 특별한 친분을 가지고 두 사람의 비문을 썼으며 서문과 발문을 쓰기도 하였다. 또한 아버지와 누이 허난설헌의 영향을 받아 어렸을 때부터 도교 관련 글들을 읽었다. 중국에 사신으로 갔다 오면서 천주교 관련 책을 가져왔을 뿐만 아니라 자기를 따르는 사람들과 함께 그것을 믿고 따르기도 했다. 천주교 서적을 처음 우리나라에 소개한 사람은 바로 허균이었다. 새로운 사상에 대한 남다른 관심의 소유자였음을 엿볼 수 있다.

　　허균은 공리공론에 치우친 조선의 성리학에 반기를 들고 현실참여의 학문에 가치를 두고 사회모순을 개혁하고자 도전하였다. 400여 년의 시공을 뛰어넘어 오늘날에도 허균의 사상은 유용할 만큼 시대를 초월해 존재한다.

　　허균은 사회개혁을 위한 혁명사상으로 「호민론豪民論」을 제시하였다. 호민론은 천하에 두려워할 바는 백성뿐이다. 백성이 나라의 주인이고 통치자는 언제나 백성을 가장 높은 자리에 두고 정치를 해야 함을 강조한 사상이다.

허균의 호민론에서는 백성을 지식이 없고 자신의 권리를 주장할 의식이 없는 항민恒民, 정치적으로 피해를 입어도 원망만 하고 행동에 옮기지 못하는 원민怨民, 부당한 대우와 사회모순에 과감하게 대응하는 호민豪民으로 구분하였다. 허균은 호민의 주도로 항민과 원민이 합세하여 무도한 무리들을 물리침으로써 개혁이 달성될 수 있다고 생각했다. 허균 정치의 마지막 목표는 민중이며 민중을 근본으로 인식하고 민중을 위한 정치를 가장 좋은 정치라고 생각했다.

허균은 「병론兵論」에서 오늘날처럼 모든 계층에 고르게 균역을 부가할 것을 주장했다. 「유재론遺財論」을 통해 신분차별의 타파를 주장하였다. 적서차별을 없애고 어미가 재가한 자녀에게도 재능 있는 자는 등용해야 한다는 고른 인재등용을 주장하였다. 자유민주주의 국가가 들어선 오늘날에야 실현된 사회구조를 허균은 400여 년 전 꿈꾸고 개혁하고자 하였다. 너무나 앞서 깨어 있었기에 시대에 맞지 않는 옷을 입고 민중과 뜻을 함께하고자 한 그의 삶은 어쩌면 불행한 종말을 예견한 것인지도 모른다. 허균의 사상은 21세기인 오늘날에도 세계 곳곳에서 진행되어야 할 정치적 덕목의 하나이다.

허균의 문학세계

허균은 조선시대의 제도론적인 문학관을 타파하고, 자유로운 성정의 표현과 서술상의 파격을 추구했으며 쉽고 편리한 일상어의 사용을 강조했다. 감성과 지기 감정에 충실한 허균의 시를 읽으면 오늘날의 시정詩情과도 통하는 것들이 많다. 특히 수필에 준할 정도의 긴 시를 보면

경포호반의 홍길동 캐릭터

마치 현대의 산문을 읽는 느낌이다. 현실세계의 불만에서 나온 저항 정신과 자조적인 모습, 현실 도피적인 정신이 다른 시와 차별된 특징이다.

허균의 문집 『성소부부고惺所覆瓿藁』는 시詩, 부賦, 문文, 설說의 4부로 구성되어 있다. 『성소부부고』에는 기행시, 유배시와 엄처사전, 손곡산인전, 장산인전 등의 '전'도 있고 이대중 등에게 보내는 편지도 있다. 정도전론 등을 비롯하여 정치와 국방과 호민론 등이 실려 있다. 최치원부터 전우치에 이르기까지 그들의 시에 대한 품평을 한 「성수시화惺叟詩話」도 들어 있다. 허균은 1,500수가 넘는 시를 남긴 뛰어난 시인이자 탁월한 시 비평가였다.

허균의 문학사적 최고의 업적은 언문이라 천시받던 한글로, 혁명아의 꿈을 그린 최초의 한글소설 『홍길동전』을 쓴 것이다. 당시까지 한글은 언문 즉 아낙네나 천한 백성들이 읽는 글이었다. 한문은 지배층의 언어요 하나의 권력이었다. 한문을 모르는 백성은 문화를 누릴 수 없었다. 한글소설 대부분은 지은이가 밝혀지지 않았는 데 비해 홍길동전만은 지은이와 쓰여진 연대가 알려졌다는 점도 의의가 크다.

허균은 명문가에 태어난 기대주면서도 자신의 기득권을 버리고 불우한 서얼들을 도와주었으며, 승려를 비롯하여 시정의 평민, 기생들과도 거리낌없이 교류했던 개방적이고 다정다감한 성품의 소유자였다. 종교적인 측면에서도 유·불·선, 천주교, 민속종교를 망라한 자유로운 사상을 지녔다. 기존의 질서와 사회모순에 맞서 저항과 개혁정신을 가지고 온몸으로 실천하는 삶을 살았던 이상주의적인 개혁가이며 실천가였다.

초당동 앞바다 강문해변

¹¹ 참소리축음기,
에디슨, 영화박물관

참소리에 이끌린 수집가의 삶

참소리박물관 손성목 관장은 여섯 살 때 아버지로부터 가장 소중한 보물인 포터블 축음기〈콜롬비아G241〉를 선물받았다. 1·4후퇴 때 버리고 가자는 가족들의 만류에도 함경남도 원산에서 강원도 속초까지 억척스럽게 짊어지고 다녀 6·25전쟁통에도 살아남아 수집품 1호가 되었다. 그가 피난처에서 축음기를 틀어주면 공포와 불안을 털고 웃음을 띠는 희망찬 사람들의 모습을 보았다. 중학교를 졸

강릉 참소리축음기박물관

업할 때쯤에는 약 10대의 축음기를 수집했고 수집한 축음기는 잘 갈무리하고 고장난 것은 분해하여 며칠 밤을 새우더라도 반드시 고쳤다.

축음기가 있는 곳이라면 세계 어느 곳이라도 달려갔다. 그러다 보니 세계 60여 개국을 다니게 되었다. 경매에 참여하기 위해 아르헨티나로 가던 중 뉴욕에서 강도를 만나 어깨뼈가 으스러지는 중상을 입었으나 병상을 박차고 일어나 수십 명의 경쟁자를 물리치고 세계에서 단 한 대밖에 없는 포노그래프 축음기를 낙찰받았다.

축음기는 에디슨의 대표적인 발명품이다. 발명왕 에디슨은 잠자는 시간을 아껴 발명에 투자하고 새로운 발명에 필요한 돈을 모으기 위해 발명을 했던 경이적인 인물이다. 그는 일생 동안 1,093건의 발명과 특허를 가진 발명가로서의 외길을 걸었다.

참소리박물관 안에 소리만을 위한 참소리전시실과 에디슨이 만든 전구나 영사기 등의 발명품을 모은 〈에디슨전시실〉을 따로 운영하고 있다. 에디슨은 미국에서 태어났지만 그의 발명품을 가장 많이 보유한 곳은 〈참소리박물관〉이다. 이제 에디슨을 만나려면 미국이 아닌 한국으로 와야 한다.

발명왕 에디슨의 생애와 발명품

에디슨의 가장 유명한 발명품을 꼽으라면 축음기와 전구, 영사기를 들 수 있다. 또한 에디슨의 발명으로 인해 가전제품 및 주방용품은 본격적인 공장생산시대로 이어졌다.

에디슨은 지나친 호기심과 학교생활에 적응하지 못해 입학한 지석 달 만에 퇴학당하고 그때부터 어머니에게서 교육을 받았다. 교사 출신인 어머니는 에디슨에게 많은 책을 읽게 하였다. 그는 12세 때 철도회사에서 일하게 되었다. 화물열차 짐칸에서 실험실을 운영하

세계 영상 및 소리박물관

다 화재 발생으로 실험실이 폐쇄되었다. 이즈음 청각장애를 앓기 시작했다. 훗날 에디슨은 일기에 "나는 열두 살 이후 새 소리를 한번도 듣지 못했다."라고 적었다.

에디슨의 1호 발명품은 전기식 투표기록기로 의회의 투표와 개표 작업을 더욱 손쉽게 하기 위한 발명품이었으나 아쉽게도 판매되지는 못했다. 남북전쟁이 끝난 후 에디슨이 만든 동조 멈춤장치나 주식시세 표시기 등은 예상보다 높은 가격에 팔렸다. 그 밑천으로 1871년 뉴저지주에 있는 뉴어크에 공장과 실험실을 세웠다. 1872년과 1873년 사이 60여 건의 특허를 획득했다. 1876년 뉴욕 교외에 있는 멘로파크로 실험실을 옮겼다. 이 실험실은 역사상 첫 산업형 실험실이었다.

축음기 1호 틴포일과 전구 발명
1877년 12월 4일, 에디슨은 작은 회전 원통과 두 개의 진동판으로 이루어진 기계를 내놓았다. 그는 기계를 조작하며 '메리의 어린 양'이란 노래를 부르기 시작했다. 노래를 끝내고 다시 기계를 조작하사 기계에서 에디슨의 목소리가 그대로 흘러나왔다. 이것이 바로 가장 아끼는 발명품인 축음기 제1호 〈틴포일Tin Foil〉이었다. 며칠 동안 수십 번의 실험을 거쳐 결점을 보완한 뒤 첫 번째 축음기 모델로 특허를 따냈다. 축음기 발명으로 에디슨은 단번에 유명해졌다. 축음기는 에디슨의 최고 발명품이자 자신이 가장 좋아했던 발명품이었다.

한편으로 그는 전기의 힘에 매료되어 있었다. 특히 가정용 전구를 만들기로 하고 안전하면서도 몇 시간이든 환한 빛을 낼 수 있는 백열전구를 목표로 세웠다. 1878년 백열전구에 몰두한 에디슨은 1879년 10월 29일 40시간 이상 계속해서 빛을 내는 전구를 만들었다. 이날이 전구기념일이 되었다.

에디슨의 계획은 전구의 발명으로만 그치지 않았다. 그는 전구소켓과 안전퓨즈, 전산전력계, 지하케이블, 정전압 직류발전기, 배전

축음기와 개

반 등 전구의 부대설비에서 발송전과 배전에 이르는 모든 기기를 고안했다. 1882년에는 세계 최초의 중앙화력발전소가 뉴욕에 설치되었고 에디슨전구회사가 창립되었다. 에디슨은 뉴욕의 여든다섯 군데에서 불이 켜지는 경사를 맛보았다. 에디슨이 발명한 전구의 불빛은 뉴욕시를 덮고 세계로 뻗어 나갔다.

영원한 발명왕 에디슨

발전기와 배전설비 등 전력장치의 준비가 끝나자 에디슨은 미국 최초의 전기기관차를 발명했다. 나중에 경쟁자들에게 이 분야를 맡기고 더 이상 전력을 쏟지는 않았다. 1884년 아내가 죽자 깊은 슬픔에 빠졌다. 1886년 재혼을 하면서 멘로파크의 황폐해진 실험실을 1887년 뉴저지주 웨스트오렌지로 옮겨 대규모 연구소를 설립하고 중요한 발명을 계속해 나갔다.

소장된 축음기들

에디슨은 특허가 소멸된 후 1886년 벨의 볼타연구소에서 에디슨의 포노그래프를 개선한 그래포폰Graphophone으로 특허를 받은 것에 크게 자극받았다. 곧바로 포노그래프 개량에 매달린 에디슨은 개량형 포노그래프인 'M(E)형' 모델을 만들어냈고 계속된 연구로 1889년 최초의 전기모터를 이용한 축음기를 상업용으로 판매하기 시작했다.

1877년 에디슨이 축음기를 발명함으로써 소리는 자유를 얻게 되었다. 그 역사는 소리의 기억과 저장, 재생이라는 오랜 숙제를 비로소 해결할 수 있었다. 축음기의 발명 이후 소리가 소통되고 소비되는 데 있어 전혀 새로운 역사가 전개되었다. 100년 전에 부르던 노래를 다시 들을 수 있고 소수계층만 향유하던 음악들이 대량 복제 유통되어 대중들이 함께 공유할 수 있게 되었다. 이것으로 인해 대중음악의 발전과 음반산업은 눈부신 성장을 하게 되었다. 에디슨조차 예상치 못한 일이었다. 한편으로 에디슨은 사진 자체에도 관심을 기울이기 시작했다. 1889년에는 움직이는 영상을 촬영할 수 있는 촬영기와 영사기인 키네토그래프Kinetograph와 키네토스코프Kinetoscope를 발명하여 영화산업의 기틀을 닦았다. 에디슨은 위대한 발명가이자 시대를 앞서가는 벤처기업가로서 큰 족적을 남겼다. 그는 자신의 발명품과 관련된 기업을 설립하고 경영하여 막대한 부를 쌓았다. 가장 번창하던 시기엔 27개의 회사를 경영했다. 오늘날 미국을 대표하는 제너럴 모터스GE의 설립자이기도 하다.

에디슨의 여러 가지 발명품 중 우연히 얻어진 것은 없다. 하루 열여덟 시간에서 스무 시간까지 일하며 하루 네 시간 정도 잠을 잤다. 수많은 실험과 실패를 통해 이룩한 피나는 노력의 결실이었다. 그는 "천재란 1%의 영감과 99%의 땀으로 이루어진다."라는 명언을 남겼고, "전구를 발명하기 위해 나는 9,999번의 실험을 했으나 잘 되지 않았다. 그러자 친구는 실패를 1만 번째 되풀이할 셈이냐고 물었다. 그러나 나는 실패한 게 아니다. 단지 전구가 만들어지지 않는 9,999 가지의 이치를 발견했을 뿐이다."라던 말에서 그의 끈기와 긍정적인 사고 및 열정을 엿볼 수 있다.

그 밖에도 에디슨박물관 안에는 진기하고 세계에서 단 하나밖에 없는 에디슨 발명품들이 있어 박물관이 얼마나 심혈을 기울여 소장 품을 수집했는지 알 수 있다. 간단하게 항목별 목록만 살펴보면 배터리와 전기자동차, 에디슨영사기, 일상생활 속의 다양한 주방용품, 가전제품, 생활용품, 경제활동에 필요한 기계 시스템, 발전기와 전기제품, 에디슨 등사기, 에디슨 녹음기, 자동차, 에디슨과 말하는 인형들, 에디슨 책상, 어린이용 침대, 에디슨 시계, 초창기 텔레비전, 그 밖의 제품들이 수천여 점 전시되어 있다.

안성기영화박물관

에디슨 참소리박물관과는 분리되어 있다. 다양한 판매용 기념품이 진열된 1층 로비를 지나 입장하면 1층은 각종 라디오제품들이 전시되어 있다. 2층을 오르면 소나무숲으로 둘러싸인 부드러운 산 능선과 잔잔한 경포호수가 눈앞에 펼쳐진다.

21세기에 진입하면서 영화에 대한 복고 르네상스가 세계 각국에서 일어나고 있다. 우리나라 영화산업도 60-70년대의 황금기를 능가하는 제2의 전성기를 맞이하고 있으나 영화의 산 역사를 증언할 제대로 된 영화박물관이 전무한 실정이다.

안성기영화박물관은 손성묵 관장이 55년에 걸쳐 수집한 영화 관련 전시품과 국민배우 안성기 씨가 55년의 연기생활을 통해 남긴 각종 소장품을 엄선하여 세운 세계적 규모의 영화박물관이다. 안성기 관장의 영화 관련 소장품과 강릉 출신 신봉승 극작가의 유품도 전시되어 있다.

1940년대에 등장한 환등기부터 혼자서 10분만 볼 수 있는 에디슨 최초의 영사기 키네토스코프Kinetoscope, 세계 최초의 텔레비전인 베어드 30라인 TV는 현재 세계에 2대 남아 있는데 영국 과학박물관과 참소리박물관에 각각 1대씩 전시되어 있다. 2층부터 지하로 연대기별로 다양한 영사기가 전시되어 있다. 그 규모와 숫자는 놀라울 정도이다. 세계적인 명화 〈바람과 함께 사라지다〉를 제작하기 위해 동원된 할리우드의 테크니컬러 카메라 7대 중 1대는 소실되었고 1대는 이곳에 소장되어 있다. 마지막 코스는 영화관에서 상영되는 찰리 채플린의 무성영화로 사각의 링에서 권투를 하는 코믹한 영화로 막을 내린다. ✑

12 배를 타고 건너다니던 배다리집 강릉 선교장^{船橋莊}

해발 832m의 대관령을 넘으면 동해바다와 연해 있는 아름다운 경포호수와 송림숲들이 장관을 이룬다. 호반을 따라 낮은 구릉으로 펼쳐진 울창한 송림을 배경으로 그림처럼 자리 잡고 있는 한옥이 선교장이다. 선교장 앞은 맑고 푸른 호수였다. 배를 타고 건너다닌다 하여 배다리^{船橋}집이라 불렸다.

한여름에 활짝 만개한 연꽃 향이 활래정에서 퍼져나가 배다리골에

솟을대문 현판 '선교유거'

활래정

가득하다. 선교장에 들어가기 전에 가장 먼저 만나는 활래정活來亭은 선교장에서 가장 인상 깊은 건물이다. 행랑채 바깥마당 앞에 있는 방형구조의 연못 속에 돌기둥을 받쳐 놓은 누각으로 건물 일부가 물 가운데 떠 있는 모습이다.

활래정은 중국 남송의 유학자 주자朱子의 〈관서유감觀書有感〉이란 시의 "위유원두활수래爲有源頭活水來"란 구절에서 인용하여 지었다. 근원으로부터 끊임없이 내려오는 물이 있음이란 뜻이다. 활래정은 끊임없이 활수活水가 흘러 들어오는 정자란 뜻이다. 실제로 이곳에는 서쪽 태장봉으로부터 끊임없이 맑은 물이 연못으로 흘러 들어오게 되어 있다.

활래정은 이후李厚가 1816년(순조 16)에 건립했다. 창건 당시의 활래정은 연못 한가운데 있는 섬에 세워진 단칸의 정자였다. 현재의 모습으로 중건한 것은 이후의 증손인 이근우李根宇였다. 창덕궁 후원의 부용정과 비슷한 모습으로 축조되었다. 언덕 쪽의 온돌방과 연못 쪽의 누마루로 구성된 ㄱ자형 정자로 마루를 연결하는 복도 옆에 차 끓이는 다실이 있어 근세 한국 특유의 건축양식을 보여주고 있다. 나는 관리책임자에게 정자 안에서의 촬영을 부탁하고 잠시 탁자에 앉아 연못을 바라보았다. 몇 주 전에 활짝 핀 연꽃은 거의 다 지고 연못 한가운데 핀 천지화가 대신 화사하게 웃고 있다. 혼자 감상하기에는 너무 아까운 전경이다. 차를 끓이는 다실에는 낯선 물건들만 손님을 맞이한다. 활래정은 사방이 벽이 없는 문으로만 둘러져 있다. 문을 열어 놓으면 주변의 자연을 끌어들여 인간과 자연이 합일된다. 활래정 누마루에서 시인묵객들이 모여 차를 마시며 시, 서, 화를 논하고 연회를 베풀었던 옛사람들의 풍류를 음미해 보았다.

우리나라 최고의 사대부 상류주택

선교장은 조선 후기 전형적인 양반가의 상류층 주택이다. 장원은 경제적으로 대규모 토지를 소유하고 정치적·사회적 지위를 가지고 있어야 하며, 이에 상응하는 건축적 공간도 구비되었을 때 장원이라 할 수 있다. 선교장은 만석꾼이라는 이름에 걸맞은 많은 토지와 재산을 소유했다. 수백 명에 달하는 소작인 조직과 지역별로 곡물창고를 가지고 있었다. 당대의 정치 실세들과 예술가들, 외교사절들과도 교류함으로써 전국적인 범위의 정치와 사회의 중심지가 되었다.

선교장의 건물 배치는 일반적으로 사대부 집안의 ㅁ자형 통말집의 법식에 구애받지 않고 자연스럽게 유기적으로 연결되어 있다. 긴 행랑채 가운데 사랑으로 통하는 솟을대문과 안채로 통하는 평대문을 나란히 두어 창경궁 후원의 연경당 대문과 비슷하다.

tip

선교장의 건축 배치

현재 남아 있는 본채의 규모는 건물 9동에 총 102칸, 건평 308평에 이른다. 부속건물과 별채, 초가까지 포함하면 대략 300칸에 이르는 대장원이다.

직계가족을 위한 안채, 손님과 식객 접대를 위한 열화당 영역, 활래정 영역, 방해정 영역 등으로 나눌 수 있다. 열화당은 수많은 손님들과의 교우장소로 공식적 접객장소이다. 활래정은 주인과 친분이 두터운 손님들만 접대하는 공간이다. 안채 영역의 동별당은 통상적인 사랑채로 집안 식구나 친족들이 모여 상의하던 사적인 접대공간이다. 경포호수 옆 방해정은 장기 체류용으로 귀한 손님들이 이용하는 일종의 별장이었다. 서별당은 집안의 아이들을 모아서 교육하는 서재의 역할을 하였다. 연지당은 주로 여자 하인들이 기거하면서 외부 손님들의 동태를 살피고 서별당 아이들을 돌보는 역할을 했다. 줄행랑에는 두 개의 대문이 있는데 동쪽 안채 대문은 가족용 대문이고 서쪽 열하당 쪽 대문은 솟을대문으로 손님용 대문이다.

집문을 통해 사랑채 쪽을 본 풍경

건물 배치는 일반 사대부집과 달리 일정한 형식에 구애받지 않고 200여 년 동안 네 차례에 걸쳐 대대적인 확장과 고쳐 짓기를 거듭하였기 때문에 자연스럽고 유기적으로 연결되어 있는 것이 특징이다.

선교장은 조선시대 각 신분별 생활상을 잘 보여주고 있다. 선교장 주인의 호화로운 주택과 더불어 소작농 및 노비들의 서민주택인 초가집들이 공존한다. 선교장 본채로 들어가기 전 왼쪽의 행랑채 바깥에는 초가집이 몇 채 남아 있는데 소작인과 노비들이 거주하던 집이다.

선교장을 대표하는 건물은 열화당과 활래정이다. 열화당은 대주大主가 머무는 건물답게 사랑마당보다 1.5m 높게 위치해 대주의 권위를 건축학적으로 표현했다. 주인은 이곳에서 선교장의 일을 총괄했으며 손님들을 접대하고 친척들과 환담했다. 열화당이란 이름은 중국 진晉나라 시인 도연명陶淵明의 〈귀거래사〉에 "친척들과 정다운 이야기를 즐겨 나눈다悅親滅之情話"는 구절에서 차용했다. 일가친척들이 늘 열화당에 모여 정담을 나누고 싶다는 뜻의 열화당이라는 집 이름은 선교장의 가장 소중한 가치가 되었다. 열화당 앞의 차양은 개화기 러시아사람들이 선교장에 와서 잠시 거주한 은혜의 보답으로 러시아 공사가 선물한 것이다.

열화당

동해의 물길 따라

<u>13</u> 선교장의 역사

　　강릉 선교장을 창건한 이내번^{李乃蕃}(1693-1781)은 전주 이씨 효령대군의 11세 손으로 그의 아버지 이주화 대까지 충주에서 살았다. 아버지가 죽자 어머니 권씨와 함께 외가인 강릉으로 입향했다. 조선 후기에 들어서면서 개인이 염전을 자유롭게 설치할 수 있게 되면서 양반들이 염전을 경영하기 시작했다. 강릉 지역의 토호^{土豪}들이 명분 때문에 의도적으로 멀리한 염전업을 시작했다. 권씨와 아들 이내번은 양반이라는 명분보다는 경제적 실리를 선택하여 강릉 남대천 하구에 염전을 개발하고 경영하여 큰 부를 쌓았다.

　　어느 날 족제비 몇 마리가 나타나더니 나중에 한 무리를 이루어 서북쪽으로 이동하여 그 뒤를 쫓았다. 그 많던 족제비 무리들이 어느 야산의 울창한 송림 속으로 흔적도 없이 사라졌다. 신기한 생각에 한동안 멍하니 있던 이내번은 이곳이야말로 하늘이 내린 명당이라며 무릎을 쳤다. 그리고 지금의 자리로 집을 지어 이사했다. 그때부터 집 뒷산에 족제비의 먹이를 갖다 놓기 시작했다.

　　이내번은 대를 이을 아들이 없어 둘째 형 이중번의 둘째 아들 시춘^{時春}을 양자로 입양했다. 이시춘은 3남 1녀를 두었는데 맏아들 이후가 대를 잇게 되었다. 이후는 13세의 어린 나이에 가업을 물려받아 탁월한 경영수업을 쌓아나가 만석꾼에 이르렀다. 이런 경제력을 바탕으로 이후는 보통의 상류주택을 대규모의 장원으로 바꾸어 놓았다. 이후의 두 동생이 어린 조카를 남긴 채 일찍 세상을 떠나자, 두 동생의 가족까지 분가시키지 않고 같이 살게 하면서 대가족이 살 수 있는 집을 증축하게 되었다. 이후는 과거에 응시했다가 여러 번 낙방한 후 과거시험을 포기하고 가사경영에 전념하면서 선비들과 어울려 시문을 즐기는 풍류의 생활을 일상으로 삼았다. 뒷산에는 열화당을, 동네 입구에는 활래정을 지었다.

이후의 두 아들 가운데 첫째 용구龍九는 1825년(순조 25)에 생원시에 합격하고 둘째 의범宜凡도 1827년(순조 27)에 생원시에 합격했다. 이후가 못 이룬 관직에 나가는 소망은 아들 대에 이루어지게 되었다. 이의범은 1853년 통천군수로 재직할 때 흉년이 들어 백성들이

선교장 전경

동해의 물길 따라

굶주리자 선교장 창고에 있는 수천 석의 쌀을 내어 백성들을 규휼하였다. 이 같은 선정은 강원도 전역으로 퍼져나갔다. 이후 선교장을 통천댁이라 부르게 되었다.

이용구에게는 회숙會淑과 회원會源 두 아들이 있었다. 한양에 살면서 한양의 문벌가문들과 혼인을 하였다. 이회숙과 이회원 대에 와서 선교장 주인은 경제적 기반이 있는 강릉에 머물지 않고 한양으로 진출하여 관직생활과 문벌가문과의 혼인을 통해 가문의 지위를 상승시켰다.

이회숙은 대를 이을 아들이 없어 동생 이회원의 맏아들 근우根宇를 양자로 맞이했다. 이근우는 일본이 조선을 식민 지배하는 격동기에 살았다. 이근우는 선교장을 명실상부한 하나의 장원으로 발전시켰다.

이후가 처음 활래정을 만들 때는 연못 가운데 섬을 만들고 작은 초옥을 만든 형태였다. 이근우는 창덕궁 후원의 부용정을 본떠서 활래정을 중건하고 전국의 다양한 인물들이 활래정으로 모여들게 하여 선교장이 사교와 문화교류의 장소가 되도록 하였다. 또한 솟을대문 앞에 당당하게 자신의 소실을 위한 주택인 소실댁을 지었다. 배다리골 안에 농막을 지어 선교장을 유지하는 데 필요한 노비들이 거주하도록 했다. 이로써 배다리골은 명실상부한 독립영역이 되었다.

이근우는 1908년 신식교육학교 체제인 동진학교를 세웠다. 몽양 여운형과 성재 이시영을 비롯한 당시 최고의 지식인들을 교사로 초빙했다. 동진학교는 학비를 비롯한 모든 비용을 선교장에서 부담하였으나 일제의 탄압으로 강제 폐교되었다.

또한 조선시대 풍류객에게는 관동팔경과 금강산을 유람하고 그 감흥을 시, 서, 화로 남기는 것이 가장 큰 바람이요 소망이었다. 관동지역의 길목에 자리한 선교장은 이곳을 유람하는 첫 출발지였다. 유람을 다니는 풍류객들에게 숙식과 각종 편의를 제공할 수 있었던 것은 넉넉한 인심과 경제력이 있었기 때문이다. 당대에 유명한 시인 묵객들이 선교장을 방문하여 시, 서, 화를 많이 남겼다.

출판 인문정신과 지역사회 장서藏書 개방

18-19세기 조선의 지식인 사회는 책에 대한 열정이 대단했다. 장서가藏書家에는 3가지 유형이 있었다. 왕실과 국가도서관, 성균관, 향교, 서원 등의 교육기관과 개인 도서관이다. 조선 후기에는 많은 서적을 소장한 개인 장서가들이 출현하기 시작했다.

선교장은 지방에서는 보기 드문 개인 장서가이다. 한양의 유명 장서가들과 교류하면서 서적의 구입과 감별, 수장법 등을 배워 강원도 최고의 장서가가 되었다. 선교장의 장서는 3,400여 권에 이르렀고 경사자집經史子集으로부터 패관소설과 의복, 종교서적에 이르기까지 다양한 분야가 갖추어져 있었다.

선교장은 장서를 지역사회에 개방했다. 서적은 공물公物이며 사적으로 차지할 수 없는 것이라는 인식에서 모든 사람에게 개방하였다. 개인 도서관을 대중에게 개방함으로써 선교장은 지역문화와 학문의 중심공간이 되었다. 선교장은 다양한 서적을 소장함으로써 최신 정보와 지식을 접할 수 없었던 지방의 한계를 극복할 수 있는 문화공간을 제공하였다.

선교장은 대를 이어 문집과 저서를 남겼다. 오은 이후李厚는『오은유고鰲隱遺稿』,『잠영보簪纓譜』다섯 권과『종경도從經圖』한 권을 남겼다. 이회원은 강릉부사로서 동학군과의 전투상황을 상세하게 정리하여『동비토록東匪討錄』을 남겼다. 이근우는『경농유고經農遺稿』, 이돈의李燉儀는 선조들의 유고遺稿를 모아 문중 문집인『완산세고完山世稿』를 간행했다.

선교장은 석판인쇄기를 구입하여 설치하고 기술자를 고용하여 선대들의 문집을 직접 인쇄 출판했다. 조선 후기에 목활자를 개인이 소유하고 개인문집을 발간한 사례는 한양의 문벌가문에서조차 매우 드문 일이었다. 그러나 개인이 석판인쇄를 간행한 것은 선교장이 최초였다. 선교장이 직접 석판인쇄를 하게 된 동기는 강원도 최초의 근대학교인 동진학교東進學校 설립 때문이다. 동진학교 운영에 필요한 학비를 비롯한 숙식비와 교복비, 교재비 등 전액을 선교장이 부담하면서 학생들은 학업에만 전념할 수 있도록 했다. 그러나 일제의 탄압으로 3년 만에 폐교되었다.

1971년 선교장의 열화당에서 이름을 딴 미술전문출판사 열화당을 후손 이기웅 회장이 서울에 설립하면서 선교장의 출판문화는 현대식 전문출판사로 이어지고 있다. 어린 시절 열화당의 장서를 관리하던 인연이 출판사를 탄생시켰다. 1980년부터 한국출판산업

활래정 연못

의 미래를 위해 몇몇 뜻있는 출판인들이 뜻과 의지를 모아 좋은 책 만드는 공간을 만들어보자는 꿈을 갖고 출판도시를 추진하여 파주출판도시를 탄생시켰다. 이기웅 열화당 대표는 '책 농장 도시Book farm city'를 계획 중인데 부지의 85%를 절대 농지로 영구화하고 나머지 15%의 땅에 출판을 비롯해 영상, 방송, 정보통신 등 미디어산업을 들어서게 하려는 계획을 가지고 한국출판의 미래를 꿈꾸고 있다. 선교장의 열화당에서 싹튼 출판문화의 정신이 열화당출판사를 설립하게 만들었고 파주출판도시를 탄생하게 하는 원동력이 되었다. 강릉선교장의 출판문화가 미래의 북팜시티로 탄생하기를 기대해 본다.

ⁱ⁴ 인재의 산실 오죽헌

　　매표소를 지나면 잔디와 조경수로 잘 다듬은 정원 한가운데 왼손에 책을 펼쳐 든 율곡 선생의 근엄한 동상이 서 있다. 동상 뒤편에는 다양한 꽃들로 아담하게 꾸며진 신사임당申師任堂의 초충도 화단草蟲圖畵壇이 나타난다. 작은 연못엔 막 피기 시작한 연꽃 봉오리들이 주변의 소나무숲과 어우러져 한낮의 더위를 식힌다. 동산 주위에 '사임당 빛의 일기' 드라마 출연진들의 손바닥 사인Sign 동판이 있다. 특히 극중 신사임당 역할을 한 서지윤 역의 이영애와 상대 배역 이겸 역의 송승헌의 짧은 글과 손바닥 사인이 눈에 띈다. 신사임당이란 역사적 인물을 극중인물로 설정하고 과거와 현재의 시공을 넘나들며 역사와 인간의 사랑을 그린 매우 독특한 색깔의 드라마였다.

　　자경문自警文 계단을 오르면 맞은편 광장엔 율곡인성교육관이 마주 보고 있다. 자경문은 율곡이 어머니를 여읜 채 상심하여 19세에 불교를 연구해 보려고 금강산으로 들어갔다가 20세 되던 해 봄에 강릉 외조모가 계신 곳으로 돌아나와 자기 수양의 조문을 삼고자 지은 글이다.

　　계단을 오르면 율곡 선생의 영정을 모신 문성사文成祠가 정면으로 나타난다. 문성은 인조가 1624년 율곡 선생에게 내린 시호로 '두덕과 학문이 깊고 넓었으며 백성이 편안하도록 정치의 근본을 세웠다道德博聞

문성사

日文 安民人政日庭成'는 뜻을 담고 있다. 시호를 따서 문성사로 명명된 사당
은 원래 어제각이 있었던 자리로 1975년 오죽헌 정화사업 때 서쪽으로
옮기고 대신 이곳에 문성사를 신축했다. 문성사 뒤쪽엔 까만 대나무
가 빼곡이 들어서 있다. 문성사 입구에는 율곡송栗谷松이 있다. 소나무
는 선비의 지조를 상징하는 군자목君子木으로 여겨 곧은 덕과 굳센 절개
에 대해 옛사람들이 칭찬을 아끼지 않았다. 율곡 이이의 소나무 예
찬은 소나무를 유난히 사랑하는 강릉의 전통으로 오늘날까지 이어
지고 있다.

사당 한편에 목백일홍꽃이 화사하게 피어 있다. 백일 동안 핀다는
백일홍은 강릉의 시화市花로 이 나무는 율곡 선생 때부터 있었다.
고사한 백일홍나무 원줄기에서 다시 돋아난 새싹에서 자란 것으로
나이를 합치면 600년이 넘는다.

우측으로는 보물 65호인 강릉오죽헌이 있다. 안동 권씨 죽헌공파
종가였던 고택故宅은 안채와 사랑채, 문간채, 곳간채로 구성되어 있다.

동해의 물길 따라

1975년 오죽헌정화사업으로 안채와 곳간채는 헐렸으나 1996년에 다시 복원되었다.

오죽헌은 최치운(1390-1440)이 창건하고 단종 때 병조참판과 대사헌을 지낸 아들 최응현(1428-1507)이 살던 고택으로 최응현이 사위 이사온에게 물려준 집이다. 이사온은 슬하에 아들이 없었다. 사임당 친정어머니인 용인 이씨 부인은 무남독녀여서 출가 후에도 오죽헌에서 생활했다. 용인 이씨는 신명화와 결혼했으나 딸만 다섯을 낳았는데 그중 둘째 딸이 신사임당으로 이원수와 결혼했다. 신사임당은 친정어머니를 모시기 위해 강릉오죽헌에 머무르는 시간이 많았다. 그래서 율곡 선생도 외갓집인 오죽헌 몽룡실에서 태어났다. 용인 이씨는 90세에 세상을 떠났다. 오죽헌은 넷째 사위인 권화權和의 아들 권처균權處均에게 상속되었다. 오죽헌은 안동 권씨 죽헌공파의 종가宗家가 되었다. 오죽헌은 창건 당시부터 줄기가 까마귀처럼 검은 오죽이 심어져 있었다. 권처균은 자신의 호號와 집의 당호堂號를 오죽헌烏竹軒이라 하고 주변을 정비하여 종가의 면모를 갖추었다.

오죽헌은 정면 3칸, 측면 2칸의 정면이 긴 장방형의 평면건물이다. 건물의 정면에서 보이는 좌측 2칸은 대청마루로 사용되었고 1칸은 온돌방을 만들었는데 이 방이 율곡 선생이 탄생한 몽룡실夢龍室이다. 오죽헌은 공포양식拱包樣式의 수법으로 보아 우리나라에서 가장 오래된 익공翼工 집이며 율곡의 탄생지라는 역사성과 함께 우리나라 건축사의 전환점이 되는 문화의 중요성도 함께 가지고 있다.

몽룡실은 사임당이 33세 때 셋째 아들 율곡 선생을 출산한 곳이다. 어느 날 바닷속의 선녀가 남자 아기를 안고 나타나 사임당의 팔에 안겨주는 꿈을 꾸었다. 율곡을 출산하기 전날에는 검은 용 한 마리가 바다에서 솟구쳐 오르더니 오죽헌의 사임당이 자고 있는 방으로 들어오는 꿈을 꾸고 율곡을 낳았다. 율곡은 7남매 가운데 다섯 번째로 아들 4형제 가운데 셋째 아들로 태어났다. 용꿈을 꾸고 나은 아들이라 하여 그의 아명兒名을 현룡見龍이라 지었다.

율곡은 세 살 때부터 글을 읽기 시작했으며 6살 때 서울로 올라왔다. 7살부터 신사임당에게 사서四書를 비롯한 유교경전을 배웠다. 율곡은 13세(1548)에 진사 초시에 해당하는 진사해에 급제했다. 16세 때 어머니 신사임당은 48세의 일기로 세상을 떠났다. 율곡은 19세에 금강산에 들어가 1년간 승려가 되었다. 어머니 신사임당의 죽음이 가장 큰 원인이 되었다. 그러나 율곡은 선학과 유학의 차이를 인식하고 하산했다. 20세에 강릉 외가로 돌아온 율곡은 스스로를 경계하는 〈자경문自警文〉을 지었다.

율곡은 22세 되던 1557년 당시 성주목사로 있던 노경린의 딸과 혼인했으나 슬하에 아들이 없었다. 노씨가 아들을 낳지 못하여 측실에서 태어난 2남 1녀 가운데 장남 경림景臨에게 후사를 잇도록 했다. 양자를 들이지 않고 서자에게 당당하게 후사를 잇게 한 것은 적서차별 철폐의 주장을 몸소 실천한 것이다. 26세에 아버지 이원수가 61세를 일기로 세상을 떠났다.

몽룡실 뒷문으로 나가면 율곡 선생 외가댁 사랑채가 나온다. 사랑채 옆으로 나가면 어제각御製閣이 나온다. 어제각에는 『격몽요결擊蒙要訣』 원본과 함께 율곡 선생이 사용하였던 벼루가 보관되어 있다. 정조는 1788년 오죽헌에 보관되어 있던 『격몽요결』과 율곡 선생이 사용했던 벼루를 보고 감격하여 직접 지은 글을 벼루 뒷면에 새기게 한 시와 두 가지 유물을 보관할 어제각을 짓도록 했다.

장원급제로 벼슬길에 오르다

1564년(명종 19) 29세에 생원시와 진사시에 급제했다. 같은 해 식년 문과에 급제했다. 생원시와 진사시의 초시와 복시에 장원을 했다. 문과시험의 초시와 복시, 전시에 모두 장원을 했다. 또한 13세에 치른 진사 초시와 23세에 치른 별시 초시에 장원을 하여 모두 9번 장원을 했다. 아홉 번 장원한 분이라는 뜻으로 구도九度 장원공이라 불렀다.

급제 후 3년간 호조좌랑, 예조좌랑, 사간원정언, 병조좌랑, 이조좌랑을 지냈다. 32세 때 율곡은 16세의 선조를 새 임금으로 만났다. 임금을 만나면 직언으로 정치를 비판하고 임금이 자신의 간언을 받아들이지 못하면 물러나는 것이 율곡의 몸가짐이었다.

1571년 해주 석담으로 내려와 서원향약西原鄉約을 만들어 시행했다. 향약의 특징은 경제적 상부상조를 위한 계契를 도입하여 노비까지 참여시킴으로써 신분적 차별을 두지 않은 것이다. 또한 행정조직과 향약을 결합시켜 수령과의 긴밀한 협조하에 운영하였다.

율곡은 홍문관 교리와 응교, 직제학, 부제학, 청주목사, 부승지, 대사간을 역임하면서 개혁의 필요성을 역설했다. 율곡이 40세 되는 1575년(선조 8)은 붕당정치가 시작된 해다. 붕당의 갈등을 조정하는 중립적인 입장을 견지했다. 율곡은 세 차례에 걸쳐 장문의 개혁상소인 만언봉사^{萬言封事}를 올렸으나 선조와 동인들의 소극적인 태도로 받아들여지지 않았다.

율곡은 분당 이후 대사간과 대사헌, 홍문관과 예문관의 대제학, 호조판서, 이조판서, 병조판서, 의정부 찬성 등의 중책을 역임했다. 율곡은 48세에 병조판서가 되어 군정개혁의 일환으로 10만 양병을 주장했다. "앞으로 10년이 못 되어 집이 무너지는 화^禍가 일어날 것입니다. 미리 10만 병을 양성하여 도성에 2만 명, 각 도에서 1만 명을 양성하여 용역을 면제해 주고 무재^{武才}를 훈련시켜 6개월씩 도성을 지키게 하고 변란이 일어나면 10만 명을 합쳐서 파수하게 하여 완급을 대비해야 합니다"라고 주장했다. 그러나 경연에 참여한 다른 신하들도 모두 율곡의 말이 지나친 염려라고 생각하여 실행되지 않았다.

율곡은 이조판서에 올라 인사정책의 개혁을 추구하다 1584년(선조 17) 1월 16일 49세로 생을 마감했다. 임종할 때 집안이 가난하여 장례비용은 친구들이 부담하였다. 처자들이 살 집이 없어 문생^{門生}과 고구^{故舊}에서 재물을 모아 조그만 집을 사주었으나 그래도 가족들은 살아갈 방도가 없었다. 장지는 파주 자운산 부친의 묘소 뒤에 안장되었다.

조선 성리학의 양대 산맥
퇴계 이황과 율곡 이이

퇴계학파와 율곡학파는 처음에는 퇴계의 문인과 율곡의 문인으로 이루어진 학문적 집단으로 출발했다. 이들 학파의 중심인물들이 남인과 서인이라는 당파의 주축 인물이 됨에 따라 지역적으로 혹은 가까운 학자들이 각 학파에 가세하여 조선시대 성리학자의 대부분은 이 두 학파 가운데 어느 한쪽에 속하게 되었다.

성리학은 중국 송나라 때 주자 등에 의해 시작되었다. 성리학은 이理와 기氣를 기본 개념으로 하여 우주와 인성의 문제를 해석하는 학문이다. 우주론에서 퇴계 선생은 이기이원론理氣二元論을 주장한 반면, 율곡 선생은 이기이원론적理氣二元論的 일원론一元論으로 서로 다른 견해를 피력하였다.

퇴계는 자연과 인간은 이理와 기氣로 구성되며 이理는 어떤 사물의 이치를 말하고 형태가 없는 형이상학적인 존재인 반면 기氣는 이理에 의해 만들어진 형태가 있는

오죽헌에 있는 율곡 이이의 동상

형이하학적인 존재로 천태만상의 다양한 모습을 보여주고 있다고 보았다. 그러나 율곡은 이와 기를 둘이 아니라 하나로 보았다. 이理와 기氣는 둘인 것처럼 보이지만 실은 하나다. 왜냐하면 이理 속에 기氣가 있고 기氣 속에 이理가 있기 때문이다.

율곡이 남긴 저서로는 『동호문답東湖問答』, 『성학집요聖學輯要』, 『격몽요결擊蒙要訣』 등이 있다. 동호문답은 1568년 사가독서賜暇讀書를 명받고 동호東湖의 독서당에 들어가 공부한 결과를 이듬해인 1569년 동호문답을 저술하여 임금에 바쳤다. 동호문답은 율곡의 개혁사상을 체계적으로 정리한 책이다.

『성학집요聖學輯要』는 제왕의 정치지침서로 율곡의 왕도정치 이념과 개혁사상을 가장 체계적이고 상세하게 정리한 저술로 16세기 왕도정치 이념을 대표하는 정치서이다. 영조 당시에는 경연의 교재로 사용하였다.

『격몽요결擊蒙要訣』은 초학자를 깨우쳐주는 간추린 책이라는 의미로 1577년(선조 10)에 완성된 초학자들의 교육지침서다. 입지와 혁구

오죽헌 문성사

　　　　　　　　　　　　　　　　동해의 물길 따라

습革舊習, 처세 등 10장으로 구성되어 있다. 저술 직후부터 초학자들은 물론 일반인들도 읽어야 할 책으로 널리 유포되었다. 인조 때에는 전국 향교에서 교재로 삼도록 하였다.

율곡기념관

율곡기념관은 신사임당과 셋째 아들 율곡 이이, 넷째 아들 옥산玉山 이우李瑀, 맏딸 이매창李梅窓의 유품을 전시한 곳이다. 1976년 오죽헌 정화사업의 일환으로 현재의 위치로 이전하여 신축하였으나 2012년 옥산 이우 선생 16대손인 이창용 교수가 기증한 신사임당 〈초충도草蟲圖〉를 비롯하여 매창의 그림, 이우의 글씨 등 오죽헌과 관련된 많은 유물들이 전시되어 있다.

'여성의 꿈을 그리다'는 신사임당 전시물에는 강원도 무형문화재 11호인 초충도병풍과 꽈리와 잠자리, 수박과 석죽화, 물새, 물소, 묵포도도가 전시되어 있다. 한국적 정서의 〈초충도〉는 세심하고 애정 어린 관찰을 통해 생기와 격조를 성공적으로 담아냈다.

율곡기념관

겨레의 참스승 율곡 이이 전시실에는 율곡의 시집과 문집, 속집, 외집, 별집을 합하고 성학집요, 격몽요결 등을 보태어 1749년 율곡 전서라는 이름을 붙여 간행했다. 율곡선생집과 율곡선생연보, 이이 수 고본격몽요결 등이 전시되어 있다.

'자연을 서정적으로 그리다'의 이매창 전시실에는 참새와 서경과 새, 달과 새 등 서정적인 작품과 조선 초기에서 중기로 넘어가는 시기의 전형적인 묵매 양식을 보여주는 묵매도를 남겼다. 월매도^{月梅圖}는 신사임당의 〈고매첩〉에 있는 묵매와 어느 정도 공통점을 보이면서도 어몽룡의 〈월매도〉에 좀 더 가까운 느낌을 준다.

이우^{李瑀}는 신사임당의 예술적 자질을 물려받은 유일한 아들로 시, 서, 화뿐만 아니라 거문고에도 조예가 깊어 사절^{四節}로 불리었다. 이우의 작품은 신사임당의 초충도와 같은 구도를 가진 〈수과초충도^{水瓜草蟲圖}〉를 비롯하여 매·난·국·죽의 사군자를 즐겨 그렸다. 이우는 글씨에 뛰어난 재능을 발휘했다. 최립은 이우가 당시 최고의 명필가인 황기의 사위가 되어 장인과 이름을 나란히 날렸다고 평했다.

율곡기념관은 율곡 선생의 막내 아우 이우의 16대손인 이창용 아시아개발은행 수석 이코노미스트가 가문의 유물 566점을 기증하면서 추진되었다. 특히 오죽헌을 소개하는 영상과 과거의 미술작품을 현대적 감각으로 풀어낸 미디어아트 오만 원권 퍼즐 맞추기 등 다채로운 영상으로 전시관을 찾는 관광객들에게 새로운 볼거리와 체험거리를 제공하고 있다.

동해의 물길 따라

¹⁶ 겨레의 어머니 신사임당

신사임당은 진사 신명화와 용인 이씨 사이에서 다섯 딸 가운데 둘째 딸로 태어났다. 아버지 신명화는 영월군수를 지낸 신숙권의 아들 신명화이고 신사임당의 어머니 이씨는 세조 때 원종공신 이유익의 손자인 이사온의 무남독녀 외동딸이다. 신사임당의 어머니는 무남독녀였기 때문에 결혼 후에도 친정집에 머물러 있었다.

신사임당도 외가인 오죽헌에서 외조부와 아버지로부터 학문을 익힐 수 있었다. 아버지는 신사임당에게 가사일보다는 글공부와 그림 그리기에만 열중할 수 있는 환경을 허락했다. 어렸을 때 경전을 통했고 시와 글씨도 능했다. 바느질과 수놓기도 절묘했고 온화한 성품에 자상하고 효성이 남달랐다.

신사임당은 1522년(중종 12) 이원수(22세)와 결혼했다. 이원

신사임당 동상

수는 덕수 이씨 12세손으로 아버지를 일찍 여의고 홀어머니 밑에서 자랐다. 아버지 신명화는 사위에게 신사임당은 한양으로 곧 올려 보낼 수 없다고 하며 친정에 머물도록 했다. 결혼한 이후에도 학문과 예술의 경지를 높이기 위한 공부를 더 할 수 있도록 배려한 것이다. 당시는 남자가 장가를 가는 서류귀가壻留歸嫁가 일반적인 사회현상이어서 당연한 것으로 받아들였다.

신사임당의 자녀교육

신사임당의 교육은 태교로부터 시작되었다. '사임당師任堂'은 중국 주나라 문왕의 어머니인 태임太任을 본받겠다는 뜻에서 사용된 당호堂號로 임사재任師齋라고도 한다. 자고, 앉고, 서고, 보고, 먹고, 말하고, 행동하는 일 등이 올바르면 탄생하는 아이의 용모가 단정하고 재주가 뛰어나다고 하였다.

신사임당의 자녀교육 방법은 첫째, 학문을 하면서 글씨와 그림, 시를 지으며 자녀를 직접 지도하였다. 율곡은 7살 때부터 사서를 비롯한 유교경전을 배웠다. 셋째 딸 매창은 그림을 계승했고 막내 이우는 시·서를 물려받았다. 둘째, 효도를 모든 덕목의 근본으로 인식해 효를 생활화했다. 셋째, 인생의 목표를 뚜렷이 정하고 한결같이 이를 위해 노력하는 입지를 세우는 것이다. 맏아들 이선李璿은 여러 차례 과거에 응시하여 낙방했으나 신사임당은 그때마다 낙심하지 말고 입지를 굳게 다지라고 가르쳐 41세의 나이에 과거에 급제했다. 매창은 그림에 뜻을 두어 일가를 이루었다. 막내 이우는 시·서·화·거문고 등 여러 방면에 뜻을 두어 예술가로 대성하였다. 신사임당은 자녀들이 각자 자신의 능력에 맞게 뜻을 세워 이를 성취할 수 있도록 최선의 노력을 다했다.

조선을 대표하는 여류화가 신사임당

　신사임당은 조선 전기 화단을 대표하는 여류화가로 시·서·화에 탁월한 능력을 발휘했다. 일곱 살 때부터 안견의 산수화를 모방하여 그렸을 정도로 사임당의 그림솜씨는 비범하였다. 특히 회화에서 산수와 포도, 묵죽, 묵재, 초충 등 다양한 소재를 다루었다. 특히 초충도는 독보적 분야였다. 신사임당의 초충도는 세심하고 애정 어린 관찰을 통해 생기와 격조를 담아냈다.

　오늘날 신사임당의 그림이라 전해지는 것으로는 〈산수도山水圖〉, 〈초충도草蟲圖〉, 〈묵포도도墨葡萄圖〉, 〈노련도鷺蓮圖〉, 〈어하도漁鰕圖〉 등이 있다. 안견과 중국 명나라 초기의 산수화 유파인 절파浙派의 영향이 드러나는 〈산수도〉는 대담하고 간결한 구도로 산수를 묘사하면서 여성 특유의 심세한 표현기법이 동시에 나타나다. 강릉 오죽헌박물관에 있는 〈신사임당초충도병申師任堂草蟲圖屛〉에는 8폭의 〈초충도〉가 전시되어 있다. 이 병풍도에는 메뚜기와 접시꽃과 잠자리, 수박과 여치, 가지와 사마귀, 맨드라미와 개구리, 양귀비와 풀거미, 복숭아와 잠자리, 원추리와 벌이 섬세한 필치와 구도로 그려져 있다.

신사임당의 그림은 다양하다. 수묵화조도花鳥圖와 수금도水禽圖 가운데 가지나 수박을 그린 수묵화는 신사임당 이전에는 없었다. 신사임당의 수묵화조도는 우리나라 수묵화조도의 효시로 회화사에서 중요한 위치를 차지한다.

묵죽墨竹과 묵포도墨葡萄, 묵매墨梅 역시 회화사에 한 획을 그었다. 묵포도화는 조선 전기 묵포도화의 전통을 이끈 선구적인 역할을 했으며 먹의 사용이나 구도 등에서 담백하고 간결하면서도 자연스러움을 보여준다.

다양한 소재들을 그린 사임당의 그림은 마치 생동하는 듯한 섬세한 사실화로서 후세의 시인과 학자들은 사임당의 그림에 발문을 붙여 극찬하였다. 절찬의 이유는 그림 안에 생명력을 담고 사랑하는 마음을 담았기에 감동적이라는 것이다.

송상기의 『옥오재집玉吾齋集』에 신사임당의 초충도를 보고 쓴 발문에는 "나비와 벌레가 더욱 신묘한 솜씨를 보여주고 있다. 이 모두가 그림 같지 않고 마치 살아 움직이는 것 같아 비로소 전에 친척이 말한 것이 빈말이 아니라는 것을 실감하였다." 초충도는 풀 한 포기 벌레 한 마리에 이르기까지 여성만이 느낄 수 있는 섬세하고 예리한 관찰력이 특징이다.

사임당의 산수화는 조선 전기에서 중기로 넘어가는 과도기적인 양상을 보여주는 선구적인 면이 강하다. 또한 당시 최고의 산수화가인 안견安堅에 비견할 만큼 상당한 경지에 이르렀다. 신사임당 생존

당시나 16세기까지 지식인들의 시선에 신사임당은 이이의 어머니라는 점보다 화가 신사임당이라는 점이 더 부각되었다고 한다. 소세영과 정사릉 등은 사임당의 그림에 관한 평을 다수 남겼고 사임당을 뛰어난 화가로 보았다. 신사임당에 현모양처 이미지를 덧씌운 것은 송시열이었다. 송시열은 남녀 구분이 엄격한 조선사회에서 위대한 화가로서의 사임당의 뛰어난 능력을 인정하기보다는 율곡 선생을 낳은 어머니라는 틀 속에 가두면서 학문과 예술적 재능을 제대로 평가하지 않았다.

17세기 이후 율곡 성리학파의 추종자들이 쓴 발문은 사임당의 천재성을 높이 평가하면서도 율곡의 어머니임을 앞세우고 있다. 이는 당시 정치환경의 영향으로 신사임당이 주체적인 모습보다는 객체적인 모습으로 남아 있는 것은 다소 아쉬운 점이다.

¹⁷ 시, 서의 대가 신사임당

아름다운 경포호수와 푸른 동해바다를 배경으로 자란 신사임당은 어려서부터 유교경전과 명현들의 문집을 탐독하여 시와 문장에 능했다. 송림에 싸인 오죽헌과 얕은 능선을 따라 위치한 주변환경 또한 시심을 내기에는 더없이 좋은 환경이었다. 해박한 학문적 지식과 사물을 보고 느끼는 예리하고 섬세한 예술적 감수성, 자연을 철저하게 관찰하는 탐구정신은 회화적인 표현과 더불어 시적인 감정으로 표현되었다.

사임당은 강릉에 홀로 계시는 친정어머니에 대한 생각과 그리움으로 가득했다. "어머니께서는 늘 강릉 친정을 그리며 사람들이 잠든 깊은 밤 눈물을 지으셨고 밤을 지새우실 때도 있었다."고 율곡 선생은 기록했다. 신사임당의 시는 아쉽게도 〈대관령을 넘으며 친정을 바라보다〉와 〈어머님 그리워〉 두 편의 시만 전해져 내려온다.

대관령을 넘으며 친정을 바라보다　踰大關嶺望親庭

늙으신 어머님을 고향에 두고	慈親鶴髮在臨瀛
외로이 서울길로 가는 이 마음	身向長安獨去情
돌아보니 북촌은 아득한데	回首北村時一望
흰 구름만 저문 산을 날아 내리네.	白雲飛下暮山靑

신사임당이 38세가 되던 해 강릉 친정을 잠시 다니러 왔다가 서울로 돌아가는 도중에 지은 시다. 대관령 마루턱에 앉아 강릉 북평촌을 바라보며 62세의 고령인 친정어머니를 그리는 마음을 표현한 시다.

어머님 그리워   思 親

첩첩 산중 내 고향 천리련만은	千里家山萬疊峰
자나깨나 꿈속에라도 돌아가고파	歸心長在夢魂中
한송정 가 외로운 둥근 달	寒松亭畔孤輪月
경포대 앞 한 줄기 바람	鏡浦臺前一陳風
갈매기는 모래톱에 헤락 모이락	沙上白鷗恒聚散
고깃배는 바다 위로 오고 가리니	海門漁艇任西東
언제 강릉 길 다시 밟아서	何時中踏臨瀛路
색동옷 입고 앉아 바느질 할꼬.	更着斑衣膝下縫

이 시는 신사임당이 38세 때 강릉에 홀로 계신 나이든 친정어머님을 그리워하며 지은 것이다. 신사임당은 16세기 초서풍의 한 계통을 연 조선 최고의 여류 서예가였다. 사임당의 초서풍은 16세기 전반이래 유행했던 명대의 것과는 성격을 달리한다. 분망한 운필과 변화스러운 점과 획으로 행간을 넘나들며 파격적인 글자형태를 사용하는 등 당나라 장욱과 희소 계통의 서풍에 바탕을 둔 대자광초大字狂草가 유행했다. 반면에 신사임당은 깔끔한 필획과 짜임으로 단아하고 독특한 서풍의 품격을 보여주며 16세기 후반과 17세기 전반에 이우와 백광훈, 백진남, 한호 등에게 전수되어 사임당 서파가 탄생하게 된다.

사임당 서파의 글씨는 조선 초기 분망한 초서풍과는 달리 간결하고 정결한 점획과 단정한 짜임, 윤필潤筆과 방필方筆의 조화로움의 추구 등으로 요약되는 독특한 성격을 지니고 있다. 신사임당의 〈초서 당시 오절 6수〉를 1868년 고종 때 강릉부사 윤종의가 모각하여 오죽헌에 보관했다. 당시 판목으로 찍은 판본이 여러 곳에 전하고 있어 신사임당 필적이 일반인에게 전파되는 데 중요한 역할을 했다.

현명하고 지혜로운 어머니로서 자식 교육에 성공한 대표적인 여성이다. 자녀의 자질과 능력에 맞게 손수 가르치고 행동으로 모범을 보이신 겨레의 어머니로 칭송받는 신사임당의 생애와 삶은 모든 이에게 시사하는 바 크다. 그동안 우리는 대현 이율곡 선생을 낳은 어머니로서의 신사임당을 더 높이 본 측면도 있다. 그러나 율곡 선생이 없더라도 신사임당 자신만을 평가해 볼 때 조선시대 여성으로서 사임당과 견줄 만한 여류화가가 없고 그녀의 독창적인 예술세계 자체만으로도 높이 평가받고 남을 만한 업적을 남겼다. 그러나 아들 이우로 전해지는 사임당 서체는 완고한 조선사회에서 제대로 평가받을 수 없었다.

경전과 유학지식에 정통했고 시·서·화에 일가를 이룬 여성은 조선 오백년을 통해서나 그 이전 어느 시대에서도 찾을 수 없는 유일한 인물이다. 자식으로서 부모를 효성으로 모셨고 남편이 출세하도록 내조를 아끼지 않았다. 자식에겐 자상하고 몸소 행동으로 보여준 신사임당의 투철한 교육관은 자녀를 훌륭하게 키워 나라와 지역사회에 이바지한 점이 지대하다. 신사임당의 이런 일련의 생애와 삶이 높이 평가되어 우리나라 여성으로서는 최초로 5만 원권 지폐에 찍히는 영광을 얻게 되었다. 이는 아들과 어머니가 동시에 지폐에 등장하는, 세계사에서도 유례를 찾기 어려운 예라고 하겠다. 신사임당이 없었다면 우리나라 여성 역사의 한 페이지가 단절되었을 것이다.

<u>18</u> 고려시대의 대표적인 건축물 강릉 객사문

일본은 조선을 합방하고 문화말살정책의 일환으로 궁궐을 훼손하고 관아를 헐어버림으로써 조선의 통치기구를 제거하고자 하였다. 강릉읍성과 관아도 1910년 한일합방이 되면서 헐리게 되었다. 그 자리에 군청과 우체국을 설치했다. 칠사당은 일본군 수비대와 강릉군수의 관사로 사용하기 위해 남겨놓았다. 강릉관아 객사인 임영관은 객사문만 남겨놓고 철거됐다. 지금은 복원작업을 하여 옛 모습을 재현해 놓았다. 강릉관아의 복원은 왜곡된 식민문화를 바로잡고 우리 문화의 정체성을 확립하는 것이다.

임영관 칠사당

동해의 물길 따라

강릉객사는 고려 936년(태조 19) 강릉의 별호를 따서 임영관臨瀛館이라는 이름으로 총 83칸이 건축되었다. 객사문인 삼문을 들어서면 중대청이 있다. 뒤에 전대청과 동대청, 서헌이 일자형으로 자리 잡고 있다.

객사문客舍門은 객사의 정문으로 일제시대 객사가 헐릴 때 유일하게 보존되었던 건축물이다. 규모는 세 칸으로 비록 작으나 고려시대 주심포柱心包 건축의 정수로써 정연하고 아름다운 비례와 구조를 지니고 있다. 우리나라의 대표적인 건축물로 국보 제51호로 지정되어 있는 객사문은 관아건축물로서는 고려시대의 유일한 것이다.

동헌과 칠사당

동헌東軒은 지방수령이 일반행정 업무와 재판 등을 행하는 정청政廳이다. 동헌이란 이름은 지방수령이 생활하는 내아內衙의 공간인 서헌西軒의 동쪽에 있다고 하여 붙여진 이름이다. 수령의 집무처인 동헌은 지방관아의 대표적인 건물로 읍성의 북쪽에 위치하며 동·서쪽에는 향교와 사직단이 자리한다.

동헌

칠사당은 일제시대 강릉관아가 훼손될 때 유일하게 살아남은 건물로 1725년경에 창건되었으며, 1866년(고종 3)에 진위병의 진영으로 쓰였다. 이듬해 화재를 당한 것을 강릉부사 조명하가 중건하였다. 일제 때 일본수비대가 사용하다가 강릉군수의 관사로 사용되었다. 1958년부터는 강릉시장 관사로 사용하다가 1971년 지방유형문화재 제7호로 지정되었다. 관사로 사용하면서 변형된 것을 1980년에 옛 모습대로 복원하였다.

향청과 향현사, 작청

향청은 그 지역출신 양반들이 수령의 업무를 감시 또는 보좌하는 자치기구이다. 향청은 향촌교화를 위해 그 고을에 사는 유력자를 선발하여 좌수座首와 별감別監의 향직을 주었다. 이들은 면과 리 향인들의 인사권을 가지고 각종 송사를 처리하며 환곡을 취급하는 등 그 지역 민생의 안위를 좌우하는 중요한 임무를 수행하였다.

향현사는 강릉 지방의 스승이 될 만한 역사적 인물 12향현의 영정이나 위패를 모신 사당이다. 향현사는 향청 앞에 있다. 강릉의 향청과 향현사는 강릉 지방 사족의 상징이다.

작청作廳은 향리들의 집무소다. 향리는 수령을 보좌하는 행정 실무자들로 아전이라 했다. 향리는 호장과 기관, 색리로 구분되었고, 호장戶長은 지방행정에 종사했으며, 기관은 지방관부의 6방, 즉 이방, 호방, 예방, 병방, 형방, 공방을 담당하여 실무행정에 종사했다. 색리는 주로 관아의 금전, 곡물의 출납과 간수를 맡아보았다.

¹⁹ 세계적인 의료관광 단지 조성과 장기 휴양촌 개발(사천항)

　　사천해변의 푸른 파도와 바다로 연해 길게 뻗은 방파제를 따라 걸으면 망망한 동해가 잠잠히 누워 있다. 눈부시게 푸르른 파도의 잔물결과 포구에 가지런히 정박해 졸고 있는 어선들의 모습이 한가롭다. 어판장에는 갈매기 울음소리 가득하고 가끔 뱃고동소리가 길게 적막을 흔든다. 포구를 끼고 있는 횟집과 수북이 쌓인 어망과 어구들이 바다내음을 물씬 풍긴다. 천천히 걸으며 주변의

사천항 주변 전경

사천항 전경

바다와 해안선을 바라보는 전경은 닫힌 마음을 시원스레 열어준다. 한적한 사천포구마을은 물회를 좋아하는 사람들이 즐겨 찾는 곳이다. 호젓함과 한적한 풍광을 지닌 해변의 백사장은 여름 한철 붐비는 경포해변과는 색다른 분위기를 느끼게 한다.

나는 가끔 방파제를 걸으면서 대관령 아래 뻗어 내린 넓은 사천 뜰과 푸른 언덕 위에 우뚝 솟아 있는 현대아산병원을 바라보면서 이 지역에 의료관광단지나 특구를 만들고 장기휴양촌을 개발하면 좋겠다는 생각을 하게 되었다. 경포호수를 복원하면서 퍼낸 흙으로 넓은 사천 뜰을 메워서 이곳에 장기휴양 및 의료관광시설과 콘텐츠를 개발하는 장기발전계획을 수립하여 지역의 기반산업으로 발전시키는 방안을 수립하는 것이 어떨까 하는 생각을 늘 하게 되었다.

세계의 여러 도시를 탐방하면서 강릉처럼 푸른 동해와 아름다운

동해의 물길 따라

호수, 수려한 계곡, 웅장한 대관령과 송림으로 둘러싸인 전원도시는 만나보기가 흔치 않았다. 1시간 거리 이내에 소금강과 설악산이 있고 북쪽으로 이어지는 아름다운 해변이 연해 있어 그 절경은 자체가 모두 소중한 관광자원의 보고이다. 남쪽으로는 정동진을 비롯하여 추암해변과 무릉계곡 등 해안선을 따라 이어지는 우리나라를 대표하는 관광자원이 산재해 있어 향후 관광과 의료산업을 결합한 지역으로써 매우 좋은 조건을 구비하고 있다. 특히 2018년 동계올림픽을 개최함으로써 조성된 인천국제공항에서 강릉까지 이어지는 고속전철과 제2영동고속도로 건설로 인해 강릉은 사회인프라시설이 잘 구비되어 새로운 관광문화를 구축할 수 있는 좋은 계기를 마련하게 되었다.

오늘날 의료관광은 신성장동력 산업으로 주목받는 거대한 시장이다. 환자들은 보다 뛰어난 의료기술과 저렴한 비용, 우수한 서비스를 찾아 국경을 넘는 추세가 늘고 있다. 세계 의료관광의 시장규모는 2012년 1,000억 달러(약 113조 원)로 지속적인 성장을 하고 있다. 2020년에 이르면 2,989억 달러(약 338조 원)로 성장할 것으로 추정된다. 아시아권 의료시장만 300억 달러를 넘어설 전망이다. 세계의료관광협회에 의하면 매년 의료관광을 위해 10억 명이 국경을 넘는다고 한다.

가장 많은 국민이 의료관광을 떠나는 국가는 미국으로, 보험이 없거나 저렴한 비용의 치료를 원하는 미국인 120만 명이 매년 해외에서 치료를 받는다. 태국은 2000년대 초반 미국에서 공부한 태국의사들이 자국으로 돌아온 다음 홍보에 나서면서 의료관광이 활성화 되었다. 정부의 진폭적인 지원도 있었다. 태국은 단기 의료관광에 그치지 않고 휴양과 장기거주를 최종목표로 두고 있다. 태국관광청은 일시적인 치료를 떠나 휴양을 겸한 의료관광이 대세가 될 것을 예상하여 스파나 마사지, 휴양을 겸하면서 태국에 장기 체류할 수 있도록 다양한 정책과 지원책을 마련하고 있다.

태국 의료관광의 경쟁국인 싱가포르는 1990년 말부터 의료관광을 위해 보건부와 관광청, 재정부 등 정부 부서를 하나로 모은 싱가포르 메디슨Singapore Medicine을 세웠다. 이를 통해 외국인 환자를 받는 민간병원의 불필요한 규제를 완화하고 브랜드 홍보를 도왔다.

최근 우리나라는 국제적인 경쟁력을 강화하고 국가브랜드 가치를 향상시키기 위해 성장잠재력과 부가가치가 매우 높은 의료관광분야에 관심을 많이 가지고 있다. 개별 환자 외에도 간호를 위해 동반하는 환자가족과 종합진찰이나 의료상담, 휴양과 관광을 병행하기 위한 단체의료 관광객 등으로 인해 일반관광객들보다 수익성이 매우 크다. 의료관광객 1명을 유치하면 약 7백만 원의 경제적 효과가 있는 것으로 밝혀졌다(의료관광마케팅론, 김희진 외 1인).

이처럼 의료관광이 부각되는 이유는 선진국과 비교해 의료시설 및 수준이 뒤떨어지지 않고 의료비용이 현저히 낮기 때문이다. 미국 등의 선진국과 비교할 때 의료비용이 약 5배 정도 저렴할 뿐만 아니라 의료관광이 크게 발달된 싱가포르에 비해 2배 정도 싸고 태국과 비슷한 수준으로 평가되고 있다. 의료기술과 비용 측면에서 모두 경쟁력을 갖고 있을 뿐만 아니라 전 세계적으로 불고 있는 한류열풍도 의료관광 분야의 급속한 성장에 많은 기여를 하고 있다. 의료관광의 경우 보다 뛰어난 의료기술과 서비스를 찾아 국경을 넘는 환자들이 늘어나고 있다. 현대아산병원 주변이나 넓은 들판을 에워싸고 있는 산이나 송림은 최대한 보전하고 쌀을 재배하는 넓은 들판을 메워 이곳에 의료관광단지나 첨단의료산업, 장기체류 휴양타운 같은 사업을 벌여 미래의 먹거리를 장기적으로 준비해야 할 때가 아닐까 생각해 보았다.

20 바다를 품은 강릉 커피거리와 강릉항 방파제

739m의 강릉항 방파제와 주문진항까지 이어지는 파도의 물결은 한 폭의 수채화를 눈앞에 길게 펼쳐놓은 것 같다. 안목해변 백사장을 따라 길게 늘어선 커피거리는 가장 창의적인 강릉의 관광명소로 자리 잡고 있다. 다양한 브랜드의 커피전문점이 늘어선 거리는 강릉의 외진 변두리 마을에서 어느새 강릉을 대표하는 관광명소로 자리를 잡고 가족이나 연인들이 가장 즐겨 찾는 명소

강릉항에서 바라본 안목해변(커피거리) 전경

로 변했다.

　강릉은 예부터 한송정 정자에 앉아 경포호수와 바다를 바라보며 차를 달여 마셨다는 기록이 『동국여지승람』에 기록될 정도로 다도茶道의 고향이다. 지금도 찻물로 이용된 돌우물과 차를 달였던 돌절구가 남아 있어 당시의 차문화를 짐작해 볼 수 있다. 그런 연유로 강릉지역은 현재도 차와 관련된 행사가 많이 있다. 대표적인 것으로 사임당 헌다례와 헌난설헌 헌다례, 범일국사 다례제, 한송정 들차회, 율곡제 들차회 등의 각종 다도 축제가 있다. 커피도 차茶의 일종이라고 보면 강릉은 한국 차茶의 역사에서 타의 추종을 불허하는 곳이며 다도문화의 전통이 커피문화로 이어지고 있다. 2000년 1세대 박이추 씨는 바다가 굽어보이는 자리에 커피숍을 열고 많은 바리스타들을 길러내며 강릉에서 직접 커피를 재배하기 시작했다. 수십 개의 커피자판기가 늘어섰던 안목해변은 새로운 커피명소로 재탄생해 많은 관광객의 발길을 끌고 있다.

강릉 커피거리와 더불어 시내에서 조금 떨어진 왕산면 왕산로에 강릉 커피박물관이 개관되어 전 세계의 진귀하고 다양한 커피 관련 유물들을 감상할 수 있다. 세계 각국의 다양한 커피문화와 커피나무 재배에서 수확까지의 모든 과정을 관람할 수 있다. 처음 한국에 커피나무를 심은 곳은 제주도의 여미지다. 그곳에서 자란 커피나무를 육지로 옮겨 커피나무를 재배하기 시작하여 우리나라에서도 커피를 생산하게 되었다. 커피박물관은 일반전시관과 특별관, 체험관, 카페 등으로 구성되어 있다. 일반 전시관은 역사문화관, 로스터 & 그라인더관, 커피추출관, 커피나무 재배관, 커피 시음관으로 구성되어 있다. 특히 체험관에서는 로스팅부터 핸드드립 추출까지 직접 할 수 있어 색다른 경험을 할 수 있다.

커피박물관에는 로스팅과 핸드드립, 에스프레소 추출, 묘목 심기, 초콜릿체험 등 커피와 관련된 체험이 가능하며 다양한 수령대의 커피나무 종류들의 씨앗부터 수확에서 가공까지 커피가 완성되는 전 과정을 볼 수 있다.

강릉 커피거리

강릉의 커피를 모태로 중국 전통차인 보이차의 생산지로 유명한 윈난성雲南省 망시芒市에 중국 최초의 커피박물관을 건립한 강릉 커피 커퍼의 최금정 대표는 강릉 커피문화가 중국 전역으로 확산되도록 목표를 세우고 새로운 도전을 시도하고 있다. 최 대표의 커피커퍼는 지난 2000년 제주 여미지식물원에서 커피나무 20그루를 들여와 왕산면 왕산리 고지대에 최초의 상업용 커피농장을 설립하여 커피도시 강릉을 만드는 데 지대한 영향을 끼쳤다.

강릉 안목해변에 들어서 있던 커피자판기 몇 대에서 출발한 조촐하고 한적했던 해변마을에 전문바리스타들이 이곳에 자리를 잡고, 후학을 교육하는 과정에서 자연스레 커피거리로 자리를 잡게 되었다. 또한 대관령 기슭 왕산면에 커피농장을 조성함으로써 강릉의 커피문화가 전국에 널리 알려지게 되었다.

탁 트인 백사장과 푸른 바다 빛깔은 온몸을 투시하는 듯하다. 바다 내음과 파도를 맛보기엔 방파제를 따라 산책하는 것이 가장 좋다. 끝없이 펼쳐진 수평선 앞에 서면 번잡한 생각들이 푸른 물결에 빨려 들어간다. 일상에 갇힌 마음이 뻥 뚫리고 광활한 푸르름이 온몸에 밀려온다. 강릉 올 때마다 즐겨 찾는 강릉항 방파제 산책로는 잠시 무거운 짐을 다 내려놓고 묵은 때를 씻듯 망중한을 즐기는 나의 명상코스이기도 하다.

강릉항에는 강릉-울릉도 정기여객선 터미널과 개별 여가를 위한 요트마리나가 함께 자리하고 있다. 최근 개인 요트를 이용한 상업활동의 허가가 나면서 강릉항 요트마리나에 방문객들이 점점 늘어나고 있다. 선착장에 정박한 요트들이 어깨를 가지런히 맞대고 휴식을 취하고 있다.

항구를 감싸고 있는 외항의 맨 끝에는 빨간 등대가 파도를 배경으로 우뚝 서 있다. 탑돌이하듯 등대를 세 바퀴 돌면서 늘 기도를 올리곤 한다. 긴 방파제를 사이에 두고 광활한 바다의 역동성과 내항의 고요하고 아늑한 풍경은 극적인 대비를 이룬다.

동해를 향해 겹겹이 흘러내린 산맥들 사이로 저녁노을이 스며들면 항구의 불빛들이 하나둘씩 불을 밝힌다. 방파제 옆 1층 요트마리나 클럽하우스와 2층 강릉커피빵 판매장, 4층 커피숍이 있는 마리나 건물은 항구에서 가장 전망이 좋은 건물이다. 커피점 바깥 베란다에서 바라보는 전망은 환상적이다. 동서남북에서 바라보는 각각의 전경은 모두 색다르다. 긴 해안선의 파노라마와 광활한 바다, 요트의 뒷모습과 내항內港의 속살, 대관령의 산맥들과 해안가의 커피숍에서 뿜어내는 불빛들이 서로 어울려 동화의 나라에 와 있는 느낌이다.

강릉항 요트마리나 선착장

²¹ 참가자미의 고장 안인진항

　강릉시내에서 7번 국도를 따라 30분 정도 동해안을 따라 정동진 방향으로 가다 보면 90여 가구가 사는 작은 포구마을을 만나게 된다. 통일공원이 있는 마을 왼쪽 길로 들어서면 마을로 연해 있는 작은 도로가 나오고 주 어종인 가자미와 넙치잡이를 하는 40여 척의 작은 어선들이 항구에 늘어서 있다. 이곳부터 해안 철책선이 둘러쳐져 있으며, 동해안 암벽과 바다가 어우러진 아름다운 해안 절경이 펼쳐지는 기점이다.

안인진항 전경

촘촘하게 어깨를 맞대고 정박해 있는 선박들 앞 광장엔 횟집과 펜션들이 밀집해 있다. 눈부신 아침햇살을 받으며 방파제를 따라 걸으면 우측 해안선을 따라 펼쳐지는 정동진 해안가의 검푸른 파도와 갈매기들의 외침이 아득하다. 산기슭 초병의 막사와 부두의 자연산 가자미 활어센터를 지나 해안 절벽을 끼고 외항 방파제를 걸으면 고즈넉한 항구의 호젓함을 맛볼 수 있다.

어선에서 흘러나오는 흥겨운 대중가요가 아침을 깨운다. 날카로운 암벽해안선과 바위에 부딪히는 파도가 연이어지는 전경은 활기차고 눈부시다. 뾰족한 능선을 따라 거대한 산맥들이 바다를 연모해 겹겹이 흘러내리는 해안경관이 시작되는 곳이다. 항구의 입구를 지키는 붉은 등대와 흰 등대가 한 폭의 수채화처럼 정감 있다.

안인安仁이란 말은 조선시대 관청의 일을 하던 강릉 칠사당七事堂을 중심으로 볼 때 동쪽에 위치하고 仁은 방위상 동쪽을 뜻하기 때문에 '강릉 동쪽의 편안한 곳'이란 뜻이다. 마을을 흐르는 군선강과 바닷

등대와 가자미 활어센터

동해의 물길 따라

물이 합쳐지는 곳으로 숭어가 많이 올라와 낚시꾼들이 많이 찾고 있다. 매년 3월 3일과 9월 9일에 풍어제를 지낸다. 해마다 7월 말에서 8월 초에 안인어촌계가 주관하는 노란참가자미축제가 열린다. 참가자미 무료시식회나 참가자미 맨손 잡기, 참가자미 회 썰기, 풍등 소원 빌기 등 다양한 행사가 진행된다. 또한 인근에 등명낙가사와 정동진역, 통일공원이 있어 해안일주 관광출발지다.

강릉시내 중심가인 신영극장에서 111번, 112번, 113번 시내버스를 타고 갈 수 있으며 승차 후 안인삼거리에서 내려 걸으면 10분 정도의 거리이다.

22 분단의 역사현장
통일안보공원

안인진항에서 차로 5분 거리에 있다. 1950년 6월 25일 새벽 3시 남한 전역에 남침을 시작하기 1시간 전에 북한군이 정동진 해안을 급습하여 민간인 3명과 경찰들을 사살한 6·25 최초의 인명피해가 발생한 지역이다. 이후 1996년 9월 18일 북한은 정동진 북쪽 안인진 해변에 잠수정을 타고 침투하여 무장간첩을 투입하고 돌아가려 했으나 잠수함이 암초에 걸려 좌초되면서 온 국민에게 분노와 충격을 주었던 사건의 지역이기도 하다. 강릉통일공원은 육·해·공군의 군사장비와 북한 잠수함 등을 한곳에서 볼 수 있도록 조성하였다. 푸른 동해와 해안의 암벽과 산이 어울려 아름답고 웅장한 풍경을 감상할 수 있으며 관광과 안보교육을 동시에 체험할 수 있는 곳이다.

통일안보전시관은 산정 가까이 넓은 광장과 동해를 굽어볼 수 있는 전망이 뛰어난 곳에 있다. 전시관 뒷길 500m 지점에는 임해자연휴양림이 있다. 정자에서 보면 소나무숲 사이로 잔잔한 바다와 안인진 방파제에 서 있는 등대가 보이고, 항구의 횟집과 펜션 건물들이 평화롭다.

전시관 안은 국난 극복사와 6·25 매직비전, 침투장비 전시, 통일

무장공비 침투 잠수정

환경의 변화, 영상실 등의 시설을 갖추고 있다. 야외전시장에는 영화나 드라마에서 볼 수 있는 전차와 장갑차, 경장갑차, 수륙양용장갑차 등이 전시되어 있다.

공군비행기를 전시한 언덕 아래 야외광장에는 지리산함 전사자 충혼탑과 강릉의병항쟁기념탑, 강릉지구전적비 동상 등이 있다. 공군기 전시공간에는 미그킬러 F-860D와 하늘의 도깨비 F-4D(Phantom), 앞이 날카롭고 작고 날렵한 초음속전투기 F-5AlB(Freedom Fighter), 훈련기 등 공군퇴역 전투기를 볼 수 있다. 1957년에 제작된 C-54기종부터, 1963-1973년에 사용한 박정희 대통령 전용기가 전시되어 있다. 언덕 우측 상부에 위치한 박 대통령 전용기의 내부를 보면 대통령 침실과 집무실, 수행원과 비서실, 승무원실로 구분되어 있는데 너무 소박하고 간소하여 그 당시 우리나라의 경제수준이나 국력을 가늠해 볼 수 있다.

함정전시관은 한국 퇴역 함정인 전북함과 침투 중 좌초되었던 북한 잠수함, 북한 주민 11명이 집단 탈출한 어선이 전시되어 있다. 함정전시관에는 자유를 지켰던 퇴역한 군함과 자유를 침탈한 북한잠수정, 자유를 찾아온 배가 함께 전시되어 있다.

전북함 내부를 둘러보며 VR체험실과 함포사격포대, 각종 기자재실, 식당, 침실 등 다양한 곳을 체험할 수 있다. 북한 잠수함의 비좁은 내부에 기계장비로 가득한 공간을 감상하면 전쟁무기를 이해하는 데 많은 도움이 된다. ✦

23 경복궁의 정동^{正東}에 위치한 등명낙가사^{燈明洛伽寺}

안인해수욕장에서 해안을 따라 3.5km 내려가면 사찰 진입로가 나타난다. 대한불교조계종 제4교구 본사인 월정사의 말사이다. 정동진의 괘방산(393m) 중턱에 자리한 등명낙가사는 경복궁에서 정동^{正東}에 위치한다 하여 일주문 한가운데 검은 돌기둥에 대한민국 정동이란 푯말과 정동을 표시한 나침반을 새겨 놓았다. 일주문 우측으로 들어서면 등명감로수라 불리는 약수를 만나는데 오백나한을 조성해 봉안 후 발견된 약수로 탄산과 철분이 포함되어 있어 약간 시큼하고 떫은맛이 나지만 빈혈과 신경쇠약, 부인병, 성인

등명낙가사 전경

만월보전 앞 오층석탑

병에 효과가 있다고 알려져 있다.

　창건연대는 확실치 않으나 신라 선덕 여왕 때 자장율사가 창건하였다고 전하나 뚜렷한 사적은 알 수 없다. 다만 도량 한편에 남아 있는 파손된 옛 석탑 부재가 신라 말 때인 것으로 추정되어 신라 말 창건 가능성은 남아 있다. 『신증동국여지승람』에 의하면 절이 암실의 등화 같은 위치에 있고 공부하는 사람이 삼경에 산에 올라 불을 밝히고 기도하면 과거급제가 빠르다고 한 데서 등명사라는 이름이 붙었다고 한다.

　일주문을 지나 산언덕 돌계단을 오르면 불이문^{不二門} 층층계단이 나타난다. 계단을 오르면 좌측엔 영산전^{靈山殿}이, 우측엔 극락보전이 있다. 적백일홍나무에 핀 붉은 꽃 향기와 온갖 새들의 지저귐과 찌르레기 소리가 폐부 깊숙이 파고든다. 좌청룡 우백호로 단아하게 감싸안은 산기슭 언덕 사이로 바다가 잔잔하게 잠겨 있다.

　종무소 옆길 돌 언덕계단을 내려가면 약사전인 만월보전^{滿月寶殿}이 나타나고 사찰 마당엔 고려 때 조성된 5층석탑이 자리 잡고 있다. 등명사의 기록을 고려해 보면 이 지역에 두 번의 대형화재가 발생하여 완전히 폐사된 것으로 추정된다. 이후 경덕景德스님이 천일 관음기도 후 1956년 절을 다시 세우며 관세음보살이 머문다는 보타낙가산을 착안한 '낙가사'와 옛 절이름 '등명사'를 합쳐 '등명낙가사'로 지었다.

누각 앞에 펼쳐지는 망망한 바다가 미동도 하지 않고 정지해 있다. 푸른 송림에 싸인 산과 바다가 어우러진 한적하고 아늑한 산사가 한 폭의 그림처럼 펼쳐져 있다.

등명낙가사 숲속 전경

처마 끝이 아름답다

함영덕

언제나 반겨주는 처마 끝이 아름답다
진달래꽃 온 산 붉게 타오르고
별들은 골짜기 따라 떠내려간다
사리탑 옆 고목나무 달빛 꿈꾸고
곤히 잠든 풍경소리 법당은 잠겨 있다

마루에 걸터 앉아 바랑을 푼다
뻐꾸기소리 바리에 담는다
숲은 새들이 지나간 흔적을
싹틔우지만 새들은 길을 헤매는
네 뒷모습을 알고 있다
처마 끝 달빛도 알고 있다
지난 밤 다녀간 네 발자국을

²⁴ 극동의 태양성지
정동진 태양공원

21세기 문화관광시대를 맞이하여 강릉 지역이 안고 있는 관광의 문제점을 극복하고 새로운 의미의 관광문화를 창출하여 지역문화와 관광발전에 기여하고자 시인 김수정 회장(부강레미콘)의 제안으로 20여 년 전 태양공원개발계획에 함께 착수하였다.

정동진의 위치와 역사성을 바탕으로 한반도의 동쪽 나아가 극동의 성지라는 개념을 정립하고 인류역사와 더불어 발전한 태양숭배 사상과 그 생명의 에너지를 원천으로 한 관광상품과 문화를 창조하여 세계적인 태양공원을 조성하는 것이 주요 목표였다.

그동안 풍물과 유적, 휴양 및 위락 관광에 편중된 우리나라의 관광문화를 인간의 정신과 영혼의 원초적인 욕망과 희망을 관광상품 자원으로 활용하는 것이다. 관광객 스스로가 추억과 유품을 남겨서 제2의 마음의 고향을 만들고 늘 다시 방문하고자 하는 태양의 성지로 조성하고자 하는 것이 관광상품의 모토였다.

그동안 강릉 지역은 여행하는 길에 잠시 들렀다 가는 경유지형 관광이나 정동진 야간열차를 타고 해돋이하고 다시 돌아가는 단기체류형 관광에서 벗어나지 못했다. 2018동계올림픽을 계기로 해변에 호텔과 기반시설들이 구축되어 다소 향상되었으나 아직도 근본적인 문제점이 많이 남아 있다. 이를 극복할 수 있는 대안사업 중에 하나가 바로 정동진 개발계획이 아닌가 생각해 보았다. 2000년에 시작된 이 사업은 오랜 시간의 노력에도 불구하고 미완의 사업으로 남아 있다. 이 책을 집필하면서 어느 땐가 새로운 인연을 맞아 부활하여 새로운 시대를 열기를 희망하는 마음에서 글로 남기게 되었다.

태양과 한민족의 역사적인 테마파크 추진배경

단군왕검이 고조선을 개국하고 삼신상제三神上帝님께 천제를 올리고 송화강 유역(지금의 흑룡강성 하얼빈)의 '아침 태양이 빛을 비추는 땅'인 아사달에 도읍을 정했다. 그 후 22세 색불루단군索弗婁檀君은 이 송화강 아사달에서 남서쪽의 백악산 아사달(지금의 길림성 장춘)로 천도하였다. 44세 구물단군丘勿檀君은 남쪽으로 더 내려와 장당경 아사달(지금의 요령성 개원시)로 천도하였다. 도읍지의 이동에 따라 세 왕조의 변천을 거친 고조선은 마흔일곱 분의 단군이 2096년 동안 다스렸다.

도로에서 본 대양산

동해의 물길 따라

예로부터 중국인들이 동방배달민족을 동이東夷라 부른 것은 치우천왕이 큰활을 만들어 쓴 이후이다. 그렇기 때문에 엄밀히 말하면 동이를 배달동이로 불러야 옳다. 동이의 의미를 살펴보면 동東은 태양이 떠오르는 광명의 방향이다. 동방은 생명과 탄생, 시작을 의미한다. 고서古書에서는 "동녘은 움직임인데 양기가 움직일 때 봄이 된다. 동녘은 나무인데 봄을 맡았다. 동녘은 간방인데 그곳 임금이 태호, 곧 한밝이다."라고 하였다. 이와 같이 동은 생명과 탄생, 시작을 담은 광명사상의 발원지로 동방 한민족사상의 원형이라 할 수 있다.

환인과 환웅, 단군의 세 호칭은 모두 광명의 지도자를 뜻한다. "환桓은 우주를 가득 채우고 있는 하늘의 광명, 즉 천광명天光明을 뜻한다. 달빛이 환하다. 대낮같이 환하다라고 할 때의 환이 바로 이 천광명의 환이다. '단檀'은 박달나무 단자인데 박달은 '밝은 땅'이라는 뜻이다. 즉 단은 땅의 광명, 지광명地光明이다. 배달은 '밝다'를 뜻하는 '배'와 땅을 뜻하는 '달'이 모여 '동방의 밝은 땅'을 뜻한다. 후대 한양조선과 구분하기 위해 옛 '고古'자를 덧붙인 고조선도 '아침 햇살을 먼저 받는 곳朝光 先受地'을 뜻한다. 고조선을 계승한 북부여의 부여는 '불'이라는 말로 광명을 나타낸다. 고구려 유민이 세운 발해도 '밝은 바다'이며 대진국도 '동방의 광명의 큰 나라'라는 뜻이다. '대한大韓'이란 말에도 역시 광명정신이 담겨 있으며 대한제국에서 오늘의 국호 대한민국이 나왔다. 한韓은 인간의 광명, 인광명人光明이다. 한은 그 뜻이 수십 가지가 넘지만 가장 근본적으로는 '천지광명의 주인으로서의 인간'을 뜻한다.

중구 내몽골자치구와 요령성의 접경지역에서 세계 4대 문명권으로 꼽히는 이집트와 메소포타미아, 인더스, 황하문명보다 무려 1-2

천 년 앞선 인류의 시원문명이 발견되었다. 이 만리장성 밖의 문명이 이른바 홍산문화, 일명 요하문명, 또는 발해연안 문명이다. 단군왕검의 고조선 이전의 상고문화인 환인의 환국과 환웅의 배달문명의 실체가 신화의 단계에서 역사적 사실로 규명되고 있다.

한민족의 전성기인 고조선의 옛 땅을 찾기는 불가능하다. 그러나 우리 민족의 시원문명을 계승하고 우주의 광명사상을 발전시킬 만한 정신적인 제2의 고향을 찾는다면 그곳이 바로 정동진 대양산太陽山이라 생각한다. 大陽山 = 太陽山은 동방의 태양이 빛나는 천지광명의 산이다. 한반도 중심부의 첫 햇살이 빛나는 이 땅이 시원문명의 중심지인 단군조선의 아사달을 계승할 수 있는 한민족의 성지로서 다시 부활하여 우리 민족의 위대한 영광의 시대를 재현하는 계기가 되었으면 한다. 안경전은 『역주譯註 환단고기』에서 한국의 고대사를 자국의 역사로 편입, 왜곡하는 중국 동북공정과 일본의 식민사관에서 벗어나 한민족 고유의 역사와 정신문화를 회복하고 바로잡아야

대양산 인근 도로와 해안

한다고 주장했다. 손성태는 '우리 민족의 대이동'에서 동이족이 만주대륙에서 아메리카대륙으로 건너간 시대와 이동 경로를 추적하고 아메리카인디언들의 풍속과 언어가 우리와 얼마나 비슷한지를 문헌적으로 제시함으로써 과거 우리 선조들이 전 세계적으로 어떻게 이동하였는지를 규명해 가고 있다. 태양을 숭배한 아메리칸 인디언들의 피라미드 신전문화의 원형은 동방의 아침 해를 숭배하던 동이족의 시원문명에서 그 기원을 찾아야 한다. 태양 숭배와 천지광명문화를 배경으로 세상을 널리 이롭게 하는 홍익인간의 이념이 바로 우리민족이 추구했던 시원문화였다. 이런 관점에서 광명사상은 우리 민족의 시원문명이며 전 세계 정신문명의 중심이자 고향이다.

정동진 태양공원의 테마는 5가지 주제로 나누어볼 수 있다.

첫째, 특수 도자기형 벽돌을 쌓아 태양의 에너지를 받는 생명의 빛 탑을 조성한다는 계획이다.

둘째, 20만 평 대지에 야생화공원을 조성하는 것이다.

셋째, 다양한 형태의 테마박물관을 건립하는 것이다. 인류문명교류관이나 세계전통악기박물관 등 인류문명의 발전과 기여한 인물들에 대한 조명으로 교육적인 관광콘텐츠를 확대하는 문제이다.

넷째, 기록문화콘텐츠관을 조성하여 인간이 기록으로 남기고 싶어 하는 본능을 이용하여 다양한 단체나 개인의 기록문화를 보존하여 강릉을 제2의 고향, 마음의 고향으로 만드는 콘텐츠다.

다섯째, 축제를 상설화하여 연중 관광객이 방문하게 만든다.

20여 년 전에 구상했던 정동진 태양공원 조성계획은 당시 산림청 소유의 임야와 강릉시 소유이 임야를 등가원칙에 의해 서로 바꾸어야 하는 어려운 문제가 있었다. 당시 시정 차원에서 좀 더 적극적이고 치밀하게 준비하여 이행했더라면 하는 아쉬움이 남았다. 김수정 회장과 나는 정동진써니파악이란 법인을 설립하고 오랜 시간 노력하였지만 시절 인연이 맞지 않아 뜻을 이루지 못하고 폐기되는 미완의 작품으로 남겼다.

강릉 지역 관광문화를 답사하고 정리하는 과정에서 옛 생각이 나고심 끝에 기록으로 남겨 작은 불씨라도 묻어두고 싶었다. 이제 강릉은 새로운 21세기를 맞이할 수 있는 창의적인 문화관광시대를 열어야 할 때다. 물론 지면상 자세히 언급할 수 없었지만 핵심적인 요점만 정리했다.

한 사람이 꿈을 꾸면 꿈에 지나지 않지만 여럿이 꿈꾸면 그 꿈은 담대한 힘을 얻어 불가능도 가능하게 만들 수 있다. 강릉시민이 천지광명의 홍익인간의 뜻을 함께 꿈꾼다면 언젠가 그 뜻이 이루어져 강릉의 새로운 문화시대를 열 것이라 생각한다. 지금은 20여 년 전보다 환경이 많이 달라져 다시 재고해 보아야 할 점들이 많지만 그 근본정신이나 개념은 다르지 않다. 그러나 이 프로젝트는 실현시키

대양산 앞 정동진역

동해의 물길 따라

기가 결코 쉽지 않다. 강릉시민이 함께 꿈을 꾸고 강원도민의 마음이 뭉쳐 국가적인 차원의 지원과 도움이 필요하기 때문이다. 그런 시절이 온다면 새로운 시대를 여는 인문역사문화관광의 한 획이 그어질 것이다.

<u>25</u> 강릉파인아트랜드

　율곡 선생의 호송설護松說을 비롯하여 강릉은 예부터 소나무 사랑이 남다르다. 바다의 세찬 바람을 막아주고 사시사철 푸른 잎으로 선비의 절개와 품격을 나타내는 것이 강릉의 기후와 문화의 정체성에 맞아 떨어져 솔향 강릉을 상징하는 나무가 되었다. 강릉은 이제 소나무와 시민이 함께 공존하며 경제적 이익을 창출하고 삶의 힐링 공간으로써 상호작용을 할 수 있는 문화관광콘텐츠를 개발해야 할 때다. 관광은 대규모의 토목사업이나 시설투자로써 그 기능을 확대할 수 있는 것만은 아니다. 자연자원을 있는 그대로 최대로 활용할 수 있는 문화관광콘텐츠 개발도 매우 필요한 시점이다.

　안목항 커피거리와 왕산면 왕산로에 위치한 강릉 커피박물관은 발상의 전환으로 인해 강릉을 커피 특화도시로 만드는 데 많은 역할을 했다. 커피빵도 개발해서 제빵분야도 조금씩 그 영역을 확대해 나가고 있다. 지금 전 세계적으로 진행되고 있는 4차 산업혁명의 물길은 거스를 수가 없다. 농수산업을 관광산업과 결합해서 6차 산업으로 발전시켜야 할 시점이다.

　시인 김수정 회장(부강레미콘)은 자연 그대로 소나무숲을 활용하여 솔숲 아트힐링캠프를 창조하는 것도 강릉이 나가야 할 문화관광콘텐츠의 하나라고 강조하고 있다. 자연경관의 동선을 이용하여 감동적인 분위기를 연출하고 앞마당엔 꽃밭 주차장을 만들고 뒷동산

138

엔 솔밭 힐링정원, 언덕 위엔 개폐식이 가능한 하늘집 지붕을 만들어 영화나 드라마의 한 장면을 연상케 하는 공간을 조성하는 것도 소중한 문화관광자원이 될 수 있다. 또한 소나무 숲길을 이용한 사랑고백 코스나 맨발로 자연을 만끽할 수 있는 황톳길 조성, 명상을 할 수 있는 음악을 듣는 숲속 공간, 다양한 시 낭송을 들으며 걷거나 휴식을 취할 수 있는 코스를 개발하여 인간과 자연이 함께 듣고 즐길 수 있는 콘텐츠 공간이 필요하다.

숲속 공간을 활용한 다양한 야외 공연과 스타 팬 미팅 장소 제공, 숲속 힐링창작촌 조성, 특허 지장수로 만든 해독용 족욕장 개발, 숲속 트리하우스 작은 도서관을 개설하여 저렴한 비용으로 숲속에서 누구나 편하게 고단한 삶의 힐링공간으로 활용할 수 있는 복지관광 개념으로 지자체가 시민을 향해 다가가는 것도 문화관광의 중요한 동인 가운데 하나가 될 것이다.

발명특화된 발효기술을 이용하여 강원도 특산물로 지역특성을 살린 바이오 식품 명품화를 주도할 수 있는 발효마을 조성도 생각해 봄 직하다. 태국에 가면 코끼리 위 속에서 발효된 커피가 명품으로 비싼 가격에 팔리는데 구하기가 쉽지 않다. 발명특허를 낸 바이오 발효기

칠봉산 등산로

술을 활용한다면 자연 그대로의 소나무숲에서 코끼리의 도움 없이도 생산이 가능하기 때문에 부가가치는 매우 높다. 음악이 흐르는 숲속에서 피톤치드와 명품커피를 마시며 편안하게 책을 읽는 장면은 생각만 해도 힐링이 될 것이다. 비싼 호텔의 우아한 샹들리에 불빛 아래서 커피를 마시는 것보다 자연의 풍요로움을 더욱 만끽할 수 있고 치유의 공간을 누릴 수 있다. 배추 값이 폭락할 때 발효마을에서 발명특허기술을 이용하여 묵은지 상품을 속성速成으로 대량생산하여 농가의 손실을 수익으로 전환시킬 수 있다. 숲속에서 자연 그대로 해독기능성이 다양한 먹거리제품을 개발하거나 체험할 수 있는 공간을 조성하고 다양한 캠프촌을 운영하는 것도 소중한 관광자원이다.

강릉시내에서 접근성이 좋은 근교에 관광명소를 벨트화해서 지속적으로 새로운 관광상품을 개발해야 한다. 지역특산품의 명품화 가능성에 대한 연구와 투자 지원이 필요하며 낙후되고 버려진 땅을 명소화하여 지역의 균형발전과 주민소득 향상에 기여해야 한다. 이런 자원들을 지속적으로 발굴하여 제시하고 지자체나 정부의 지원을 받아 일자리를 창출하여 시민 삶의 질과 환경개선으로 이어져야 한다.

카지노와 관광의 도시 라스베이거스도 사막에서 탄생한 도시다. 홍콩도 홍콩섬과 주룽반도, 신계와 주변의 섬들로 이루어진 열악한 조건이었지만 세계적인 무역항이 되었다. 싱가포르도 자연조건보다는 인간의 의지와 창의적인 열정으로 만든 도시다. 아이들이 가장 좋아하는 디즈니랜드도 인간의 상상력과 창의성의 결과물이다. 서대문형무소도, 아우슈비츠수용소도, 태국의 수산시장조차도 다른 것과 차별화할 수 있어 모두가 관광상품이 될 수 있었다. 달도, 밤하늘에 빛나는 별도, 이 세상에 보이는 모든 것은 상상력과 창의성이 합해지면 관광상품이 아닌 것이 없다. 🐦

26 강릉 월화月花거리와 전통시장
강릉 중앙시장, 강릉 성남시장

　2018평창동계올림픽과 패럴림픽 개최에 맞추어 건설된 KTX가 기존에 운행되던 기찻길을 지하로 건설하게 만들면서 철로가 놓였던 자리는 월화月花거리를 만들어 도심의 새로운 문화공간으로 탄생시켰다.

　월화거리는 연화부인蓮花婦人 박씨와 경주 서생 김무월랑金無月郞과의 사랑과 결혼이야기에서 유래되었다. 신라 중기 진평왕 때 강릉 서출지(연못)에서 무월랑과 연화는 처음 만났다. 연못가에서 연화에게

강릉 월화거리

첫눈에 반한 무월랑은 자신의 마음을 담은 편지를 연화에게 전하는데 연화는 무월랑이 성공해서 자신의 부모님께 승낙받기를 원했다. 이 뜻을 전해 들은 무월랑은 경주로 돌아가 학문에 전념한다. 혼기가 찬 연화의 부모님은 연화의 혼처를 찾아 서둘러 결혼 날짜를 잡았다. 연화는 이 사실이 무월랑에게 보내졌으면 하는 맘으로 편지를 적어 서출지에 던졌다. 이 편지를 커다란 잉어가 덥석 물어 물속으로 사라졌는데 경주에 있던 무월랑이 어머니께 드리려고 산 물고기의 배를 가르니 연화의 편지가 들어 있었다. 무월랑은 자신의 부모님께 사연을 이야기하고 곧장 강릉의 연화집으로 향했다. 연화의 집을 찾은 무월랑에게서 둘의 이야기를 전해 들은 연화의 부모님은 무월랑을 사위로 삼았다. 애틋한 사연의 주인공인 무월랑과 연화는 강릉 김씨 시조 명주군왕 김주원金周元의 부모다.

연화부인 설화는 허균許筠의 『성소부부고惺所覆瓿藁』 권7의 「별연사고적기鼈淵寺古蹟記」에 자세하게 나와 있다. 김무월랑은 신라 29대 태종무열왕의 6세손으로 왕의 아우이며 이름은 유정惟靖, 벼슬은 유후관으

강릉 중앙시장

동해의 물길 따라

로 명주에 왔다가 연화부인을 만난 것으로 허균에 의해 밝혀졌다.

경주의 무월랑에게 잉어가 연화부인의 편지를 전했다는 것은 실제의 편지를 상징적으로 말한 것이다. 쌍잉어는 편지를 봉할 때 쌍잉어 모양으로 접어서 매었다고 해서 유래한 것이다. 그러므로 전승되는 설화에 나오는 표현으로 잉어의 배를 갈랐다는 표현은 편지를 뜯어본다는 뜻이다.

연화부인은 무월랑과의 약속을 지킨 열녀로서 강릉 12신의 한 분으로 신봉되었다. 강릉과 경주의 결연, 경주 왕족과 강릉호족, 즉 김무월랑과 박연화 부인의 설화로 승격되었으며 그 이면에는 정치 사상적 상징성이 내포된 것으로 보인다.

강릉역에서 도심의 남북을 가르는 옛 철도부지 위에 형성된 월화거리를 10여 분 걸으면 강릉 중앙시장이 나타난다. 중앙시장에서 구입한 먹거리를 월화거리 벤치에 앉아 오손도손 이야기하며 먹을 수 있어 많은 젊은이들이 찾고 있다.

시장통 닭강정집 앞이나 호떡집 앞에서 줄을 서서 기다리는 모습이 시장에 활력을 주고 있다. 중앙짬뽕집과 오징어먹물아이스크림, 어묵크로켓, 꼬막무침, 올갱이국수, 잔치국수 등 전통시장에서 맛볼 수 있는 다양한 먹거리가 있어 즐거운 여행의 추억을 만드는 시장터다. 다양한 야채와 과일가게, 떡가게, 건어물가게가 빼곡히 들어서 있으며 지하 1층엔 60여 개의 싱싱한 활어를 취급하는 생선가게와 횟집이 밀집해 있다. 2층엔 한복전문가게와 삼숙이탕을 비롯한 해물전문 식당이 있다. 중앙시장 뒤편과 맞닿아 있는 강릉 성남전통시장도 길바닥 난전을 비롯하여 저렴한 의류와 생활용품들과 다양한 먹거리들을 갖추고 있다. ✒

²⁷ 전통시장 활성화 방안

　　수많은 서민의 생존권이 걸려 있는 전통시장이나 소상공인들이 운영하는 업체는 급격한 최저임금 인상으로 생존의 갈림길에 서 있는 절박한 시점이다. 전통시장이나 소상공인들을 위한 지역페이가 화폐형태로 발행되었지만 사용자의 불편함 때문에 효과적으로 유통되지 못하고 있다. 현재 각 지자체는 지역페이를 QR코드를 이용하여 현금결제 가능 시스템으로 전환하고 있다. 그러나 이런 형태만으로는 근본적인 해결책이 될 수 없다.

강릉 중앙시장 난전

강릉 중앙시장 오징어 전문코너

강릉의 중앙시장은 월화거리의 조성으로 휴식공간과 전통시장이
연결되어 시너지효과를 낸 곳이다. 그러나 우리나라 대부분의 전통
시장은 주차시설의 부족과 소비자와 연결할 수 있는 홍보채널의 부
족으로 자신의 상품을 대중들에게 전달하는 방법이 매우 열악한 상
태이다. 현금을 가지고 다니지 않는 현대인들의 특징상 카드결제는
소상공인들에게 많은 부담을 주고 있다.

전통시장이나 소상공인 업체들의 가장 큰 문제점은 4차 산업혁명
시대에 모바일 하나로 정보를 얻고 상품을 구매하고 대금을 결제하
는 변화의 흐름에 취약하다는 것이다. 또한 모바일이나 스마트폰에
서 정보를 찾는 비율이 70%를 넘어서고 있다. 컴퓨터나 신문에서 정
보를 찾는 비율이 급격히 감소하고 있으며 결제방식도 모바일 간편
결제가 생활화되고 있다.

이와 같은 새로운 변화에 대응하기 위해 학회와 콘텐츠개발 기업
이 공동으로 개발한 OnePlatform시스템은 12년의 연구개발과 현장
검증을 거쳐 2018년 5월 관광과 산업을 하나로 결합한 통합플랫폼

을 국내 최초로 개발하여 본격 서비스를 시행하고 있디.

전통시장과 소상공인들의 90%에 해당하는 업체들이 자신의 상품을 홍보할 수 있는 매체나 홍보프로그램이 없는 상태에서는 국가나 지방정부의 지원이 효과를 거두기가 매우 어렵다. 소비자가 전통시장을 찾게 하려면 간편결제와 다양한 인센티브 제공, 상품을 소비자에게 홍보할 수 있는 기능들이 확보되어야 한다.

OnePay & OnePlatform 통합시스템의 특징과 기능

① 온라인 플랫폼이란

인터넷, 모바일 공간에서 콘텐츠를 담는 그릇이다.

- 랜딩플랫폼: 목적물을 일방적으로 홍보하는 온라인페이지
- 목적플랫폼: 목적물을 검증하고 실행할 수 있는 최종 처리기능을 갖춘 플랫폼

② 타 플랫폼의 기능

- 단편적인 기능만 수행하는 것

③ OnePlatform의 기능

- 간편결제, 마케팅, 관광연계 등 7가지 통합기능 수행
- 소상공인, 전통시장에서 활용할 수 있는 시스템 구축

OnePlatform 도입의 필요성 : 4차 산업은 모바일혁명이다

① 정보수집, 상품구입, 결제의 70% 이상을 모바일로 한다.

② 홍보전략도 모바일 중심으로 이동한다.

③ QR간편결제로 지갑이 없는 시대로 빠르게 진입하고 있다.

④ 2017년 중국 모바일 결제 사용자 수는 5억 2천만 명으로 시장 장악

⑤ 서울시 제로페이, 포털업체 페이, 시중은행페이 등장

⑥ 30개 지역단체가 지역페이 준비 중임

⑦ 2017년 기준 QR코드 결제액 39조 원

OnePlatform 해결

① 신뢰의 고민 : 사업장 소개 및 대표자 실명인증/고객의 4단계 확인검증

② 카드 사용의 부담 : OnePay 간편결제로 해결/수수료 문제 해결

③ 소비자 이익의 확신 : 관광마일리지/리턴마일리지/상품권 등의 이익 제공

④ 사용환경의 어려움 : 자동회원가입/자동로그인/간편결제 자동화로 해결

⑤ 제작, 운영, 관리의 전문성-기본비용만 내면 OnePlatform 구축과 운영, 관리 해결/쉬운 마케팅, 무제한 사용

시대의 변화 속도는 분초를 다투고 있다. 경제적인 문제와 전문성의 부족으로 어려움을 겪고 있는 소상공인과 전통시장, 개인사업자를 위해 제공하는 4차 산업형 플랫폼 사이트를 개발하고 최소의 비용으로 운영할 수 있도록 지원하는 프로그램을 연구하고 시험하여 운영단계에 있다.

OnePlatform은 판매자와 소비자를 동시에 만족시키기 위해 개발되었으며 관광결합, 신뢰검증, 간편결제 핀테크, 마케팅 기능을 결합하여 직접 관리할 수 있게 하여 소상공인 자영업자나 전통시장의 불리함을 극복할 수 있도록 했다. 정부나 지자체가 정책적인 지원을 하더라도 근본적으로 자생할 수 있는 기능을 갖지 않으면 도움에 한

계가 있고 효과도 단기간에 그칠 것이다. 소상공인과 전통시장 상인들이 스스로 상권을 범주화하고 홍보와 마케팅을 할 수 있는 시스템으로 가야 한다. 이런 측면에서 소비자가 요구하는 모든 기능을 하나로 해결하는 7가지 원격소통을 할 수 있는 OnePlatform 시스템을 활용하여 결제와 홍보, 마케팅, 인센티브 기능 강화로 경쟁력을 확보할 수 있다.

28 대지미술의 진수 하슬라 아트월드

        등명낙가사를 지나 등명해수욕장을 지나면 정동진에 도착하기 전 해변 산 능선에 독특한 형태의 조형미를 갖춘 하슬라 아트월드 미술관과 호텔이 서 있다. 하슬라 아트월드가 자리한 등명은 예로부터 해와 달이 가장 밝은 곳이다. 특히 괘방산 하슬라 아트월드 자리는 풍수지리적으로 보면 봉황이 동해를 향해 태양으로 날아가는 형세이다. 이곳을 하슬라라 이름 짓게 된 가장 큰 동기

하슬라 아트월드 야외 미술관

는 강릉이라는 지역의 옛 이름인 동시에 하슬라가 주는 시공간의 차별성과 하슬라 본연의 의미 때문이다. 하슬라가 강릉의 옛날 지명인 동시에 큰 바다 혹은 아름다운 자연의 기운을 뜻하기에 하슬라 아트월드는 태생적으로 대지미술을 염두에 두고 시작한 프로젝트다.

최옥영과 박신정 두 부부 조각가에 의해 건립된 하슬라 아트월드는 두 사람의 작업장이자 대중을 위한 문화예술공간이며 관광객이 머무는 공간이다. 최옥영의 대지미술은 단순하고 원시적인 힘이 강조되는 순수한 조형성을 추구한다. 가장 원시적이며 순수하고 아름다운 땅. 그 땅은 만물의 삶과 죽음의 영원한 모태이다. 그가 딛고 있는 땅은 자신의 대지예술의 생명이며 본질이다. 수많은 예술가들이 밟고 지나간 길, 길을 따라 걷고 새로운 자신의 길을 만들고 또 외로이 걸어가는 길, 대지미술을 길이며 땅이라고 그는 강조하고 있다.

하슬라의 정면은 정동진 앞바다요, 뒤는 괘방산이다. 이 두 거대한 자연은 실제로 동해를 잇는 도로에 의해 끊긴 상태다. 산 능선에

하슬라 야외 창작 미술품

동해의 물길 따라

자리한 호텔의 편액 자리는 거대한 직사각형으로 비워놓은 특이한 형태다. 산과 바다가 하나로 연결되는 거대한 창을 바로 하슬라의 편액으로 만들었다. 산은 바다가 되고 바다는 산이 되는 그러한 동시적인 공간이 존재한다. 철제 기둥 한 면은 바다를 향해, 다른 콘크리트 기둥은 산 쪽을 향해 설치했다. 소나무 두 그루를 배치하여 일주문 기둥을 상징화했다. 마치 허공에 뜬 거대한 유람선처럼 저절로 바다 위를 부유하는 듯한 착각과 현기증을 일으킨다.

대자연이 항상 우리에게 감동만 주는 건 아니다. 현기증을 느낄 정도로 아찔하고 위험한 자연도 있다. 커다란 유리창 너머로 드넓은 바다를 바라보면서 쾌적한 공포를 느끼도록 만들었다. 출렁이는 바다가 여과 없이 투과되어 가슴에 파도치면서 자연의 숭고함을 맛보도록 구성하였다.

대지 위에 표현해 내는 작품도 중요하지만 대지를 바라보는 시점과 관점을 어떻게 새롭게 만들어낼 것인가도 작가에게는 중요한 대지미술의 개념이다. 빛의 각도와 바람의 흐름 그리고 바다와 산을 바라보는 관람자의 시선, 이 모든 것들이 서로 연결되어 상호작용을 일으킨다. 하늘의 해와 달, 별의 움직임이 그러하듯 이곳에 있는 모든 작품들이 영원한 자연의 순환 속에 녹아내리도록 조성하였다. 또한 하슬라 아트월드의 건축적 개념은 호텔건물과 바다와 산을 자연경관과 어울리게 각각 배치하였다. 호텔 내부의 침대와 가구, 조명, 액세서리까지 모두 유기적인 연속성을 가지고 내외공간이 마련되었다.

작가는 대지미술의 의미를 미술관을 넘어 다른 공간에 확장시켜 전시함으로써 인식영역의 확장이라는 결과를 잉태했다. 극적인 상호작용은 대지미술 자체로도 일어나며 소비자인 관람자의 공간인식에서도 함께한다. 관람자는 그저 느끼기만 함으로써도 대지미술에 동참하는 것이 된다. 이곳에서는 대지미술이라는 개념에 대한 막연한 거부감이나 추상적인 이미지에 대한 어려움 같은 건 필요하지 않다. 더욱더 강하게 다가오는 것은 예술적인 아름다움에서 얻는 장대한 자연에 대한 경외심과 숭고함이다.

자연을 스승으로 삼은 점은 가우디와 최옥영 작가의 세대를 넘나드는 공통점이다. 있는 그대로의 지형을 최대한 살리고, 그 땅의 흙과 돌로 지어진 조형물은 작가에게는 하슬라 아트월드에 대한 아이디어를 샘솟게 만들었다. 가우디는 생전에 온갖 혹평에 시달렸다. 그럼에도 불구하고 역사는 그를 20세기 최고의 건축가로 인정했다. 생태건축과 토털예술을 지향한 가우디의 철학은 최옥영 작가의 대지미술관과도 합일된다.

무한의 영역인 우주를 작가의 작업 속에 어떻게 담을 것인가? 예술가는 상상 속에서 자신이 만든 조각적 형태가 우주를 닮을 수 있다고 생각한다. 작은 사물에서 큰 사물이 유추되듯 엄마의 자궁에서 부유하는 어린 생명체는 큰 우주로 나와 때론 산처럼, 때로는 물처럼 둥근 원 안에서 움직이며 드로잉의 선들을 만들어 간다.

대지미술을 추구하는 최옥영 교수와는 오랜 시간 만에 재회하게 되었다. 하슬라 아트월드를 시작하던 때 만났던 기억이 새로운데 엄청난 경이로운 변화에 극찬을 아끼지 않았다. 바다와 주변의 산들이 한눈에 굽어보이는 호텔 옆 전망대에서 모처럼 차 한 잔을 나누며 그동안 못 보았던 이야기와 아트월드 만들던 때의 얘기를 들을 수 있었다. 대지와 예술과 관광이 서로 합일되어 대자연의 아름다움을 추구하는 곳이 하슬라 아트월드다.

광명의 하늘이 내려앉는
정동진

　　해돋이로 각광받아온 정동진은 21세기 밀레니엄을 계기로 전국에서 손꼽는 해맞이 명소로 자리를 잡고 있다. 밀레니엄 축제로 동인들과 시 낭송을 개최했던 기억이 아슴푸레하다. 저녁 11시 20분 청량리역에서 출발하는 무궁화1641 열차는 새벽 4시 42분 정동진역에 도착한다. 반세기 이상을 하루에 세 번 완행열차가 들렀던 바닷가의 작은 간이역이 전국적인 관광명소로 등장하게 된 것은 드라마 '모래시계'가 방영된 후에 일어난 급격한 변화였다.

정동진 해맞이

강릉광산에서 채굴된 석탄을 나르기 위해 1962년에 개설된 정동진역은 1980년 석탄산업 합리화 정책으로 사람들은 떠나가고 바닷가의 한적한 간이역으로 전락했다. 정동진역이 사람들의 관심을 받게 된 것은 1994년 방영된 TV 드라마 '모래시계'가 기폭제가 되었다. 격동의 시대인 1980년대를 배경으로 펼쳐진 세 젊은이의 사랑과 우정 그리고 죽음을 이야기한 작품이다. 드라마 촬영지 중 하나인 정동진에 대해 사람들이 호기심을 갖게 되면서 잊혀진 간이역에서 전국 최고의 유명 기차역이 되었다.

　　정동진역 앞 백사장에 서 있는 한 그루 소나무는 드라마 여주인공 혜린이 몸을 숨기다 경찰에 체포되었는데 그 이후 이 소나무는 '모래시계 소나무'란 이름을 얻게 되었다. 나도 젊은 날 이 간이역을 배경으로 글을 쓴 적이 있는데 그 당시의 실제적인 모습인 황량하고 적막한 역사 주변의 풍경을 서사敍事한 적이 있다. 역사에 내리는 사람도 고작 몇 사람에 불과한 초라한 간이역이었다. 그러나 지금은 세계에서 바다와 가장 가까운 역으로 기네스북에 오르는 행운도 갖게 되었다. 드라마의 힘이 관광산업에 미치는 영향을 극적으로 볼 수 있는 지역이 바로 정동진이다.

세계에서 가장 큰 모래시계

　　1999년 삼성전자가 정동진 모래시계공원에 새로운 천 년을 기념하기 위해 세계에서 가장 큰 모래시계를 만들었는데 기네스북에 올랐다. 지름 8.06m, 폭 3.2m, 무게 40톤, 모래무게 8톤인 세계 최대의 모래시계다. 시계 안에 있는 모래가 모두 아래로 떨어지는 시간은 정확히 1년이 걸리고 매년 1월 1일 0시에 반 바퀴를 돌려 모래시계를 위아래로 바꾸어 놓으면 새로운 한 해가 시작된다.

정동진 모래시계공원에서 가장 볼 만한 풍경은 소나무숲과 철길과 끝없이 펼쳐진 백사장에서 바라보는 장엄한 일출이다. 태양은 매일 떠오른다. 그러나 어떤 생각과 마음으로 보느냐에 따라 태양은 늘 새로운 모습으로 태어난다.

정동진 타임 뮤지엄은 180m 길이의 증기기관차의 객실에 박물관을 조성하였다. 정동진 시간박물관과 정동진 레일바이크는 같은 곳에서 매표를 할 수 있다. 기차 안으로 들어서면 기념품 가게가 나타나고 커피점이 있어 객실에서 유유히 커피 한 잔을 나눌 수 있다. 박물관은 각 칸별로 주제를 정해 시간의 탄생부터 시대별로 직원이 친절하게 안내해 준다. 해시계와 물시계, 연료시계, 모래시계, 분동시계, 추시계, 전자시계 등 인간이 시간을 알기 위해 만들었던 도구들과 기술을 연대기적으로 보여주고 있다. 또한 각 시대별로 사용되었

정동진 모래시계

던 다양한 시계의 모양과 발전상을 연속적으로 보여준다. 다감한 목소리의 친절한 안내로 흥미로운 시간여행을 다녀온 기분이다.

산 위에 떠 있는 호텔 썬크루즈

모래시계공원에서 남쪽을 보면 해안 언덕 위에 배가 떠 있다. 배가 산으로 간다는 부정적인 시각을 오히려 역발상으로 활용하여 산 위에 배 모양의 건물을 배치하였다. 호텔이 위치한 산은 수백만 년 전에는 바다였던 곳이 솟아올라 형성된 해안단구다. 원래 바다였던 사실에 착안하여 배모양의 호텔을 지은 것이다.

사진을 찍을 해안 암벽 앞쪽에 요트장과 바다 위에 조성된 커피숍이 조화를 이루고 있다. 해안선으로 이어지는 백사장과 굽이치는 파도, 정동진역을 둘러싼 주변의 소나무숲이 어울려 한 폭의 그림 같은 풍광이다.

정동진 타임 뮤지엄

동해의 물길 따라

정동진 썬크루즈호텔

　정문에 들어서면 12명의 아름다운 조각상이 여신처럼 우아한 표정으로 방문객을 맞이한다. 마치 로마의 거룩한 '성 천사의 다리' 위에 1600년 교황 클레멘트 9세의 뜻에 따라 베르니니의 데생을 그의 제자들이 조각한 10개의 천사상들을 연상시킨다. 일출을 바라보는 거대한 손과 주변에 잔디광장이 있는 해돋이광장과 장승공원, 다양한 조각상들이 진열된 조각공원을 감상할 수 있다.

　썬크루즈호텔은 길이 165m, 높이 45m의 3만 톤급 호화 유람선이다. 건축 당시 임시 조선소를 차려놓고 배를 만드는 공정으로 건축한 세계 최초의 육상 크루즈선이다. 360도 회전하는 호텔전망대에서 바라보는 주변 경관은 다른 지역에서 볼 수 있는 것과는 차원이 다르다. 또한 해안단구를 깎아내고 수직으로 된 새로운 개념의 호텔을 조성하여 차별화된 전략을 시도하고 있다. 웅장한 백두대간 능선의 파노라마가 해안선을 향해 흘러내리는 모습은 자연의 위대한 숨결과 경이로움을 느끼게 한다.

썬크루즈호텔 비너스의 후예들

별빛을 담은 썬크루즈

30

해안단구 바닷길
정동심곡 바다부채길

강릉 정동진 해안단구는 정동진에서 심곡리와 옥계면 금진리 구간의 해안 절벽이다. 길이는 약 4km, 넓이 약 1km, 높이 75-85m이다. 이 해안단구는 신생대 3기 말에서 제4기 초에 지반의 융기작용에 따라 해수면이 80m 정도 후퇴하면서 바다 밑에 퇴적된 해저지형이 현재와 같은 해안으로 변한 것이다.

바다부채길은 정동진 썬크루즈 주차장 입구에서 심곡항까지 연결하는 2.86km의 코스다. 높은 곳에서 내려가는 형태로 걷고 싶으면 정동진에서 출발하고 낮은 곳에서 위로 올라가는 좀 더 힘든 코스를 선택하려면 심곡항에서 출발하면 좋다.

정동심곡 바다부채길

해안경계초소가 있어 군사통제 지역으로 수십 년간 민간인 출입이 금지된 지역이었으나 2018년 6월부터 관광탐방로로 개방되었다. 정동 쪽이라는 명칭과 깊은 골짜기라는 심곡을 합하여 정동심곡 바다부채길로 불린다. 심곡항에는 바다를 향한 전망대가 설치되어 있어 주변을 감상하거나 해안절경을 배경으로 사진을 찍을 수 있는 포토존이 있다. 해안은 들쭉날쭉한 수직에 가까운 기암괴석으로 이루어져 맑고 푸른 파도가 밀려와 부딪치고 부서지는 장면은 장엄함을 느끼게 한다.

가파른 절벽을 감싸며 설치된 굴곡이 심한 탐방로를 걷다 보면 파도와 바람에 온몸을 목욕하는 기분이 든다. 가끔 마주치는 경계초소와 해안 철조망을 따라 걷노라면 사람의 발길이 미치지 않았던 해변의 원초적인 모습을 맛보게 된다. 탐방로는 자연훼손을 막기 위해 목재와 철골로 만든 굴곡이 심한 2.86km의 구간이다. 한번 들어가면 중간에 나갈 출구가 없고 성수기엔 2시간 이상 걸어야 한다. 전 구간을 걷기 어려울 경우는 심곡항 매표소에서 출발하여 일정거리를 둘러보고 돌아 나오는 것이 좋다. 바다부채길은 강릉이 만든 가장 창의적인 관광상품 가운데 하나이다.

바다부채길과 해안전경

31

사랑의 해변
헌화로 獻花路

　　우리나라에서 바다와 가장 가까운 도로인 헌화로
는 심곡항에서 금진항에 이르는 2.4km의 해안로다. 해안단구의
깊은 골짜기에 자리한 심곡항엔 작은 고깃배들이 빼곡히 정박해 있
다. 심곡항에서 북쪽으론 정동심곡 부채바위길이 펼쳐지고 남쪽해
안 도로는 헌화로가 이어진다. 도로가 없었을 때 심곡사람들은 다른
지역과 교류가 거의 없었다. 눈이 내리면 외부와 몇 달씩 두절되었
던 심곡 지역이 어느새 강릉관광의 중심지로 변해가고 있다.

사랑의 헌화로

해안선에 연해 있는 도로를 따라가면 기암절벽의 암석들이 장성처럼 장막을 치고 파도는 발끝까지 덮을 듯 넘실댄다. 차로 드라이브하기엔 너무 아쉬운 거리다. 가끔씩 멈추고 카메라 셔터를 누르거나 해변 바위에 올라 망망한 바다를 보면서 심호흡을 해보면 바다와 내가 둘이 아니라 한몸이 된 것 같은 느낌이 든다. 발걸음을 옮기며 길모퉁이를 돌 때마다 느끼는 형형색색의 다채로운 풍광에 쌓였던 피로와 스트레스가 수평선으로 사라진다. 2차선 도로 옆 암벽들이 해변에 점점이 흩어져 누워 있다. 맑고 투명한 바다가 속살마저 다 보여주고 있다. 파도가 한가로이 밀려왔다 돌아가는 잔물결과 암벽산의 장쾌한 기상을 바라보며 함께 길을 걸으면 사랑의 길로 들어서는 관문이 펼쳐진다.

사랑하는 연인이 있다면 이곳에 와서 고백을 하라. 그러면 사랑이 이루어질 것이다. 부부 간에 어려운 점이 있다면 두 손을 맞잡고 걸으면서 사랑과 고민을 함께 나누어라. 그러면 그대의 고민이나 갈등이 해결될 것이다.

헌화로는 『삼국유사』 「수로부인水路婦人 조」에 수록된 〈헌화가獻花歌〉에서 유래됐다. 신라 33대 성덕왕 때 순정공純貞公이 강릉태수가 되어 아내인 수로부인과 임지로 부임해 가던 중 병풍처럼 에워싸인 깎아지른 듯한 벼랑 끝에 활짝 핀 철쭉꽃을 보자 수로부인은 "저 꽃을 꺾어 바칠 사람이 없느냐"고 꽃을 요청했다. 이때 소를 끌고 가던 한 노인老翁이 수로부인의 말을 듣고 꽃을 꺾어 와서 노래와 함께 바쳤던 것이 헌화가다.

자줏빛 바위 가에
잡고 있는 암소 놓게 하시고
나를 아니 부끄러워하시면
꽃을 꺾어 바치오리다.

이틀 후 임해정臨海亭에 도착해서 점심을 먹고 있는데 바다에서 용이 나타나 수로부인을 납치해 갔다. 순정공이 어찌할 바를 모르던 중 한 노인이 말하되 "옛말에 뭇사람들의 말은 쇠도 녹인다 했으니, 바다의 용이라 한들 어찌 두려워하지 않겠습니까. 경내 백성들을 모아 막대기로 땅을 치며 노래를 부르면 나타날 것입니다"라고 일러주었다. 노인이 일러준 대로 했더니 용이 부인을 받들고 나타났다. 그 노래가 해가海歌다.

거북아 거북아 수로부인을 내놓아라
남의 아내 빼앗아 간 죄 얼마나 큰가
네가 만약 거역하여 내놓지 않으면
그물로 잡아서 구워 먹으리라.

수로부인은 빼어난 미모 때문에 임지로 부임하던 중 번번이 신물神物들에게 납치를 당했다. 헌화가는 꽃을 갖고 싶어 하는 아름다운 여인에게 꽃을 꺾어 바치는 사랑의 노래다. 평범한 노인과 아름다운 여인 사이의 신분과 연령의 차이를 초월한 사랑 이야기다.

헌화로는 사랑을 나누고 고백하는 사랑의 길이며 사랑을 속삭이는 길이다. 아름다운 꽃을 사랑하는 사람에게 한아름 안겨주는 대한민국 최고의 사랑과 낭만의 거리이다.

32 아기장사 전설이 어린
금진항

금진항은 헌화로가 끝나는 강릉 최남단 항구로서 남쪽으로 5분 정도 거리에 옥계해변 백사장이 넓게 펼쳐져 있다. 강 건너엔 한라시멘트 선착장이 들어서 있다. 방파제를 따라 천천히 걸으며 바다를 바라보면 끝없는 수평선과 남쪽으로 이어지는 해안선이 아스라이 시야에 들어선다.

짙푸른 바닷물이 부딪치는 방파제가 길게 늘어서 있고 항구에 들어선 낡은 어선들이 한가로이 졸고 있다. 부둣가엔 낮게 자리 잡은

금진항 전경

동해의 물길 따라

선창가 이층집들과 횟집과 금진어촌계 위판장이 머리를 맞대고 포구마을을 감싸안고 있다. 주말이면 낚시하러 온 관광객들이 낳이 찾고 있다. 특히 가자미가 풍부해 주말엔 배를 임대해 가자미 낚시를 즐기려는 낚시꾼들이 많이 방문한다. 유람선도 운항하고 있다. 60여 가구의 주민이 어업에 종사하고 있으며 매년 3월 3일과 9월 9일에는 풍어제를 즐긴다. 대부분 유자망과 정치망 어업을 하며 광어와 문어, 전복 등을 많이 잡는다.

방파제 끝 등대에서 산 언덕을 바라보면 항구 뒤편으로 깊게 들어간 계곡이 나타난다. 계곡 언덕을 따라 산 능선이 가파르게 이어져 높은 산정을 형성하는데 이곳이 바로 아기장사 전설이 서려 있는 말탄봉 산봉우리다.

초인적인 힘을 지닌 아기가 태어나지만 사회적 신분상승을 용인하지 않는 폐쇄적인 사회구조 속에 아기장사는 그 존재 자체로 가족에게 근심과 불안을 준다. 끝내 승화하지 못하고 가족들의 손에 죽임을 당한다는 슬픈 전설이다. 평민 태생인 아기장사의 비범한 능

말탄봉 산봉우리

력은 곧 역적이 된다는 사고의 단순성이 영웅의 출현을 저지한 것이다. 아기장사로 인해 역적의 가문으로 몰릴까 두려워 겨드랑이에 난 아기장사의 날개는 한번 펴보지도 못한 채 가족들에 의해 죽임을 당한다. 아기장사를 태우고 떠날 명마는 혼자 슬피 울다가 되돌아갔다는 이야기다. 전국에 아기장사에 얽힌 지명과 이야기는 수백 가지가 된다. 서민으로서 뛰어넘을 수 없는 사회적 관념의 틀과 하층민들이 지닌 의식의 한계를 드러낸 이야기다.

아기장사의 전설이 서린 말탄봉 봉우리를 중심으로 골짜기 전체를 승마코스로 개발하면 어떨까 생각해 보았다. GDP가 3만 달러에 이르면 승마가 대중화되는 단계다. 골프가 처음엔 사치성 스포츠였지만 지금은 대중화되었듯이 승마가 대중화 단계로 접어들 수 있는 시점이다. 골짜기 전체를 승마코스로 개발하고 말을 사육하고 조련할 수 있는 구역으로 특화한다면 강릉관광의 새로운 경쟁력을 키울 수 있다. 산에 임도林道를 개발하고 산악지대를 또 다른 하나의 승마타운으로 건설한다면 상당한 경쟁력을 갖출 수 있다. 특히 산 능선을 타고 탁 트인 바다와 주변 경관을 음미하며 말을 탄다면 동해의 절경을 조망하는 관광과 승마의 시너지효과는 매우 클 것이다. 제주도에서 일정한 트랙을 도는 승마관광과는 본질적으로 차별화될 수 있다.

중국 운남성 나시족의 고향 려강麗江에서 버스로 1시간쯤 달려 해발 4,000m에 펼쳐진 16.6km²의 소사육장을 방문하였다. 3,000m 이상 고원에서 사는 장족藏族 마을이다. 모우평 정상에서 입구까지 30분쯤 걸어 내려와 말을 빌려 타고 왕복 1시간가량 산악 트레킹을 한 적이 있다. 말 주인의 안내로 가파른 산 언덕길을 올랐다. 5,596m의 거대한 설산과 나무숲, 야생화들을 감상하며 오르는데 산악의 카우 보이가 된 것 같았다. 하산할 때는 말의 움직임에 율동을 맞추며 재미있게 내려왔던 기억이 새롭다. 말을 타고 산악지대를 오르는 과정이 매우 인상적이었다. 승마 안내인과 함께 오르는 과정은 제주도에서 승마장 트랙을 도는 것과는 차원이 다른 관광이었다. 산악승마 시 말을 이끌어주는 안내인이 있어 일자리 창출과 관광이 동시에 이루어지는 승마관광이었다.

가장 인상 깊은 또 하나의 승마체험은 카자흐스탄 알마티 근교에 있는 주말농장을 방문했을 때였다. 날씬한 백마 한 필을 빌려 타고 1시간 동안 마을 주변의 산언덕과 초원을 발 가는 대로 달려보았다. 이전의 관광지에서 조금씩 맛보았던 말타기와는 전혀 색다른 기분이었다. 산 능선이나 골짜기를 따라 말을 타면서 관광할 수 있는 말탄봉 아기장사 말둘레길을 만들어보는 것도 생각해 볼 일이다.

금진항 뒤편 산의 언덕에 건설된 TOP TEN호텔은 주변 관광을 더욱 풍요롭게 만들고 있다. 바다가 바라보이는 1층 레스토랑은 생각보다 많은 사람들이 찾고 있다. 주변 경관과 조경이 잘 어울려 시내

금진항 TOP TEN호텔

에 서 상당히 먼 거리임에도 불구하고 예상보다 사람이 많았다.

15층 라운지의 넓은 홀과 커피숍에서 나와 확 트인 사각형 전망대에서 바라보는 경치는 일품이다. 금진항과 주변 바다의 속살을 거울처럼 들여다볼 수 있다. 투명하고 푸른 바다가 잔잔하게 그림처럼 고요히 누워 있는 장면을 보면 절로 경탄이 나온다.

앞으로 금진항에서 옥계백사장으로 이어지는 해변은 윈드서핑이나 스쿠버다이빙 같은 해양스포츠를 개발하여 새로운 관광자원으로 확대하면 좋을 것 같다. 특히 옥계해변의 백사장과 송림숲은 해양스포츠 교육장으로 활용해도 충분하다. 또한 강릉시는 금천온천휴양지구 일대를 개발하기 위해 영풍문고와 투자협약양해각서를 체결하고 2025년까지 2조 원을 들여 260만㎡ 규모의 자연친화형 리조트와 부대시설을 조성할 예정이어서 일자리 창출과 지역경제 활성화에 큰 도움이 예상된다. TOP TEN호텔과 금천온천휴양지구에서 개발하는 온천으로 승마를 마치고 온천욕을 즐길 수 있고 해양스포츠를 즐기는 관광객들이 쉬어 갈 수 있는 스포츠관광문화를 확대 개발할 수 있는 거점으로 활용할 수 있다.

33 여름 피서지의 명소
연곡해변 솔향캠핑장

여름철이면 동해안 일대는 피서객들로 붐빈다. 백사장과 맞닿은 연꽃해변 캠핑장은 가족들이나 친구와 연인들이 호젓하게 한 여름의 피서를 즐기기에 안성맞춤인 손꼽히는 해변이다. 북쪽으로 다리 하나 건너면 영진해변의 식당과 횟집, 카페촌들이 불야성을 이룬다.

연곡해변은 주문진 항구와는 4km 떨어져 있다. 경포해변과는 다소 먼 거리에 있어 조용한 휴가를 즐기고 싶은 피서객들에게는 안성

연곡 솔향캠핑장 입구

맞춤인 곳이다. 백사장과 연이은 송림에는 새소리와 파도소리, 바람소리가 가득하다.

　백사장으로 이어지는 도로 좌우로 텐트를 칠 수 있는 데스크가 설치되어 있고 전기시설도 있다. 곳곳마다 수도와 화장실, 샤워시설 등 편의시설이 잘 갖추어져 있다. 지인들과 잠시 한담하다 떠날 수 있는 돗자리 지역도 마련되어 있다. 책 읽는 벤치도 설치되어 있어 독서와 낭만을 즐길 수 있다. 컨테이너 하우스와 카라반이 나란히 들어서 있어 이색적인 풍경까지 느끼게 한다.

　밤새워 지인들과 한잔의 술잔에 낭만을 싣고 세상 이야기를 쏟아 내다 보면 붉은 해가 떠올라 수평선을 물들이는 그곳이 바로 연곡 솔향캠핑장의 매력이다.

연곡 솔향캠핑장 해변

<u>34</u> 팔팔한 활어를
만날 수 있는 주문진항

    주문진항은 예부터 풍부한 어류가 생산되던 항구다. 강릉에서 북쪽 해변도로를 따라가다 보면 연곡과 영진해변을 거쳐 주문진항에 이르게 된다. 주문진항에 도착하기 직전에 드라마 '도깨비'를 촬영하던 방파제가 나타난다. 주말이면 관광객들이 방파제 앞에 줄을 서서 촬영순서를 기다리는 것이 이제는 낯익은 풍경이다. 드라마 한 편이 아무도 관심 없이 그냥 스쳐 지나가는 바닷가의

드라마 '도깨비' 촬영지와 주문진항

주문진 어시장 풍경

볼품없는 작은 방파제를 새로운 관광코스로 만들고 있다. 이곳에서 바라보는 주문진항은 단아하고 조용하며 바다에서 삶을 꾸려가는 어부들의 수호신처럼 넉넉한 품격이다.

대관령터널이 뚫리고 영동고속도로가 개통되면서 가장 수혜를 받은 지역이 주문진항이다. 대관령 방면의 성산이나 연곡의 소금강 지역을 경유하던 차량들이 고속도로를 따라 주문진을 경유하는 코스로 바뀜에 따라 관광객들이 즐겨 찾는 길목이 되었다. 가족들이나 단체관광객들이 들러 회를 먹거나 싱싱하고 값싼 어류를 사가는 바람에 연중 활기를 띠는 항구로 변했다.

주문진 수산시장에 들어서면 활기찬 에너지가 가득하다. 갓 잡은 싱싱한 해산물들이 시장통로 좌우로 풍성하게 진열되어 있다. 신선한 해물들이 살아 숨쉬고 비릿한 바다내음을 맛볼 수 있다. 볼거리 가득한 바다 생물들을 구경하고 싱싱한 회 한 접시 뚝딱 비우고 가는 그런 추억의 공간이 주문진 어시장통이다. 이곳에서는 바다에 나가 직접 잡은 자연산만을 판매한다. 현장의 좌판대에서 먹는 회 맛은 수족관에서 내어주는 회맛과는 차이가 많이 난다. 또 도로 가에는 건어물만 파는 상점들이 빽빽이 들어차 있어 이곳에서 잘 말린 최상품의 해산물들을 사갈 수 있다. 동해안을 여행하는 사람들이면 한번쯤 주문진 수산시장에 와서 싱싱한 회맛을 음미해 보라. 어판장과 방파제를 따라 펼쳐진 동해바다와 그 바다에 의지해 사는 어민들의 삶을 직접 느껴보는 것도 여정의 즐거움이 될 것이다.

35 천년의 학이 품은
청학동 소금강 小金剛

연곡해변에서 차를 타고 북쪽으로 달리면 소금강 매표소가 나타난다. 소금강 지역은 난립한 주변 상가들을 철거하고 경관의 보존과 안전대책의 일환으로 새로운 공원을 조성하여 한 차원 높은 관광인프라로 도약을 시도하고 있다.

학창시절부터 여러 번 이곳을 다녀갔다. 계곡으로 펼쳐지는 빼어난 전경과 넉넉한 품성이 금강산이나 설악산과는 또 다른 매력이 있

소금강계곡

다. 설악산의 장쾌한 기암괴봉 군락들이 신비감과 경외감을 안겨준다면 단아한 소금강은 편안하게 가슴에 다가오는 산골처녀 같은 계곡이다.

원래 소금강의 이름은 청학산靑鶴山이었다. 학이 날개를 펴는 형상이라 청학산이라 불렀다. 해발 1,470m인 황병산을 주봉으로 노인봉, 좌측 인매봉이 학의 날개를 펴는 듯한 형상의 산세를 이룬다.

산의 모습과 경치가 금강산의 일부를 축소시켜 놓은 것 같다고 하여 율곡 선생이 소금강이라 이름을 지었다고 전해진다. 천여 년 전통일신라의 마지막 왕자인 마의태자가 망국의 한을 품고 재기를 위해 쌓았다는 아미산성을 비롯하여 구룡연못과 구룡폭포, 무릉계, 백마봉, 옥류동, 명경대, 식당암, 만물상, 선녀탕 등이 그림같이 펼쳐지는 계곡의 경치는 금강산 못지않게 수려하고 아름답다.

오대산국립공원은 오대산지구와 소금강지구로 나뉜다. 오대산 비로봉 정상에서 동대 너머 청학산 쪽 소금강지구는 바위산으로 금강산에 견줄 만한 절경을 이룬다. 비로봉에서 평창 쪽으로 내려가는 오대산지구는 부드러운 흙산으로 월정사와 상원사를 비롯한 다양한 문화유적이 있다.

매표소에서 차 한 잔 마실 시간쯤 올라가면 맑고 투명한 연못이 나타나고 언덕 위 반도산장은 아직도 옛 모습 그대로다. 계곡을 흐르는 물소리가 온몸으로 전해진다. 3백m에 달하는 무릉계를 시작으로 계곡이 펼쳐진다. 좁은 계곡을 따라 맑고 투명한 물이 흐른다. 깊은 바위 수로인 십자소十字沼는 다른 곳에서는 보기 드문 경관이다. 수백 명이 둘러앉아 식사를 할 수 있는 식당암食堂庵과 삼선암三仙庵 부근은 깎아지른 듯한 기암절벽이 에워싼 아름다운 경관으로 많은 등산객들이 머물다 간다.

만 가지 심성心性을 가진 만물상과 선녀의 옷자락처럼 부드럽게 여울지며 흐르는 선녀탕, 대자연의 풍광과 자신을 돌아보는 명경대 등 설악산이나 금강산에서 볼 수 있는 다양한 모습들을 간직한 계곡이다. "눈감으면 한 폭포수 소리인데 눈뜨면 아홉 폭포"라는 구룡폭포의 시구를 남기고 있다. 폭포수 왼쪽 산꼭대기에는 돌계단과 산성이 있다. 산성으로 오르는 길은 더욱 가파르고 많은 노송이 숲을 이룬다. 전하는 말로는 신라 마의태자가 신라 부흥의 기치를 걸고 군사를 훈련시켰다는 금강산성(일명 아미산성)이 있다.

저마다의 개성 있는 모습과 다양한 전설, 그리고 못다 이룬 이야기가 전해지는 소금강계곡에서 흐르는 물에 발을 담그고 흘러가는 구름을 바라보며 대자연의 호연지기를 담아본다.

소금강 식당암

동해의 물길 따라

³⁶ 쉬고 또 쉬어가는
휴휴암 休休庵

　　강릉에서 주문진을 지나 인구해변에 도착하기 직
전 우측 산언덕 아래 해변가에 위치한 사찰이다. 국도변 주차장에
내려 걸어서 5분 정도면 일주문을 지나게 된다. 입구에 다양한 보살
조각상들이 있다. 묘적전법당에서 들려오는 낭낭한 독경소리가 숲
속을 감싸 안는다. 바다와 조화를 이룬 사찰의 모습이 한눈에 굽어
보인다. 계단을 내려와 순금으로 입힌 관음범종과 넓은 마당을 지나

휴휴암 전경

연화법당

면 동쪽 끝자락에 서 있는 커다란 지혜관세음보살입상을 만나게 된다. 학문이 부족한 사람에게는 모든 학문을 통달하게 하고 지혜가 부족하여 어리석은 사람에게는 위없는 지혜를 갖추게 해주신다는 지혜관세음보살이다. 손에 금빛 서책을 펼치고 수많은 중생들을 인자하게 굽어보고 있다.

묘적전은 관세음보살의 형상을 갖춘 바위가 해안절벽 가에 누워 있는 것을 발견하고 그 자리에 암자를 세웠는데 불자들 사이에서 명소로 알려져 있다. 2006년 회주 홍법스님이 바다절벽 밑에서 키가 크고 백의白衣를 입은 아름다운 관세음보살님이 바다에서 용출하시는 모습을 보고 친견하여 서원을 세우고 익산에서 나오는 화강암으로 지혜관세음보살상을 조성했다.

보살상 뒤편 바다에 연해 있는 숲가로 나가면 망망대해가 펼쳐진다. 북쪽 해안은 죽도봉과 해변마을이 펼쳐지고 군인초소와 해안가 절벽바위 앞바다에 떠 있는 연화법당이 어우러져 한 폭의 아름다운

동해의 물길 따라

산수화 같다.

세 번 치면 소원이 이루어진다는 관음범종을 치고 해안 아래로 내려가면 커피숍과 찻집, 음료수, 음식점들이 나타난다. 바다로 이어진 연화법당 쪽으로 발길을 돌리면 엄청나게 많은 고기떼가 모여들어 마치 물속에 잠긴 바위로 착각할 정도다. 고기밥을 나누어주면 새까맣게 모여든 황어떼들이 물보다 더 많은 진풍경을 맛보게 한다. 100여 평에 달하는 넓은 바위가 바다를 짓쳐 나가듯 파도를 감싸고 주변의 크고 작은 바위들로 에워싸여 오묘한 정취를 한껏 북돋우고 있다. 수중 바위에 안치한 연화법당 앞에 서면 파도 속에 떠 있는 기분이다. 동해의 푸른 물결과 바닷바람이 밀려오고 온몸이 바다와 하나 된다. 연화법당 200m 앞 왼쪽 해변에는 해수관음상이 감로수 병을 들고 연꽃 위에 누워 있는 형상을 하고 있다. 바닷가 거북바위는 절벽 위의 관세음보살님께 절을 하는 모양새다. 저마다 이야기를 담은 다양한 바위형상들이 파도에 잠겨 있다.

미움과 어리석은 마음, 시기·질투하는 마음, 증오와 갈등하는 마음 그 마음 모두 다 내려놓고 잠시 쉬어가는 곳이다. 희로애락에 집착하는 마음과 108번뇌에 고뇌하는 모든 마음들을 다 비우고 푸른 동해바다를 가슴에 담아가라는 해수관세음보살님의 예지가 깃든 곳이다.

2부 설악산의 경관과 인문문화

37 신이 점지한 땅
신흥사 神興寺

　　매표소를 지나 소공원으로 들어서면 넓은 광장에 커다란 반달곰 동상이 여행객을 맞이한다. 쌍천雙川이 흐르는 비룡교 위에 떠 있는 케이블카는 설악산의 기암괴봉과 묘한 조화를 이루어 이색적인 느낌을 준다. 수복지구인 설악산은 60년대에는 소공원 자리에 몇 채의 여관이 있었다. 봄과 가을 성수기 한때를 빼면 손님이 끊어지고 겨울철에는 등산객 몇 명이 찾아드는 인적이 끊긴 촌락이었다. 한국산악회가 설악산을 최초로 답사했던 때가 1955년이며 55-56년에 천불동과 죽음의 계곡 등정이 처음 이루어졌던 만큼 설악산은 그동안 금강산의 명성에 가려 자신의 진면목을 제대로 인정받지 못했던 시절이었다. 투숙객들과 주민들은 밤이 되면 계곡으로 나와 모닥불을 피워놓고 노래와 이야기의 꽃을 피우며 밤을 지새우던 추억들이 초기 개척시대 설악의 모습이었다.

　　설악산은 그 아름다운 모습만큼이나 많은 사연과 전설을 간직하고 있다. 설악의 아름다운 경치를 바라보며 죽음을 택한 많은 청춘남녀들의 애환이 서린 골짜기와 이곳에서 뿌리를 내리고 사는 부부들의 가슴 뭉클한 사연들이 만들어낸 설악동은 80년대 초반기에 집단시설지구로 형성되었다. 그러나 지금은 변화의 물결에 대응하지

신흥사 청동좌불상

못하고 쇄락하고 정체되었다.

　신흥사 일주문^{一柱門}에 이르렀다. 일주문은 그 절로 들어가는 첫째 문이며 기둥이 한 줄로 되어 있는 데서 유래된 말이다. 또 한마음^{一心}을 뜻한다. 항상 한마음을 가지고 그 마음을 드러내면서 수도하고 교화하라는 뜻이다.

　설악산 매표소와 공원을 지나 세심교 입구에 들어서면 9천9백m²의 부지면적에 높이 13.25m, 좌대 높이 3.04m의 거대한 청동 좌불상을 만나게 된다. 청동대불 조성은 1987년에 착공되어 총 소요경비 36억 원을 투입하여 1997년 10월 25일에 점안대법회를 봉행하였다. 8천만 겨레의 통일 의지와 21세기 민족의 번영을 염원하는 자비의 눈길로 지나가는 여행객들을 맞이하고 있다.

일주문을 지나 차 한 잔 마실 시간을 걸으면 천왕문天王門의 사천왕상을 마주하게 된다. 사천왕은 천상계 사천왕천의 동서남북 네 곳을 관장한다고 믿는 고대 인도의 신화적인 존재다. 그들은 수미산須彌山 기슭을 지키며 그곳 중생들이 가르침에 따라 올바르게 살고 있는지를 살피고 그들을 바른 길로 인도하는 천왕들이다. 이런 신앙은 리그베다(Rigveda) 등 인도의 옛 문헌에도 나타난 것으로 보아 불교 이전부터 있었던 것임을 알 수 있다. 천왕이 불교에 채택되면서 부처님의 교화를 받고 불법을 수호하는 호법천왕護法天王의 역할을 맡게 되었다. 얼핏 보기에는 굉장히 무섭고 위협적으로 보이지만 자세히 살펴보면 위엄 속에서도 따뜻한 해학이 스며 있다.

오른쪽에 동방의 지국천왕持國天王이 번득이는 긴 칼을 잡고 금방이라도 찌를 것 같은 자세를 하고 서 있다. 그 옆엔 북방을 관장하는 다문천왕多聞天王이 왼손으로 목이 가는 비파를 잡고 오른손으로 줄을 퉁기며 온화하고 부드러운 분위기를 풍기고 있다. 네모진 칸막이 밑으로 사천왕의 우람하고 힘찬 발밑에 깔린 아귀의 고통스런 모습이 빼꼼히 얼굴을 내밀고 있다.

왼편엔 남방을 관장하는 증장천왕增長天王이 오른손으로 용의 허리를 휘어잡고 왼손으로 여의주를 빼어서 치켜들고 있다. 그 옆엔 서방을 관장하는 광목천왕廣目天王이 불탑을 오른손에 받쳐들고 왼손 끝에 세 가닥의 긴 창을 잡고 있다. 사찰의 경내로 들어서면 스님들이 강독講讀하던 보제루가 나타난다.

동해의 물길 따라

객승客僧

함영덕

별을 헤는 밤이면
창가에 내려앉는 안개이슬
연꽃 한 잎 달빛에 띄워 보내면
바람만 가득한 손

수미산 뚫는 사념思念의 이마
비워도 비워도
가슴 밖으로 흐르는 한숨소리

타오르는 촛불
찻잔 속에 잠들면
세월 묻혀 내는 차향기
가사장삼 자락에 눈을 뜬다.

길 밖의 길이 걸어나오는
빈 뜰엔
머물 곳 없는 마음

처마 끝 담 너머에 떠돌던 구름
나그네의 바랑과 바루를
살며시 쓰다듬는다.

tip

신흥사의 유래

신흥사는 신라 진덕여왕 6년(652)에 자장율사가 처음 창건하여 절 이름을 향성사라 불렀다. 향성사는 중향성불국토衆香城佛國土란 뜻을 따서 붙였다. 그 후 중국 종남산 지상사至相寺에서 돌아온 의상대사가 왕명을 받아 전국 명산에 사찰을 건립하게 되었다. 낙산보강굴에 이르러 7일 기도만에 관음보살의 현신을 동해에서 보았다. 그 뒤 동해 용왕이 바치는 용궁 보물인 수정염주를 갖고 와서 석탑에 모시고 설악을 향해 올 때 노인이 나타나는 것을 보고 길을 물었더니 설악을 가리키고 홀연히 사라졌다. 선인의 가르침으로 깨닫고 계속 전진하여 속초시 도문동으로 방향을 찾았는데, 우연히 노루가 나타나 길을 안내해 신흥사 북쪽으로 1.5km 지점인 현재 내원암 자리에 다시 절을 짓고 선정사禪定寺라고 하였다. 이 암자에 동산과 지각, 범정 등 세 조사와 의상, 원효 두 대사가 만나 선정을 같이 했다고 하여 선정사가 되었다.

천년 가까운 세월을 번창하여 내려오던 선정사는 조선 중기 1644년(인조 22)에 또다시 화재로 소실되어 폐허가 되었다. 구도정진을 하던 900여 선승들은 천년고찰이 하루아침에 허무하게 폐허가 된 것을 가슴 아프게 여겼지만 머무를 곳이 없어 결국 다른 절로 떠났다. 하지만 운서·연옥·혜원 세 승려만은 유서 깊은 절이 폐허가 된 것을 가슴 아프게 여겨 재건을 논하던 중, 하루는 세 승려가 똑같은 꿈을 꾸었는데, 꿈에 향성사 옛터 뒤의 소림암으로부터 백발을 한 신인神人이 나타나 현재의 신흥사 터를 점지하며 이곳에 절을 지으면 수만 년이 가도 삼재三災가 범하지 못할 것이라 말하고 사라졌다. 세 스님이 똑같은 꿈을 꾸었기에 용기를 얻고 그 다음날 아침부터 절을 중건하고 신의 계시로 창건하였다고 하여 신흥사라 부르게 되었다. 불상은 선정사 때 봉안된 것으로 의상이 직접 조성한 3불상의 하나이다. 당시 지은 법당·대웅전·명부전·보제루·칠성각 등의 건물이 현존한다. 그 후 1912년 건봉사의 말사末寺였으나 1971년 대한불교 조계종 제3교구 본사로 종무를 관장하는 본사로 승격되었다.

(좌)다문천왕, (우)지국천왕

  스님들이 설법이나 강독을 할 때 사용되는 보제루普濟樓 누각 밑을 지나 계단을 올라서면 석등石燈 너머로 극락보전極樂寶殿이 나타난다. 왼쪽엔 스님들이 공양(식사)하시는 운하당이, 오른쪽엔 학인學人들의 강당으로 사용되는 적묵당寂默堂이 있다. 석등을 지나 석조계단을 올라 극락보존에 이르면 아름답고 정교한 꽃살무늬 장식의 문양이 눈에 띈다. 부처님 전에 꽃을 공양하기 위해 생화生花보다 오래가는 장구한 꽃살무늬 장식을 문짝에 새겨 놓았다.

  극락보전에 들어가면 한가운데 아미타여래가, 오른쪽엔 대세지보살이, 왼편엔 관세음보살이 놓여 있다. 극락보전이나 무량수전 내에 모셔지는 부처님은 아미타여래 혹은 아미타불이라 한다. 우리나라 불교는 조계종이 대부분을 차지하며 그중 선종이 주맥을 이루면서 진원종과 정토종, 화엄종 등이 융합되어 있다. 극락보전에 아미타여래를 모시는 것은 정토종인데 이런 것이 조계종에 융합되어 통불교統佛敎라 일컫는다.

  아미타여래는 번뇌와 망상이 낀 현실세계가 아닌 피안의 세계, 즉 서방정토를 관장하는 부처님 이름이다. 삼배를 올리고 잠시 생각에 잠겨본다. 수천 년의 세월을 굽이 돌아 그리도 갈구하고 구도하던 서방정토는 어디일까? 마음의 때를 벗고 한 마음을 돌려 바라보면 주관과 객관이 무너지고 보는 자와 보여지는 자가 합일合一될 때 그곳이 서방정토이고 극락세계가 아닐까. 간간이 바람에 흔들리는 풍경소리와 새소리, 맑은 계곡물 소리가 어우러지는 이곳 설악산 기슭이 바로 극락이고 피안의 세계는 아닐까.

일체유심조一切唯心造라 모든 것은 마음에서 비롯되고 마음먹기에 달렸는데 그 어디에서 서방정토를 찾을 수 있을까. 마음 한자리 다스리지 못하고 비우지 못해 이승에서 수없는 질시와 반목과 투쟁을 반복하며 끊임없는 업보를 쌓고 있는 중생들을 연민으로 지켜보시는 저 자비롭고 인자한 아미타여래의 모습이 어머니의 품안 같다.

종각으로 발길을 돌렸다. 절에서 예불할 때나 의식을 행할 때 소리를 내는 기구들로 범종과 법고, 운판, 목어 등이 있는데 그중에서도 범종은 그 모양새나 소리에서 다른 것들을 크게 압도한다. 범梵이란 바로 우주만물이며, 진리이고 맑고 깨끗함이며 한없이 넓고 크고 좋다는 뜻이다. 그런 소리를 내는 것이 범종이다. 새벽의 여명을 가르며 울려 퍼지는 서른세 번의 범종소리는 '온 법계法界에 이 종소리 퍼져 삼도三道의 괴로움에서 벗어나 모두를 깨닫게 하소서' 하는 간절한 중생제도의 서원誓願이 서려 있다.

중일아함경에 의하면 아난존자가 어느 날 부처님의 지시에 의해 많은 제자들을 모아 놓고 건치犍椎(종의 원조)를 쳤는데 이 소리를 들은 모든 제자가 번뇌를 끊고 생사의 바다를 건넜다. 속세에 사는 우리네는 언제쯤 번뇌와 망상의 세계를 끊고 생사의 바다를 건널수 있을까.

동해의 물길 따라

발길을 돌려 명부전冥府殿으로 갔다. 명부전은 극락보전의 오른쪽 바로 옆에 있다. 죽은 사람의 위패를 안치한 곳으로 주불은 지장보살이다. 지장보살은 지옥에서 고통받는 중생들을 남김없이 구제하겠다는 서원誓願을 한 보살이다. 왼손에 든 쇠지팡이로는 지옥의 문을 두드려 열고 오른손 손바닥의 밝은 구슬로는 어두운 세상을 광명으로 비춘다고 한다. 대자대비의 보살은 염라대왕의 업경대業鏡臺 앞에서 심판받으러 온 중생들을 위해 변호를 해준다. 지옥의 중생을 모두 구제하기 전에는 자신도 지옥문을 나서지 않겠다는 지극한 원願을 세운 보살이 대원본존지장보살大願本尊地藏菩薩이다.

명부전 바로 뒤에 삼성각이 있는데 고종 29년(1892)에 중건했다. 이 각 안에는 산신인 산왕대신山王大神과 북극성을 여래로 표현한 치성광여래불熾盛光如來佛과 나반존자那畔尊者를 모시고 있다. 불교가 외래 종교로써 우리나라의 전통적 종교인 삼신사상을 포용하면서 포교를 하였기에 절마다 삼성각을 설치했다.

신흥사를 찾는 대부분의 방문객들이 빠뜨리고 지나가는 것 중에 하나가 향성사지 3층 석탑이다. 이 탑은 뉴설악관광호텔 앞 길가에 외로이 서 있다. 보물 제433호로 지정된 통일신라시대의 전형적인 석탑石塔으로, 지금은 3층뿐이나 창건 당시 9층 석탑이었다. 이 탑은 향성사 건립 당시인 서기 652년에 조성되었다. 신흥사는 중생구제와 호국참회 도량으로서 천년 숨결의 맥을 이으며 남북통일을 염원하는 불법의 성지이다.

38 외^外 설악의 주역 울산바위

신흥사-흔들바위-울산바위

신흥사 돌담을 돌아 얕은 계곡물을 따라 동북방
으로 오백미터쯤 올라가면 안양암^{安養庵}이란 조그만 암자가 나타난
다. 안양암에서 계곡을 따라 올라가면 내원암^{內院庵}이란 암자가 있
다. 계곡으로부터 불어오는 시원한 바람소리가 숲속에 가득하다.
내원암에서 차 한 잔 마실 시간쯤을 더 올라가면 장쾌하고 우람하
게 솟은 해발 650m의 울산바위가 햇볕에 그 위용을 드러내고 있다.
계조암에서 들려오는 염불소리는 계곡과 숲속에 청아하게 울려 퍼
지고 있다. 계조암 앞에는 소가 누워 있는 모양을 한 넓고 평평한 바
위가 좌측에 있는데 백여 명의 승려가 모여앉아 공양하던 곳이라 하

설악산 흔들바위

동해의 물길 따라

여 일명 식당바위, 식당암이라고도 부른다. 와우암 위에 놓인 둥글게 생긴 바위를 흔들바위 혹은 와우암 위에 놓여 있어서 쇠바위, 즉 우각석牛角石이라고도 부른다.

흔들바위는 한 사람의 힘으로 움직일 수 있으나 백 사람의 힘으로도 같은 정도밖에 움직일 수 없는 신기한 바위다. 이 바위는 원래 두 개였으나 후대에 이르러 풍수지리를 공부했다는 자가 불가佛家의 영기가 많음을 심히 염려하여 한 개는 굴려 떨어뜨렸다고 한다. 우측에 우뚝 서 있는 용암 밑에서는 약수가 흘러나와 불가에서는 감로수라 하고 속인들은 불로장생수라 하여 애용한다.

계조암은 신라 진덕여왕 6년(652)에 자장율사가 건립하였다. 그 옛날 동산과 봉정, 지각 등 이름 높은 조사들이 의상과 원효, 자장의 불도佛道를 받들어 수도하였다고 해서 계조암이라 불렸다. 계조암은 다른 암자와는 달리 지붕과 모든 벽이 바위로 되어 있다. 이곳에서 수도하며 득도하여 조사라 일컬을 만한 고승들이 계속 났다 하여 계조암繼祖庵, 즉 조사가 계속 이어서 나는 암자라고 이름을 지었다. 지금은

신통제일나한석굴

계조암 석불좌상

　계조암은 이름 있는 조사들이 줄을 이을 뿐만 아니라 다른 암자에 비해 득도가 빠르다는 소문이 파다하게 퍼지게 되었다. 다른 암자에서 10년 걸려도 득도가 어려운데 이곳 계조암에서는 수년 만에 득도하는 아주 영험한 수도처가 되어버렸다. 이러한 소문이 퍼지자 전국의 수도승들이 모여들기 시작했다. 그러나 이 암자에는 한 사람만 수도할 수 있기 때문에 수도승들은 자기의 차례를 기다려야만 했다. 이러한 스님들 중에 이 암자가 다른 곳에 비해 왜 득도가 빨리 되는가를 연구하기 위해 이곳에서 수도하기를 원하는 수도승이 한 사람 있었다. 그 스님은 이 계조암이 득도가 빨리 되는 원인을 규명하여 빨리 득도를 이루고자 하는 수도승들을 위해 이와 똑같은 암자를 몇 개 더 짓겠다고 결심하였다. 차례가 왔다기에 행장을 챙겨 들어갔는데 애당초 입산 목적이 수도에 있지 아니했기에 매일 득도가 빨리 되는 내력만을 캐려고 했다. 득도할 생각은 아니하고 이 궁리 저 궁리하면서 세월을 보내고 있었다. 그러나 그에게는 아무런 변화도 일어나지 않았다. 처음부터 목적이 딴 데 있었으니 수도나 염불 같은 것은 하지 않았다. 낮이면 낮잠 자고 밤이면 밤잠으로 게으름을 피우며 세월을 보내던 어느 날 불상 앞에서 낮잠이 곤히 들었을 때였다. 잠결에 어디선가 들려오는 은은한 목탁소리에 깜짝 놀라 깨어보니 보이는 사람은 하나 없고 주위는 그저 고요할 뿐이었다. 두리번거리며 살펴보았지만 아무도 없었다. 꿈결에 들었나 보다 하고는 또다시 낮잠을 청해 잠이 막 들려는데 어렴풋이 또 어디선가 목탁소리가 들려와 잠을 잘 수가 없었다. 그러다 보니 스님도 자연히 그 목탁소리를 쫓아 밤낮으로 염불을 할 수밖에 없게 되었다. 끊임없이 염불을 하며 수도 정진하는 과정에서 자신도 모르는 사이에 수도가 높아져 득도得道의 경지에 이르게 되었다.

도道를 얻어 이제 계조암을 떠나야 할 시간이 되었다. 하지만 어째서 이곳이 다른 어느 곳보다 득도가 빠른 수도장인지 알 수가 없었다. 다만 어디서 들려오는지 알 수 없는 목탁소리 때문이라는 것을 알았지만 그 원인을 찾을 수 없었다. 그러던 어느 날 어렴풋이 잠이 들었을 때 한 노승이 나타나 "그대는 왜 목탁 속에서 살고 있으면서 목탁소리가 어디서 나는지 몰라 고민하느냐. 내일 날이 밝거든 계조암 달마봉에 올라가서 계조암을 바라보면 목탁이 보일 것이다." 하는 현몽을 하고 사라졌다. 깨어보니 꿈이었다. 다음날 시키는 대로 맞은편 달마봉에 올라가 계조암을 바라보니 계조암의 지붕인 바윗덩어리가 꼭 목탁과 같고 그 옆으로 흘러내리는 산줄기는 그대로 목탁의 방망이와 같이 되어 있음을 보게 되었다. 계조암이 바로 큰 목탁이었다. 목탁소리는 이 바위에서 났으며 목탁 속에서 수도하니 계조암에서 빨리 득도한다는 것을 알게 되었다. 그 후부터 이 바위를 목탁바위라 부르게 되었다.

암벽동굴을 개조하여 웅후한 석불石佛을 조성하고 동굴벽면엔 작은 불상들을 안치하여 성스럽고 장엄莊嚴한 분위기이다.

용암바위 밑에서 흘러나오는 시원한 감로수를 마시며 울산바위로 발길을 돌렸다. 발아래 굽어보이는 계곡과 능선 사이로 아침 햇살에 흔들리는 단풍잎이 현란하다. 숲속에서 들려오는 산새들과 매미들의 합창소리, 눈발이 흩날리는 겨울 설산의 눈꽃들, 설악은 사계절 어느 때나 매력적이고 신비에 싸인 모습이다. 암벽 틈새에 피어 있는 진달래와 철쭉꽃을 마주치면 무한한 생명력을 느끼게 된다.

울산바위의 깎아지른 듯한 바위 암벽을 굽이굽이 돌며 바라보는 설악의 준령은 마치 천군만마를 굽어보는 듯 그 장대함이 폐부를 찌르듯 통쾌하다. 까마득한 절벽 바위 틈새로 살아남은 소나무들이 등산객들을 맞이하고 있다.

설악은 설산雪山이며 겨울산인가 보다. 봄, 여름, 가을과는 전혀 다른 모습을 하고 있다. 가파른 계단을 돌아 정상에 올라서면 피로감은 눈 녹듯 사라진다. 산맥들이 연이어 뻗어내려 계곡과 능선이 동해를 향해 물결치듯 흐르고 있다. 겨울 설악의 경관을 바라보면 말문이 막히고 감탄사만 나온다. 얼어붙은 계단을 가슴 졸이며 올랐다. 영하 20도의 온도는 오히려 훈훈하고 통쾌한 희열마저 안겨준다. 정상은 유난히 바람이 세어 숨쉬기조차 힘들다. 동해가 한눈에 바라보이는 수평선엔 구름이 엷게 퍼져 있고 고깃배들이 점점이 흩어져 있다. 청초호는 꽁꽁 얼어 있다. 북쪽으론 미시령이 굽이굽이 산정으로 뻗어 있고 딱정벌레 같은 차들이 속력을 내고 있다. 서쪽으론 대청봉과 소청봉이 아득히 서 있다. 주변엔 둘레가 10리 되는 현란하고 웅장한 울산바위가 육중한 암봉을 자랑하고 있다. 울산바위는 해발 650m로 사방이 절벽으로 이루어져 발붙일 곳이 별로 없는 곳이다. 둘레가 4km이며 6개의 봉우리로 이루어졌다. 사방이 절벽이고 암벽이 험난하여 일반사람은 등반하기 어려웠으나 쇠나리를 가설하여 지금은 누구든지 쉽게 정상에 오를 수 있다.

　울산바위 이름의 유래에 대해서는 세 가지 설이 있다. 첫째는, 조물주가 금강산을 만들 때 울산 지방의 거대한 바위가 금강산을 찾아가다가 여기에 자리 잡게 되었기 때문에 울산蔚山바위라 하는 설. 둘째는, 거대한 바위가 마치 울타리처럼 생겼다 하여 울산바위라는 설이다. 다른 말로 울타리 이籬자를 써서 이산籬山이라고도 한다. 『신증동국여지승람』「양양도호부 산천조」에는 "이산籬山; 부 북쪽 63리 쌍성호(현재의 청초호) 서쪽에 있는데 태백산맥의 동쪽 가닥이다. 기이한 봉우리가 꾸불꾸불하여 마치 울타리를 친 것과 같으므로 이산이라 명명하였다. 셋째는, 울산蔚山, 즉 우는 산, 울고 있는 산이란 의미의 울산이다. 비가 내리고 천둥이 칠 때면 산 전체가 뇌성에 울리어 마치 산이 울고 하늘이 으르렁거리는 것 같다 하여 천후산(천효산)이라고까지 한다는 기록이 신흥사지에 있다. 울산바위에 구름이 허리를 감아 걸쳤을 때는 그 경치가 흡사 구름꽃송이가 피는 것 같아 외설악의 팔기 가운데 하나가 된다.

tip

울산바위 유래에 얽힌 전설

조물주가 금강산에 1만 2천 봉의 천하의 명산을 만들고자 모월 모시에 금강산 쪽으로 오면 합격한 산에 대해 각각 그 용모에 알맞은 자리를 정하여 줄 터이니 오라고 했다. 각지의 수많은 산이 모두 모여들었다. 이때 경상도 울산 땅에 둘레가 4km나 되는 웅장하기로나 준초峻峭하기로 견줄 대상이 없는 울산바위도 이 소식을 듣고 인근 산봉山峯에게 "나는 본래 암산의 왕자로 너희들과 같이 있을 처지가 아닌데 이곳에서 빛을 보지 못하고 지냈다. 이제 조물주가 금강산이라는 천하의 명산을 만든다 하니 내 있을 곳이 바로 그곳이니 곧 이곳을 떠나겠다"고 알리고 떠나왔다. 길을 떠나 울산바위는 태백산맥을 따라 부지런히 걸었으나 워낙 몸집이 육중하여 빨리 걸을 수가 없었다. 지금의 울산바위 있는 근처까지 오니 기진맥진했다. 하루를 쉬지 않을 수 없어 "이왕 쉴 바에야 경치 좋고 편안한 곳을 골라야겠다"고 선택한 자리가 바로 지금의 울산바위 터였다.

이곳에서 하루를 쉰 뒤에 다음날 금강산 어귀에 들어보니 이미 금강산은 거의 된 것같이 보였지만 '내가 있을 곳 한 자리야 있겠지' 하고 조물주를 만났다. 정중하게 절을 올리고 난 후에 "조물주께서 보시다시피 내 몸집이 유난히 육중하여 빨리 걸을 수 없어 좀 늦기는 했으나 금강산의 주역 노릇을 할 만할 터이니 주역자리 한 자리 마련하여 주십시오." 하고 요청했다. 조물주가 울산바위를 샅샅이 살피더니 "이만하면 족히 금강산의 주역 노릇을 할 만은 하나 아깝게도 시간이 늦어 앉을 자리가 없으니 산록에 가서 단역을 할 수 있도록 배려해 줄 수 있다"고 입장을 밝혔다.

"체면이 있지 내가 이 용모로 어떻게 금강산의 단역 노릇을 하겠소. 자리가 없어 주역 노릇을 못할 바에야 차라리 나는 되돌아가겠소." 하고 홧김에 그곳을 떠나 귀로에 올랐다. 동료 산봉들에게 큰소리치고 떠나왔는데 초라한 모습으로 돌아가면 조소거리밖에 될 수 없었다. 이 궁리 저 궁리 하다 보니 문득 떠오르는 것이 수려한 설악산의 산수요, 어젯밤 쉬어온 그 자리였다. '금강산만은 못할지 모르나 금강산에서 단역을 맡는 것보다는 어제 그 자리에 가서 앉으면 외설악의 주역 노릇을 할 수 있을 터이니 그 자리로 가자'고 마음을 다지고 찾아와 앉은 곳이 지금의 설악산 울산바위 자리다. 그리하여 그 이름도 울산에서 온 바위이기 때문에 울산바위로 불리게 되었다.

울산바위 전경

³⁹ 천불동을 굽어보는
천연 요새 권금성權金城

　　신흥사로 들어가는 일주문一柱門에서 서쪽을 바라보면 하늘을 찌를 듯한 해발 860m의 험준한 돌산이 웅장하게 솟아 있다. 이 부근의 돌산 일대를 권금성이라 부른다. 1969년에 설악관광(주)에서 케이블카를 설치하여, 거리 1.2km, 경사 26°의 급경사를 6분 정도의 관광코스로 연중 운행하고 있다. 케이블카를 타면 울산바위의 기이하고 웅장한 모습과 비선대, 와선대, 기암연봉들로 연이어진 천불동계곡의 절경과 토왕성폭포 등의 아름다운 설악의 모

권금성 케이블카

습을 한눈에 바라볼 수 있다.

산정에 도착하여 동해를 굽어보면 끝없이 펼쳐진 바다와 시원한 산바람이 밀려온다. 영랑호와 청초호 사이에 오밀조밀하게 들어선 속초시가지의 모습이 한눈에 들어온다. 발길을 돌려 오솔길을 따라 차 한 잔 마실 정도의 시간을 가면 확 트인 암벽 언덕과 웅장한 암봉이 방문객을 맞이한다. 권금성 전망대에서 바라보면 저 멀리 공룡능선과 1,275m봉, 나한봉과 마등령, 세존봉과 장군봉이 이어지고 북쪽으론 저항령과 황철봉이 장벽을 이루어 동해로 뻗어 있다.

산성의 자취와 부서진 와당에 스민 신라, 고려의 흔적들은 그 높은 험산에 성을 쌓았던 옛 사람들의 체취를 실감하게 만든다. 때론 외부의 침략에 사활을 건 항전의 성터로, 때론 사찰의 수호지로, 더러는 도적들의 소굴로도 사용되었다. 세월은 오고 가고 비바람 몰아치는 이 산정에 마디 굵은 어버이의 손마디와 오순도순 뛰놀던 오누이는 어떻게들 살았을까. 지금 그 터엔 사진을 촬영하는 다정한 연인들과 여행객들만 있을 뿐이다.

권금성 무학송

　염불소리 쫓아 길을 따라 내려가면 여행객들의 발길을 잡아 끄는 조그만 암자가 나타난다. 안락암, 이름 그대로 나그네의 마음을 편안하고 따뜻하게 맞이해 주는 암자다. 허리 굽혀 참배하고 돌아서 나오면 동쪽 암벽에 커다란 소나무 한 그루가 눈에 띈다. 800여 년을 살아온 이 소나무는 해발 600m의 절벽 암반 위에 뿌리를 내린 노송老松이다. 바람에 흔들리는 모습이 마치 학鶴이 춤을 추는 모습과 같다 하여 그 이름을 무학송舞鶴松이라 하는데, 소토왕성계곡과 절묘한 조화를 이루고 있어 그 고고한 자태는 신선이 그린 한 폭의 그림이다.

　소공원 남쪽에 위치한 권금성은 해발 860m의 험준한 동산東山 위에 있다. 케이블카가 있어 짧은 시간 내에 많은 관광을 할 수 있으며 노약자나 부녀자들도 관광하기에 편리하다. 권금성에 대한 유래는 여러 가지가 있으나 현재 확인할 수 있는 가장 오래된 것은 『신증동국여지승람』 권44, 「양양도호부조」에 실린, 설악산 꼭대기에 있는 석축으로 둘레는 1,112척尺이고 높이는 4척尺이

204

었으나 현재는 반쯤 무너져 소실消失되었다. 세상에 전해오는 애기로는 예전에 권權씨, 김金씨 두 집이 이곳으로 피난 온 까닭으로 권금성이라 하였다. 낙산사洛山寺 기록에 의하면 몽골蒙古군사가 쳐들어왔을 때 이 고을에서는 설악산에 성을 쌓아 방어하였다는 기록이 있는데 그곳이 여기가 아닐까 생각한다.

『신증동국여지승람新增東國輿地勝覽』의 기록으로 볼 때 이 성은 늦어도 고려시대 몽골 침입 이전에 축조된 성이다. 실제로『고려사高麗史』,『고려사절요高麗史節要』등의 기록을 보면 이때 몽골군은 동해안까지 쳐들어와 고종高宗 40년(1253) 10월 현재의 양양襄陽인 양주襄州를 함락시킨 것이 확인된다. 불우佛宇 낙산사조洛山寺條의 기록대로 이 고장에서는 설악산이 있는 산성에 웅거하여 항쟁했을 것으로 추정된다. 그 성이 권금성일 가능성이 높다. 혹은 고종高宗 40년에 양양읍성이 함락되자 계속되는 몽골과의 전쟁에 대비하여 설악산에 권금성을 새로 축조했을 가능성도 있다. 그러나 최근에 권금성이 군사적 성이 아니라 사찰방어 형태의 성이라는 견해가

안락암 대웅전

안락암에서 본 토왕성폭포

나왔다. 이것은 권금성의 유일한 통로가 칠성봉 남쪽으로 되어 있어 칠성봉七星峰 동남쪽 진전사陳田寺와 연결되었을 것이라는 말이다.

이 성은 전형적인 신라시대 사찰 축성양식으로 토성문이 칠성봉을 향한 고갯마루에 자리 잡아 외부와의 유일한 통로는 칠성봉 통로가 사용되었다. 성의 형태가 모두 사찰수호 형태로 이 같은 고증은 권금성 뒤편 절터에서 신라와 고려시대의 많은 기와가 발견되어 축성 당시 이미 사찰이 들어서서 사찰에 의한 축성을 단정했다. 사찰에서 나온 기와는 칠성봉 남쪽에 있는 통일신라시대 선종의 발생지인 진전사지의 기와류 형태와 연대가 일치하여 사찰축성이란 견해가 제시되고 있다.

예전에 양양군수와 산적괴수와의 사연을 새긴 비석이 있었는데 지금은 없어졌다. 이런 여러 가지 점으로 미루어보아 권금성은 진전사와 밀접한 관계를 가진 사찰로 축성된 것으로 보인다.

동해의 물길 따라

역사의 흐름에 따라 때론 침략하는 적을 방어하고 유사시엔 주민들의 안전한 피난처로 사용된 산성으로서의 역할도 했고, 때로는 도적의 소굴로도 사용되었음을 알 수 있다.

tip

권금성權金城의 유래에 얽힌 전설

아주 오랜 옛날 한 마을에 권權장사와 김金장사가 살고 있었다. 어느 해 병란兵亂을 당하여 함께 가족을 거느리고 피난길에 올랐다. 적병이 뒤따라 오고 사태가 급박한지라 험준한 산정으로 가족을 데리고 올라가 보니 산정에 방어할 아무런 지형물도 없었다. 적병이 쳐들어오면 대단히 불리한 형편인데다 여유 있게 성城을 쌓을 시간도 없었다. 게다가 산정 일대는 쌓을 만한 돌도 없었다. 날이 밝으면 적병이 쳐들어올지 모르는 급박한 처지였다. 하룻밤 안에 성을 쌓아야 하는데 산 밑의 냇가에서 돌을 가져오는 수밖에 없는 형편이고 돌을 일일이 등짐으로 져서 올려 쌓자니 며칠이 걸릴지 모르는 난처한 상태에 빠졌다.

권장사는 무엇인가 골똘히 생각하더니 "좋은 생각이 떠올랐소. 내가 냇가에 가서 성을 쌓을 만한 돌을 던질 것이니 김장사는 받아서 쌓으시오. 그렇게 밤새 쌓으면 성 하나야 쌓지 않겠소." 하고 서로 상의하여 결정한 뒤 권장사가 산 밑으로 내려가 돌을 주워 던지는 것을 김장사가 받아 쌓기 시작하여 밤새도록 서로 교대해 가며 쌓았다. 이렇게 하여 권금 두 장사가 하룻밤 사이에 성을 다 쌓았다 하여 성의 이름을 권금성이라 부르게 되었다는 전설이 남아 있다.

권금성 정상 암봉

동해의 물길 따라

<u>40</u> 무지개가 쉬어 가는
비룡폭포

　　매표소를 조금 지나 좌측으로 백여 미터 걸어가면 비룡교와 넓은 냇가가 나타난다. 상쾌한 아침 바람을 가르며 들려오는 온갖 새들의 지저귐에 마냥 들뜬 가슴으로 걷던 학창시절의 수학여행이 떠오른다. 친구들과 함께 여행한다는 기대감과 즐거움에서 잠을 설치며 좋아했던 기억들이 새롭다.

　　좁은 계곡 속으로 맑은 물이 흘러내리고 계곡을 따라 올라가면 가파른 골짜기 입구에 들어선다. 단풍잎과 계곡 옆으로 늘어선 바위와 청아한 물소리는 마치 선경에 온 듯한 기분이다.

비룡폭포 전경

승천하는 용의 꿈

　위에서 아래로 쏟아지는 거센 물줄기가 폭포를 이룬다. 골짜기를 흘러내리는 물이 한곳에 모여 신비한 음향을 내면서 낙하하는 광경을 보면 가슴이 뻥 뚫리고 온몸을 씻는 기분이다. 좁고 험한 골짜기에서 높이가 150여 척이나 되는 물줄기가 내리꽂히는 모습은 마치 용이 물줄기를 타고 승천하는 것 같다 하여 비룡폭포飛龍瀑布라 이름 지었다.

　좌우 암벽에 은하를 누비듯 줄기차게 떨어지는 물줄기에서 수없이 많은 무지개가 섰다가 사라지는 광경은 신비감을 느끼게 한다. 이는 과연 설악팔경 중의 일미라 할 수 있다. 봄이 오면 수백 갈래로 갈라진 암벽에 아름답고 기이한 절리節理가 나타나고 바위 틈새에서 뿜어내는 자연의 향기가 폭포와 어우러져 나그네의 마음을 설레게 만든다. 햇살에 부서지는 물줄기와 붉게 타오르는 단풍잎과 바위틈에서 묻어나는 옛 친구들의 얼굴을 떠올리며 잠시 즐거웠던 학창 시절을 회상해 본다.

⁴¹ 하늘에 걸어 놓은 빙벽
토왕성^{土旺城} 폭포

　　살을 에는 듯한 추위가 즐거웠던 추억을 깨웠다. 비룡폭포 옆의 암벽 위로 빙벽훈련을 하는 등반객들의 통로가 조그맣게 나 있다. 겨울빙벽으로 유명한 토왕성폭포로 갈 것인지 되돌아 갈 건지 잠시 망설였다. 평상복 차림으로 암벽등반 코스로 가는 것이 다소 부담스러웠지만 내친김에 가기로 했다. 내게 준비된 것이라곤 지팡이 하나와 아이젠을 신발에 착용한 것이 전부였다.

　　비룡폭포 옆의 가파른 능선을 넘었다. 등산객들의 겨울캠프가 눈에 띈다. 토왕성 입구에 들어서니 저 멀리 거대한 빙벽에 사람들이 개미처럼 붙어 올라가고 있다. 폭포 아래 도착했다. 햇볕에 밝은 모습을 드러낸 달마봉 줄기가 흰 눈과 바위, 소나무와 어울려 한 폭의 아름다운 수묵화를 담아 놓은 것 같다.

　　320m의 거대한 얼음빙벽을 쳐다보니 깎아지른 듯한 바위가 병풍처럼 펼쳐져 있다. 산꼭대기에서 별안간 뚝 떨어지는 거대한 얼음판이 허공에 걸려 있는 듯 장중한 중압감을 안겨준다. 자연의 신비함과 인간의 위대한 모험정신이 빙벽을 사이에 두고 무언의 교감을 하고 있다.

　　70년대 중반까지는 빙벽등반을 여러 번 시도했지만 사상자만 내고 올라가지 못했다. 그 당시는 굵은 군용로프를 사용했고 지금 같은 좋은 장비가 발달하지 못했다고 한다. 70년대 후반 들어 대학 산악부원들이 며칠간 등벽을 시도한 끝에 성공했다. 지금은 장비와 기술이 발달하여 혼자서도 2-3시간 이내에 정상까지 정복이 가능하다.

겨울에 흘러내리는 물이 얼어 거대한 빙벽이 만들어진다. 빙벽 앞에 서면 마치 딴 세상에 들어온 느낌이다. 대승폭포, 소승폭포와 함께 우리나라 겨울 빙벽등반에서 가장 어려운 세 곳 가운데 하나다. 토왕성폭포는 동양에서 가장 긴 폭포다. 일명 신광폭포神光瀑布라고도 부른다. 신흥사에서 동편을 바라보면 기암괴봉이 즐비하게 늘어서서 마치 성벽처럼 보인다. 토왕성폭포는 3단으로 이루어져 연결되는 연폭이다. 석가봉과 문수봉, 보현봉, 취적봉, 노적봉, 문필봉 등이 성벽처럼 둘러싸고 있다. 심산유곡의 바위 위에 선녀가 크고 긴 흰 비단천을 길게 늘어뜨린 것 같다.

그러나 지금은 비룡폭포의 맞은편 400m 산의 암벽에 계단을 설치하여 산정으로 오르면 정상에 전망대가 나타난다. 이곳부터는 자

토왕성 폭포 빙벽

연보호구역으로 일반인들의 출입을 금지하고 있다. 전망대에서 주변을 굽어보면 초겨울인데도 거대한 빙벽이 토왕성폭포의 정상 부근에서부터 얼어붙어 내려오고 있다. 거대한 암벽으로 겹겹이 둘러싸인 폭포줄기와 동해바다가 서로 마주보고 있다. 얼음을 찍는 피켈소리와 폭포 앞에서 등벽을 준비하던 대원들의 힘찬 구령소리는 이젠 출입통제 지역으로 변해 가뭇한 옛 추억이 되었다. ✎

⁴² 마고선인이 가야금 타던
비선대^{飛仙臺}

   신흥사에서 왼쪽으로 놓여 있는 다리 하나를 건너면 울창한 숲길이 펼쳐진다. 10여 분쯤 지나면 이름 모를 참전용사비를 만나게 된다. 잠시 무명용사의 비 앞에서 묵념을 했다. 꽃다운 나이에 전장^{戰場}에서 산화한 젊은 넋들에 감사드렸다. 잠시 휴식을 취하면서 붉게 물든 단풍잎과 가을 햇살을 음미해 본다. 20여 분쯤 걸으면 조그만 개울가 옆 자연석에서 군량장^{軍糧場} 비석을 만나게 된다. 이곳에서 5분쯤 더 가면 와선대^{臥仙臺}가 나타난다. 울창한 소나무숲 가운데 자리를 잡고 있는 천연의 암반대석으로 옛날 신선들이 놀던 곳이라 전해진다.

   와선대는 천불동계곡과 대청봉을 찾아 드는 첫 입구다. 와선대에서 300m쯤 올라가면 둥근 타원형 철교가 나타나고 이곳을 지나면

비선대의 물결

비선대다. 비선대 앞에 서면 오른쪽엔 날아오를 것 같은 날씬한 적색 암봉인 선녀봉과 깎아지른 듯 웅장하게 솟아 있는 장군봉(일명 미륵봉) 중간허리에, 층층계단으로 이어진 금강굴이 아득하게 쳐다보인다. 와선대에 누워 경치를 감상하던 마고선녀가 이곳에서 목욕을 하고 하늘로 올라갔다고 하여 비선대飛仙臺라 전해진다. 비선대는 예부터 시인묵객들이 찾아와 시정을 돋우고 풍경을 감상하던 곳이다. 봄이 오면 산꽃 냄새가 골짜기를 메우고 여름이 오면 녹음방초綠陰芳草가 우거진다. 가을이 오면 단풍이 물들어 온 산이 불타는 듯하고, 겨울이 오면 설화雪花가 피어 동화 속 설국雪國에 온 듯 절경을 이룬다. 비선대의 개화설경開花雪景은 설악팔경雪嶽八景 중에 하나다. 신흥사지新興寺址 비선대조의 한 구절을 떠올려본다.

반석 위에 흘러가는 맑은 물은 아름다운 옥구슬이 굴러가는 것 같고, 녹음방초는 향기를 토하는데, 백화百花는 제각기 미모를 자랑하는가 하면 높은 봉 저 멀리서 짐승들 울음소리 들린다. 푸른 소나무 위로는 백학이 춤춘다. 화창한 봄과 서늘한 가을 계절의 질서, 비선대야말로 무릉도원이 아니겠는가. 비선대를 찾아 노송의 가지에 의관衣冠을 걸어두고 맑은 물에 발을 씻고 반석 위에 누워 있으면 속세를 벗어나 신선이 된 듯하고 주위의 산봉들은 불경佛境임이 분명하다. 이런 연유로 예부터 어진 선비들이 이곳을 찾아 자기 이름을 새겨 암면岩面을 장식하게 되었다.

비선대에는 다양한 이름들이 새겨져 있는데 대부분은 조선시대 중엽 초반기인 선조 때부터 3·1운동 후까지 약 380년간에 걸쳐 새겨진 것들이다. 본인들이 직접 새긴 것이라기보다는 이 일을 직업으로 하는 석공들이 명승지 부근에 살면서 하나의 생활수단으로 유람객들의 요구로 이루어진 것들이 많다고 한다.

명상의 문
금강굴 _{金剛窟}

비선대 위에 세워진 철교를 건너 금강굴로 향했다. 오른쪽 가파른 능선을 따라 올라가면 철로 만든 계단이 설치되어 있다. 험한 바위 비탈길과 구름다리를 오르면 외설악의 전경이 한눈에 들어와 안광을 황홀하게 만든다.

금강굴은 미륵봉(일명 장군봉) 중간 허리에 있는 석굴로 깎아지른 듯한 거대한 돌산 허리에 위치한 자연 굴이다. 길이 18m, 넓이 24m² 굴 안에 가운데 주불로 아미타여래를 모시고 좌측에는 대세지보살, 우측에는 관세음보살상이 안치되어 있다. 아담한 석굴천장에는 연등이 빼곡히 걸려 있다. 금강굴을 관리하시는 스님의 소박한 생활소품이 굴 입구에 놓여 있다.

믿음이 깊은 불자들에게는 소원을 성취할 수 있는 기도장소로서

미륵봉의 웅장한 자태

유명하다. 이 굴은 원효대사의 대표적 저서인『금강삼매경』의 앞머리를 따서 '금강굴'이라 이름 지었다. 이곳은 모든 사악함과 번뇌를 물리칠 수 있어 다른 어느 곳보다 수도가 잘되는 선승들의 수도장소로서 유명하다.

멀리 동해의 만경창파가 아득하고 남쪽 골짜기 저편에 천불동계곡이 내려다보인다. 천연의 암석들이 무수한 불상으로 보이는데 아미타불인가 하면 문수보살이고, 관세음인가 하면 미륵봉이다. 수십리 계곡에 펼쳐진 봉의 형태가 천만 개의 불상을 연상케 한다는 천불동계곡이 깊숙이 들여다보인다. 계곡의 상류를 따라 올라가면 병풍처럼 우뚝 선 신선암이 나타난다. 신선암 뒤에 대청봉과 소청봉이 희미하게 나타난다. 대청봉에서 화채능선을 따라 내려오면 대표적인 봉우리인 화채봉이 있다. 공룡능선을 비롯하여 나한봉과 1,275m봉, 노인봉 등이 한가운데 막아서 있다. 웅장한 천화대天花臺가 금강굴을 응시하고 있다. 설악골과 토막골이 층층이 산맥을 이루어 동쪽으로 뻗어 내리고 2천여 봉우리를 한눈에 볼 수 있는 최고의 전망대 중

하나가 금강굴이다.

그 옛날 신라 때부터 원효·의상 스님과 같은 고승대덕의 발자취가 묻어 있는 이곳이야말로 신성한 영역임을 실감나게 한다. 세속의 모든 번뇌를 석양에 띄워 보내고 조용히 일심으로 서원을 세워 기도 올리면 모든 소원이 이루어질 수 있는 영험한 암굴법당이다.

암벽을 돌고 가파른 사다리를 오르면서 내내 1300년 전의 원효대사를 생각했다. 짐승조차 살기 어려운 이곳에 수도처를 정하고 무엇을 염원하고 설악을 굽어보았을까. 사다리계단으로도 어려운 이 길을 어떻게 오르내렸을까. 만 가지 생각이 주마등처럼 지나간다. 의상과 함께 구당순례길을 떠나가던 길목에서 해골바가지 물을 마시고 '마음이 나면 여러 가지 불법이 나고 마음이 없어지면 해골과 둘이 아니다(心生則種種法生 心滅則髑髏不二). 부처님 말씀에 삼계三界가 오직 마음뿐이라 하였으니 어찌 나를 속였으랴'라고 깨달은 뒤 그 길로 돌아와 분양사에 거주하면서 독자적인 통불교通佛教를 제창했다. 때론 파계승으로 소성거사小成居士라 자칭하면서 무애가無碍歌를 지어 병들고 고통에 찬 민중 속에서 춤추고 노래하며 불법을 전했다.

금강굴 법당 전경

동해의 물길 따라

44 천상의 불국토
천불동 千佛洞 계곡

　　비선대에서 희운산장을 향했다. 계곡 위쪽에 무지개 모양의 둥근 철교를 건너면 맞은편 미륵봉 중간 허리에 까맣게 쳐다보이는 금강굴과 철로 만든 계단이 암벽 위에 매달려 있다. 왼쪽 길부터 천불동계곡이 시작된다. 설악산을 대표하는 계곡인 천불동은 수천 수백 길의 절벽 단애에 곳곳이 가로막혀 인간이 범접할 수 없는 신성한 처녀지였다.

　　천불동계곡은 1955년 10월 서울대 문리대 산악회가 개교 10주년 기념 등반으로 시도한 것이 첫 등정이다. 요즘 같으면 3시간이면 오를 수 있는 양폭산장 부근까지 도착하는 데 꼬박 이틀이 걸렸다. 20여

천불동계곡의 연폭들

천당폭포

명의 대원들은 3일째 되는 날 화채능선을 경유하여 대청봉에 오르게 되었다.

비선대―양폭―대청봉 가는 길

천불동계곡 등산로에 오늘날과 같은 쇠다리와 쇠난간 등의 인공 구조물이 건설된 것은 1969년 무렵의 일이다. 당시 설악산 개발에 많은 관심을 가졌던 강원도지사의 전폭적인 지원에 따라 69년 9월 봉정암과 대청봉, 양폭으로 넘어가는 등산로가 개척되었다. 비선대에서 마등령으로 가는 코스와 양폭을 잇는 등산로도 그때 이루어졌다.

설악산이 금강산에 가려 빛을 보지 못했던 가장 큰 원인은 교통의 불편함과 현대적인 장비 없이는 천불동과 같은 험한 계곡에 접근이 불가능했기 때문이다. 육당 최남선은 금강산이 수려한 반면 웅장한 맛이 없고 지리산은 웅장하되 수려하지 못한데, 설악산은 수려하면서도 웅장한 맛이 일품이라고 칭송했다. 아기자기하고 현란한 모습은 금강산이 낫다고 하겠지만 너그럽고 웅장한 기상은 설악산이 도리어 더 낫다고 평했다.

천불동계곡은 비선대에서 대청봉에 이르는 설악산의 가장 대표적인 골짜기다. 기암괴봉들이 마치 천 개의 불상이 늘어서 있는 듯하다고 해서 천불동계곡이라 한다. 설악을 대표하는 절경들이 거의 이 골짜기에 밀집되어 있다고 해도 과언이 아니다. 계곡의 입구에서 보면 공룡능선의 1,275m봉과 왼쪽 20여 개의 봉우리 중에서 가장 높은 천화대天花臺 뒷면이 나타난다.

서북 방향에 위치한 미륵봉(일명 장군봉)은 마치 미륵불처럼 장엄하게 솟아 있다고 하여 미륵봉이라 부른다. 비선대 입구에서 늠름한 장군의 형상을 하고 계곡의 입구를 지키는 수문장같이 믿음직스러운 바위로 외설악을 통과하는 관문의 보호신 역할을 하고 있다 하여 장군봉이라고도 부른다.

흰 눈과 검푸른 암벽들이 어울려 설악의 겨울 풍경은 마치 별세계의 한가운데 와 있는 기분이다. 눈 덮인 바위능선과 거대한 암벽의 군상群像들이 계곡 양쪽을 병풍 둘러치듯 늘어서 있다. 마치 베일에 싸인 신비의 세계를 끊임없이 펼쳐 보이는 것 같다. 비선대를 지나서 바로 오른편으로 갈라진 골짜기가 토막골이다. 그 다음 철교를 지나면 설악골이 나타나 공룡능선까지 이어진다. 이 골짜기는 등산 전문가들이 주로 이용하는 길이다. 실제로 이 코스를 잘 아는 스님과 신도들만이 이 길을 이용하여 가야동계곡을 건너 봉정암 아래 탑골을 거쳐서 가는 길로 수백 년 동안 이용했다.

예전에는 천불동계곡이 험준하여 등산하지 못했으나 60년대 초부터 철계단과 다리를 설치한 후 이용하게 되었다. 몇 구비 더 돌면 이호담二壺潭이 나타난다. 배가 불룩한 병 모양의 아담한 담潭이 두 개가 있기 때문에 그렇게 부른다. 높은 산 능선에서 보면 칠七자를 연상시

키는 칠성봉이 멀리서 모습을 드러내고 맞은편에는 잦은 바위골이
전개된다. 이 골짜기는 여러 개의 폭포와 바위가 많아 겨울등산과
암벽, 빙벽훈련의 메카로 산악인들의 사랑을 받고 있다. 난이도면
에서도 고난도와 평범한 코스가 함께 있어 다양하게 훈련할 수 있는
곳이다. 굉장히 좁은 협곡이기에 일반인들이 등산하기에는 위험하
므로 출입을 자제하는 것이 좋다. 잦은 바위골에서 한 구비 돌아 철
계단 위에서 쳐다보면 계곡 한가운데 괴이한 형상을 한 귀면암鬼面岩
이 나타난다. 귀면암이라는 이름은 근래에 붙여진 것이고 옛날에는
천불동계곡의 입구에서 수문장 역할을 하고 있으므로 겉문다지 혹
은 겉문당이라 불렀다 한다.

맞은편 암벽비탈에 뿌리를 박고 수백 년이나 계곡을 지켜온 몇 그
루의 노송들이 눈꽃을 피우고 계곡의 단풍나무와 후박나무, 산목연,
소나무, 참나무들이 어울려 별유천지를 이루고 있다. 쇠처럼 단단한
바위틈에 뿌리 내린 나무들의 강인한 생명력이 느껴진다.

귀면암고개에서 서남쪽을 바라보면 칠형제봉 중 막내봉이 우뚝

천불동계곡

동해의 물길 따라

솟아 다가선다. 칠형제봉은 공룡능선의 신선암 북쪽에서 천불동계곡을 향하여 용소골과 잦은 바위골 사이로 뻗은 여러 개의 봉우리를 말한다. 청옹성을 겹겹이 쌓아놓은 암벽들을 한 폭의 화선지에 옮겨 놓은 것 같다.

가파른 계곡 아래 길이 나 있어 계곡 기슭을 돌면 저 멀리 화채능선이 반원형의 병풍처럼 둘러쳐 있다. 화채능선은 대청봉에서 시작하여 화채봉華彩峰, 칠성봉七星峰, 집선봉集仙峰, 권금성權金城까지 이어진 능선으로 동북능선이라고도 한다.

칠선골에서 오른쪽 계곡을 따라 조금 올라가면 오련五連폭포가 나타난다. 바위협곡 사이로 5개의 폭포가 연이어 떨어지며 장관을 이룬다. 이전에는 폭포 일대의 암벽을 천불동계곡 앞문의 수문장 같다고 하여 앞문다지라고 불렀다. 오련폭포에서부터 올라가면서 칠형제봉이 나타나고 공룡능선의 바위들이 하나둘씩 보이기 시작한다. 오련폭포가 흐르는 계곡 위로 날카로운 암벽군락들이 수천의 병사가 열병한 형상으로 만경대 줄기가 펼쳐진다. 철다리를 따라 계곡을 올라가면 큰 암벽을 뒤로하고 공룡능선 줄기에 양폭산장이 자리를 잡고 있다. 산장 뒤로는 좁은 계곡이 펼쳐지고 양폭산장 맞은편엔 만경대가 장쾌하게 솟아 있다.

만경대萬景臺는 화채봉에서 양폭으로 내려오는 길 중간에 있는 좁고 높은 바위산이다. 주위의 전망이 좋아 많은 경관을 바라볼 수 있다고 하여 망경대望景臺라고도 부른다. 또 만경대에 서면 주위의 경치로 인해 무아의 경지에 이르게 된다고 하여 무아대無我臺라고도 한다. 양폭산장에서 암벽바위 사이로 만경대로 오르는 작은 길이 있어 올라가 주변을 둘러보았다. 암벽 중턱에서 보면 수많은 봉우리가 겹겹이 솟아 별천지의 비경이 펼쳐진다. 저 아래 양폭산장

천불동계곡 양폭산장

엔 사람들이 인형처럼 분주히 움직이고 있다.

양陽폭포는 아래쪽의 오련五連폭포와 바로 위의 천당天堂폭포 중간에 있다. 음陰폭포와 이웃하여 있다. 양폭포는 겉에 있으므로 양폭포이고 음폭포는 음폭陰瀑골에 들어가서 속에 있으므로 음폭포이다. 현재는 양폭포라는 말보다는 줄여서 양폭陽瀑이라는 말이 더 널리 쓰이고 있다. 또 양폭이라는 말은 폭포를 의미할 뿐만 아니라 그 주변 일대를 가리키는 말로 변했다.

점심식사와 따끈한 차 한 잔을 마시고 양폭 위쪽에 있는 가파른 석벽에 설치한 철계단을 오르면서 천당폭포를 바라보았다. 아찔한 스릴과 험준한 계곡 절경이 펼쳐진다. 천당폭포에서부터 등산코스가 점점 더 험해지고 양폭산장을 중심으로 반경 1.5km 이내가 설악산에서 가장 아름다운 절경을 이루고 있는 지역이다.

나는 사진작가 일행들과 설악산과 금강산에 대한 얘기를 나누면서 무너미고개에 이르렀다. 이 고개는 천불동계곡과 가야동伽倻洞계곡의 경계에 위치하며 내설악과 외설악을 구분 짓는다. 고개 바로

천불동계곡의 비경

북쪽에는 희운각대피소가 있다. 무너미계곡 입구에서 왼쪽으로 죽음의 계곡 입구가 나타난다. 이 계곡은 천불동계곡 맨 끝 골짜기로 대청봉에서 희운각으로 내려오는 능선길 바로 동편 골짜기에 위치한다. 1969년 한국산악회원 10명이 해외원정을 위한 훈련을 하다가 조난을 당한 곳이라서 죽음의 계곡이라 부른다.

풍수적으로 설악산은 닭이 알을 품고 있는 산세라 한다. 대청봉은 닭의 머리 부분인 부리에 해당되고 화채능선은 닭의 오른쪽 날개, 공룡능선은 닭의 몸통, 죽음의 계곡은 닭의 목부분에 해당된다. 풍수 전문가들에 의하면 닭의 목에 먹이가 되는 것이 붙어 있을 때 닭이 그것을 쪼아 먹는 것은 시간문제라 한다. 산에 다니는 사람들은 입산할 때 닭고기를 절대 먹지 않는다. 또한 여자와 잠자리하는 것을 금기사항으로 지키고 있다. 등산 전문가들은 죽음의 골짜기는 들어가지 않는 것이 좋다고 한다. 여름에는 입구를 찾기가 어렵고 겨울에는 빙벽하는 사람들이 길을 내고 있다.

뒤돌아보니 저 멀리 암벽군락들이 서서히 운무에 싸이고 눈이 조금씩 내리기 시작한다. 간간이 들려오는 새소리가 정적을 깨고 있다. 희운각 100m 전방 지점에 도착하니 안내판이 있다. 여기서부터 대청봉까지는 700m 정도 거리다.

오른쪽 공룡능선을 따라 신성봉으로 향했다. 공룡능선은 마등령馬登嶺에서 희운각喜雲閣 못 미쳐 바로 북쪽 신선암神仙岩까지의 바위능선을 말한다. 바위가 뾰족하여 마치 공룡의 등같이 생겼다 하여 공룡능선이라 한다. 이 능선에는 나한봉羅漢峯과 1,275m봉, 노인봉老人峰과 1,184m봉이 위치하고 있으며 1963년 겨울 처음으로 산악인들이 공룡능선을 주파하였다.

능선을 따라 산 위로 올라가면 해발 1,100m 정도의 신선봉에 이르게 되는데 이 능선을 중심으로 왼쪽은 내설악, 오른쪽은 외설악으로 양쪽의 기후와 온도, 서식하는 나무의 종류가 서로 다른 분기점을 이루고 있다. 갈림길에서 암벽산길을 따라 30분 정도 가면 신선암神仙岩이 나타난다. 희운각 쪽에서 북쪽으로 올려다 보이는 암봉으로 일명 신선대神仙臺라고도 부른다.

희미한 구름 속에 햇볕이 희뿌옇게 빛나고 중청봉과 소청봉이 엷은 구름 속에 어슴푸레 떠 있다. 잠시 앉아 주변을 감상하는 사이에 대청봉은 안개처럼 운해雲海의 바다로 사라지고 안개에 잠겼는가 하면 어느새 연기처럼 흩어져 다시 나타나곤 한다. 종잡을 수 없는 변화무쌍한 현상에 넋을 잃고 바라볼 뿐이다. 설악의 운무雲霧는 보일 듯하면 사라지고 잡힐 듯 잡히지 않는 봄 꿈속 여인의 옷자락 같다.

신선봉 쪽에서 바라본 북주능선北主稜線이 대청봉에서 북쪽으로 마등령馬登嶺, 저항령低項嶺, 황철봉黃鐵峰, 신선봉神仙峯까지 이어져 있다. 대청봉의 줄기와 서북주능선은 서로 번갈아가며 나타났다 사라지면서 저마다 자신의 은밀한 세계를 잠깐씩 보여주고 사라진다. 구름에

동해의 물길 따라

낀 태양이 석양에 기울어 가고 있다. 대청봉의 중간 허리부분까지 운무가 뽀얗게 피어올라 나목들의 희미한 윤곽을 삼키고 있다. 서쪽으로는 저 멀리 귀떼기청봉이 첩첩겹겹 주름치마처럼 산의 능선들이 병립해서 동해를 연모해 달리고, 북쪽에는 공룡능선의 1,275m봉만이 운무 속에서 서서히 솟아오르고 있다. 북동쪽엔 황철봉이 허리까지 잠겨 있다. 동해안 쪽으로는 저 멀리 금강산 줄기의 신선봉이 운무 속에 희미한 윤곽을 드러내고 있다. 그 가운데는 수백 리에 걸친 운무의 바다가 동해와 연이어 펼쳐져 엷은 푸른 구름만이 바다와 육지의 희미한 경계선을 느끼게 한다. 보드라운 솜을 수천 리 허공에 펼친 듯 광활한 동해에 안개를 뿌린 듯한 신비의 세계를 펼쳐 보인다. 어쩌면 이곳은 무릉도원의 윗마을이 아닌가 싶다.

범봉은 천화대天花臺의 20여 개 봉우리 중 가장 높은 봉이다. 천화대는 공룡능선의 주인공이라 할 수 있으며 1,275m봉에서 희운각 방향으로 첫 번째 나타나는 노인봉이라 부르는 암봉에서 북동쪽으로 뻗어 내린 20여 개의 연봉을 말한다. 주봉은 범봉이며 외설악에서 가장 날카로운 봉우리들이 밀집되어 있어 암벽등반을 즐기는 산악인들에게는 더없이 좋은 곳이다. 1969년 한국산악회 해외원정 훈련대 10명의 산악인이 조난사고를 당한 후 당시 설악산악회 이 박사와 설악산개발위원회가 하늘나라의 꽃처럼 피어오른 곳이란 뜻으로 천화대로 이름 지었다.

겨울 등반으로는 1974년 1월 어센트산악회가 처음으로 등정했다. 신선봉에서 보면 공룡능선의 1,275m봉이 바로 눈앞에 잡힐 듯 가까이 다가와 보인다. 운무의 바다에 돛대가 아득히 솟아오른 듯한 범봉의 자태에 매료되어 같이 온 사진작가 일행들은 장소를 바꾸어 가며 카메라의 셔터를 누르거나 좀 더 좋은 순간을 기다리며 앞을 응시하고 있다.

맑은 날에는 산봉우리에 햇볕이 닿는 부분이 저녁노을에 물들어 황금빛 윤곽이 선명하게 드러나 황혼녘의 고즈넉함에 잠기게 된다. 산행을 시작하여 무너미고개를 넘을 땐 눈발이 날려 좋은 경치를 보기가 어렵다고 실망했다. 이곳 신선봉에 올라보니 전혀 새로운 세계가 펼쳐져 같이 온 일행들을 흥분하게 만들었다.

성 선생의 말에 의하면 이렇게 아름다운 운해의 바다를 만나는 것은 1년에 한두 번 정도라 한다. "새벽 3시부터 눈 속에 올라가 몇 시간씩 기다리기도 하고 텐트를 치고 한 장소에서 며칠씩 한 장면을 찍기 위해 기다리기도 하지요. 찍는 시기를 놓칠 때면 몇 년 동안 그 시간 그 장소에 가서 기다려보기도 합니다. 허나 여러 가지 조건에 맞는 이상적인 장면을 잡기란 극히 드뭅니다. 1년에 마음에 드는 사진은 두세 장밖에 촬영하지 못하지요."

"겨울에 혼자서 어떻게 설산雪山에서 보냅니까. 위험하지 않습니까?"

"물론 초보자들은 위험하지요. 하지만 설악산 사진만 찍으며 산 지가 벌써 15년째입니다. 2월이 되면 설악산은 일 년 중 눈이 가장 많이 쌓이지요. 한 달 정도 먹을 식량을 짐을 나르는 젊은이와 함께 천막을 칠 곳에 나르지요. 물론 천막은 눈이 내려도 주저앉거나 덮이지 않게 튼튼하게 설치해야 하고 식수는 얼음물을 녹여 사용합니다. 한 달 정도 보내면서 일 년 중 가장 즐거운 시간을 맞이한답니다. 아름다운 설악이 전부 내 것같이 느껴지기도 하지요. 때론 전혀 본 적이 없는 신비의 세계에 사는 것 같은 착각에 빠지기도 합니다. 작년엔 양폭산장 앞에 보이는 만경대 꼭대기에서 한 달 동안 천막을 치고 살았는데 바람이 몹시 부는 날 천막이 찢어지고 날려 보낼 뻔한 적도 있었지요. 한 달 동안 두세 컷 찍었는데 그것도 시원치 않았어요. 노력하고 기다린 것에 비해 소득은 별로 없었지요. 하지만 저 신비로운 대자연의 음향과 영감의 교감은 그 무엇과도 바꿀 수 없는 값진 것이라고 생각합니다."

"저도 90년대에 거의 일 년 가까이 산사山寺에서 보냈지요. 이듬해 2월 초순쯤 될 겁니다. 강릉기상대가 생긴 이래 60년 만에 가장 많은 눈이 내렸지요. 그때 어성전 만월산 명주사에 있었는데 사찰 처마까지 눈이 내렸답니다. 거의 3m 정도의 눈입니다. 상상하기 어렵지요. 다들 잘 믿지 않아요. 그래서 그때 찍은 사진을 보여주면 수긍을 하더군요. 그때부터 1m쯤 내리는 눈은 별로 높아 보이지 않더군요. 어성전 마을에는 작은 초등학교가 있는데 교정에 있는 골대가 완전히 눈에 덮였지요. 그래서 동네사람들이 자로 재어보니 2m 60cm였습니다. 제가 있던 절은 그 마을보다 눈이 훨씬 더 많이 내리는 곳이지요."

"컬러 사진일 경우 해가 넘어가기 2분 전이 기대가 가장 크답니다. 노을과 사진의 색조관계 때문이지요. 오늘 함 선생님은 운이 무척 좋으신 겁니다. 겨울에 한두 번 있을까 말까 한 운무의 절경을 보았지 않습니까. 겨울에는 이런 현상 자체가 별로 일어나지 않는답니다. 여름에도 이런 장면을 몇 번 정도 볼 수 있지만 오늘같이 아름다운 광경은 15년 동안 네다섯 번 정도 만났지요. 물론 이보다 조금 더 좋은 장면도 한두 번 더 촬영할 기회가 있었지만요."

재력이나 권력을 가진 사람들이 손에 잡히는 물질적인 것을 누릴 수 있다 하더라도 이 천상의 기쁨 같은 자연현상의 경이로움과 즐거움만은 돈이나 권력으로 살 수 없다. 저 아름다운 대자연의 언어와 몸짓을 눈으로 보고 가슴으로 담을 수 있다는 것은 땀 흘려 산행한 사람만이 가질 수 있는 즐거움이자 특권이다.

공룡능선은 영동·영서 지방을 나누는 분기점이다. 기후 또한 판이하게 달라진다. 속초시가 빗속에 잠겨 있는가 하면 능선 오른쪽인 서쪽은 햇볕이 쨍쨍 내리쬔다. 한쪽에 바람이 불어도 능선을 넘어 몇 발짝 내려가면 바람이 전혀 없다. 불과 몇 발짝 사이에서 벌어지는 너무 판이한 자연현상에 경외감마저 들게 한다.

신선봉에서 남쪽으로 보면 대청봉에서 화채능선 맨 끝쪽 두 번째 능선 중간에 죽음의 계곡이 있다. 대청봉과 중청봉 능선계곡 사이인 가야동계곡 상부에는 설악산에서 가장 오랫동안 눈이 쌓여 있는데 7월까지 눈이 남아 있다. 어둠이 깃들 때 희운산장에 도착하여 짐을 풀었다. 이 산장은 천불동계곡과 가야동의 경계인 무너미고개 바로 북쪽에 위치한 대피소로 1971년 한국산악회 최태묵 씨가 처음 건립했다. 지금은 그 일대를 부르는 지명이며 동쪽으로는 천불동계곡, 서쪽으로는 가야동계곡, 남쪽으로는 대청봉, 북쪽으로는 공룡

소나무와 천불동의 압봉들

능선으로 갈라지는 교차로 지점에 있다.

아침 6시 40분경 일출을 보기 위해 서둘러 사진작가 일행과 산행을 시작했다. 산악에서는 아침 일찍 일어나 산행을 시작하고 해지기 전에 돌아오는 것이 안전하다. 저녁 늦게 산행을 하다 보면 길을 잃거나 안전사고를 당할 위험이 많기 때문에 각별히 주의를 기울여야 한다.

희운각에서 소청봉으로 올라가는 험한 등산길에 가파른 철계단이 설치돼 있다. 소청봉 3부 능선쯤에서 북쪽을 바라보니 눈앞에 나한봉과 1,275m봉, 그 아래쪽에 연해 있는 범봉과 정면엔 신선봉이 연이어 새벽잠에서 깨어나고 있다. 동쪽에는 화채봉능선이 병풍처럼 둘러쳐져 있고 남쪽에는 대청봉이 새벽잠에서 깨어나 우람한 자태로 동해를 굽어보고 있다. 저 아래 계곡 멀리 말 등처럼 생긴 용대리가 보이고 백담사 골짜기가 희미하게 잠겨 있다. 산정으로 올라갈수록 추운 지방의 그늘에서 많이 자라는 자작나무와 전나무숲이 늘어서 있다. 좁은 길을 따라 고개를 넘으면 중청봉 산장과 헬기장이 나타난다. 대청봉 정상까지 올라가는 길 옆에는 많은 돌무더기와 눈잣나무, 전나무, 잔디와 주목들이 정상 부근에 넓게 퍼져 있다.

1,708m인 대청봉大靑峯은 양양군 서면 오색리 산 1의 1번지에 위치한 설악산의 지붕이며 가장 높은 주봉主峯이다. 설악산은 북으로는 금강산을 거쳐 백두산에 이르고 남으로는 오대산과 태백산맥을 지나는 백두대간의 중추적인 산이다. 설악산은 최고봉인 대청봉을 중심으로 북쪽의 미시령과 남쪽의 점봉산을 잇는 설악산맥이자 태백산맥이기도 한 주능선을 경계로 동쪽(동해)을 외설악, 서쪽(내륙 쪽)을 내설악이라 부르고 있다. 외설악은 천불동계곡을 끼고 양쪽에 창검같이 솟은 기암절벽으로 남성적인 데 비해 내설악은 백담과 수렴, 가야, 백운, 12선녀탕골 등의 계곡으로 경관이 우아하고 여성적이다. 설악산의 빼어난 경치는 지질기반인 화강암에 그 바탕을 두고 있다. 화강암의 관입으로 인한 암질岩質의 차이와 여기서 비롯된 오랜 세월에 걸친 침식작용으로 웅장하고 다채로운 모습을 이루고 있다.

대청봉은 화채능선을 타고 화채봉으로 갈 수 있다. 중청봉을 지나 독주암 능선을 타고 양양 쪽인 오색약수로 나갈 수 있어 등산로의 분기점이다. 산정 주변에는 유난히도 많은 돌로 쌓인 암산岩山들이 넓게 흩어져 있다. 이곳에는 무리지어 자라는 잣나무와 주목들과 더불어 희귀식물인 눈잣나무가 눈 속에 낮게 엎드려 있다. 흰 눈과 조화를 이루어 설경雪景을 더욱 돋보이게 한다. 눈잣나무는 소나무과의 묘목으로 높은 산에서 자란다. 평지에서는 곧게 자라며 산정에서는 낮게 눕는다. 꽃은 6-7월에 피며 열매는 다음해 9월에 익는다. 정상 부근에는 세찬 바람 탓인지 다른 지역보다 눈이 많이 쌓여 있지는 않다.

붉은 해가 허공에 떠서 진다는 대청봉의 일출낙조日出落照가 특히 유명하다. 7시 30분쯤 해가 구름을 헤치고 낮게 드리워 떠오른다. 주변 일대가 엷은 아침 햇살을 받아 조금씩 붉은 색소를 띠고 동해바다는 뽀얀 운무 속에 잠겨 있다. 상쾌한 아침 바람이 새벽을 가른다. 중부능선에 올라서면 나한봉, 1,275m봉, 범봉, 신선봉이 엷은 운무에 싸여 서서히 걷혀가며 제 모습을 드러내고 있다. 저 멀리 바둑판 위에 성냥갑을 올려놓은 듯한 오밀조밀한 속초 시가지와 푸른 산들이 새벽잠에서 막 깨어나고 있다. 화채능선을 따라 솟아 있는 화채봉과 계곡들이 저마다 현란한 속살을 새벽 공기에 드러내고 북쪽으로는 금강산이 아득히 시야에 들어온다.

중부능선에서 소청봉까지의 등산로는 매우 미끄럽고 오르기 힘하다. 소청봉에 올라 정방형 나무탁자에 걸터앉아 땀을 닦으며 주변의 공기를 깊이 호흡해 본다. 소청봉 아래쪽 500m 지점에 소청봉산장이 있으며 그곳에서 백담사까지 가는 계곡은 경치가 매우 아름다운 코스다. 소청봉에서 중청봉을 보면 산정에 둥근 공모양의 통신시설이 이색적인 느낌을 준다. 중청봉에는 중청대피소가 있어 예약하면 하루 묵어갈 수 있다. 산정에서 왼쪽을 내려다보면 천불동계곡의 천태만상의 얼굴과 기상천외한 절경들이 동해바다와 어울려 신비의 비경을 드러내고 있다.

동해의 수평선을 바라보면 수천 수백의 높고 낮은 암봉우리들이 청봉 앞에 모두 열병하는 것 같다. 설화산인雪華山人 무진자無盡子의 『오세암사적기五歲庵史蹟記』에 의하면 옛날에는 청봉을 봉황대鳳凰臺라 불렀다. 또 봉황대의 정상인 봉정峯頂이 산의 극極한 곳이라고 기록하였다. 노산 이은상은 봉황대, 봉정, 청봉이라 한 것은 옛 신앙의 근원이었던 광명光明에서 나온 말이라고 단정했다. 『동국명산기東國名山記』에서 청봉이라는 까닭을 살펴보면 청색으로 보인다 하여 그 봉우리를 청산봉靑山峰이라 하였다.

　대청봉 정상에 오르면 눈에 띄는 건 돌집 정도다. 이곳은 대청봉에 모셔둔 제단이며 누군가가 돌담을 쌓아 담을 돌렸다. 오른쪽에 설악산산신령, 왼편에 팔도산신중도신령八道山神中道神靈이라고 써서 각각 세웠다. 한가운데 위패에는 설악산봉국가천왕불신지위雪嶽山峰國家天王佛神之位라고 써서 세워놓았다. 지금은 없어지고 산정엔 요산요수樂山樂水라 새긴 표지석을 자연석에 세워 등산객들을 맞이하고 있다.

　눈 덮인 설악의 설해雪海와 설화雪花를 바라보면 겨울 설악이 얼마나 신비롭고 웅장하고 아름다운지를 실감하게 된다. 가을 햇살에 골마다 흔들리는 환상적인 단풍잎 물결, 따뜻한 겨울날 수증기가 오르다 해질녘에 나뭇가지에 맺혀 얼음이 되었다가 아침 햇살에 연기처럼 사라지는 신기루 같은 현상을 보라. 봄, 여름, 가을철 골마다 안개가 덮여 베일에 싸인 아름다운 산야, 5월 말에서 6월에 피는 대청봉의 진달래, 철쭉꽃이 눈잣나무와 주목들 사이에 피어올라 꽃 바다를 이룰 때 가슴은 활활 타오르는 정념情念의 별유천지를 경험하게 된다.

⁴⁵ 하늘 아래 비밀의 정원
공룡^{恐龍} 능선

  휘운산장 주변엔 일찍부터 밥을 짓거나 식사를 마치고 산행을 떠나는 여행객들로 붐볐다. 어젯밤 등산 코스에 대해 얘기를 나누던 일행과 자연스럽게 동행하게 되었다. 8시 40분 공룡능선으로 출발했다. 희운각에서 100m 지점 아래로 내려가면 우측은 천불동계곡, 좌측은 신성봉, 공룡능선으로 가는 두 갈래의 길이 나타난다. 공룡능선은 입구부터 험난함을 예고하듯 돌암벽산 위로 가파른 길이 뻗어 있다. 맞은편엔 용아장성 능선이 뻗어 내리고 가운

공룡능선 등반코스

데로는 가야동계곡이 펼쳐져 있다. 암벽과 산 능선을 돌아 처음으로 산 정상에 도착해 보니 공룡능선과 천불동계곡 사이에 황금빛 단풍 물결이 엷은 운무 속에 불타고 있다. 저 멀리 귀때기청봉이 구름 속에 고개를 들고 가야동계곡은 정적에 싸여 있다. 공룡의 등과 뼈 사이로 등정하는 것같이 급경사진 산의 위아래를 오르내리는 코스다.

설악의 날씨는 도무지 종잡을 수가 없다. 운무에 싸이는가 하면 어느새 안개처럼 걷히고, 맑은 날씨라고 산행하면 비바람을 뿌리는 변덕쟁이다. 우리 일행 다섯 명은 운무에 싸였다 걷히는 천화대의 암봉들을 쳐다보며 황홀한 경치에 넋을 빼앗겼다. 천화대는 외설악에서 가장 험한 봉우리가 모여 있는 곳이다. 산봉우리들이 꽃밭같이 모여 있는 형상으로 하늘나라의 꽃처럼 피어오른 곳이란 뜻으로 천화대天花臺라 부른다. 천화대는 희운각 방향으로 첫 번째 나타나는 1,120m인 노인봉老人峰에서 북동쪽으로 뻗어 내린 20여 개의 연봉을 말하며 가장 높은 봉우리를 범봉이라 부른다.

봄날의 푸르름과 가을의 붉은 단풍잎 물결, 겨울날의 눈꽃으로 덮

공룡능선의 연봉들

동해의 물길 따라

인 경치를 바라보면 하늘나라의 꽃밭이 천상에 있는 것이 아니라 설악의 이 깊은 계곡 속에 있다는 것을 느낀다. 충분한 휴식을 취한 후 북쪽 1,275m봉을 향해 발길을 돌렸다. 첫 번째 봉우리를 넘은 이후에는 주변의 아름다운 경치를 감상하느라 발걸음이 가벼웠다. 뾰족뾰족한 암봉의 등을 밟고 가는 기분이 힘들다는 생각보다는 잘 왔다는 마음이 앞선다.

공룡능선은 비가 올 때나 바람이 심하게 불 때는 등산을 삼가는 것이 좋다. 바위를 주로 타야 하는 능선 코스이고 바람이 세게 불 땐 계곡으로 날려 떨어질 염려가 있기 때문이다. 바람이 심한 지역은 북풍으로 인하여 나뭇가지가 남동쪽으로만 뻗어 있어 특이한 형상을 하고 있다. 아름다운 주변 경관을 둘러보다 보면 발걸음이 떨어지지 않는다. 천화대의 주봉인 범봉을 지나 5번째 봉우리를 넘어서면 공룡능선의 주인공이라고 할 수 있는 1,275m봉이 나타나고 정상에서 동북방향으로 나한봉羅漢峰이 보인다. 나한봉은 1,275m봉과 마등령 사이에 있는 봉우리다. 나한羅漢은 아라한阿羅漢의 준말로 불교에서 최고의 깨달음을 얻은 자를 가리키는 말이다.

공룡능선의 특징은 9개의 커다란 봉우리를 넘는 것이다. 이 길은 밧줄을 잡거나 암벽을 더듬으며 걷는 경우가 많기 때문에 반드시 장갑을 끼고 등산해야 한다. 등산 코스는 거의 대부분 봉의 위에서 아래로 멀리 내려갔다가 꼭대기까지 다시 올라가기 때문에 험한 코스다. 2시간 반쯤 등정하여 1,275m봉에 도착했다. 난코스가 많기 때문에 우리 일행은 주변을 둘러보며 잠시 휴식을 취했다. 김형이 준비해 온 오이를 나누어 먹었다. 땀을 닦으며 주변을 둘러보던 나는 암벽 틈새에 핀 눈에 익은 꽃 한 송이를 발견했다. 오스트리아의 나라 꽃인 알프스의 별, 에델바이스다. 이 솜다리꽃은 에델바이스란 노래가 '사운드 오브 뮤직'이란 영화를 통해 전국적으로 애송되면서 무차별 채취되고 반출되면서 지금은 험한 암벽이나 낭떠러지 바위 틈새에서 겨우 명맥을 유지하는 희귀종 꽃으로 변했다.

등산을 할 때는 만일의 사태에 대비하여 항상 비상식량을 준비하는 것이 좋다. 초콜릿 종류나 오이는 목이 마르거나 배가 고플 때 먹으면 고단백 식품이라 많은 도움이 된다. 그리고 설악산처럼 날씨의 변화가 많은 곳은 비옷이나 방수가 되는 옷을 준비하는 것이 필요하다. 산행을 하는 데 등산로가 개설되어 있지 않은 곳은 삼가는 것이 좋다. 조금 일찍 가려다 길을 잃거나 험한 암벽 코스를 만나면 자칫 생명을 잃을 수 있기 때문이다.

휴식을 취한 후 일곱 번째 봉우리를 향했다. 1,275m봉에서 100미터 정도 가면 오른쪽으로 설악골로 갈라지는 등산로가 있는데 가능한 이런 코스는 가지 않는 것이 좋다. 험한 코스이기 때문에 주로 암벽등반가들의 훈련코스로 이용되며 일반 사람들은 잘 이용하지 않는다. 이 봉은 굉장히 험난하여 어떤 곳은 밧줄을 타고 암벽 양쪽을

공룡능선에서 본 암벽군락들

넘어야 하는 등산로가 많이 있다. 서로 손을 잡아주거나 밧줄을 당겨주며 봉정峰頂에 서면 나한봉이 눈앞에 장엄한 모습을 드러낸다. 동쪽으로는 천불동계곡과 설악의 소공원지역 상가와 콘도가 보인다. 저 멀리 장군봉의 금강굴 입구와 사다리 사이로 희미한 사람들의 모습이 어른거린다. 북쪽으로 공룡능선이 끝나는 마등령 정상과 수렴동계곡의 바닥이 보인다.

우리 일행은 큰 봉우리를 하나씩 넘을 때마다 세면서 아홉째 봉을 넘었다. 정상에 서면 동쪽으로는 설악골이 펼쳐지고 마등령 정상과 거대한 남근男根형상을 한 진대봉이 하늘을 향해 우람하게 솟아 있다. 상쾌한 산바람으로 피로가 눈 녹듯이 사라진다. 영랑호와 청초호 사이에 속초 시가지가 붉은 단풍잎 물결 속에 쉬고 있다. 바다 위에 뭉게구름이 피어오르고 거대한 산맥의 물결이 겹겹이 둘러쳐져 바다를 향해 달리고 있다. 마치 허공에 떠 있는 기분이다.

4시간 40분 정도 걸어서 마등령 대피소에 도착했다. 마등령 휴게소에서 남서쪽으로 오세암 가는 길이 있는데 산의 능선 쪽 200m 지점에 샘물이 있다. 박 군과 안 군은 샘물을 길으러 가고 김형과 나는 식사를 준비했다. 소나무 그늘 아래 자리를 깔고 넉넉한 마음으로 즐거운 식사 시간을 보냈다. 길어온 샘물과 가지고 온 음식을 모두 내놓아 조촐한 점심식사를 했다. 어쩌면 우리에겐 이별의 만찬인지도 모른다. 김형 부부는 오세암을 방문하고 수렴동계곡과 백담사를 들러 용대리로 나갈 계획이다. 나는 두 젊은이와 마등령을 넘어 금강굴과 비선대 코스로 가기에 이젠 김형 부부와 헤어져야 할 시간이다. 따끈한 커피 한잔을 마시며 하룻밤 한낮을 만나 옛친구처럼 서로 손을 잡고 끌어주며 보낸 짧은 시간들이 소중하게 기억될 것이다.

46 금강문^{金剛門}의 관문
마등령^{馬登嶺}

비선대…금강굴…마등령길

　신선한 아침 공기를 마시며 일행과 함께 비선대에서 마등령을 향해 돌계단을 오르기 시작했다. 아침 햇살에 소나무와 참나무, 물푸레, 자작나무, 도토리, 후박나무 등 형형색색의 연녹색 물결이 계곡을 타고 불어오는 미풍에 흔들린다.

　장군봉 3부 능선쯤에 이르면 두 갈래의 길이 갈라져 있다. 왼쪽으로는 마등령으로 가는 돌계단이 뻗어 있고 오른쪽으로는 원효대사

마등령의 일출

의 수도처였던 금강굴로 가는 길이 나 있다. 장군봉 위쪽을 쳐다보면 암벽 사이로 철계단이 설치되어 계단을 오르는 사람들의 까마득한 모습이 아침 햇살에 어른거린다. 장군봉 허리를 돌아 올라가면서 남쪽을 바라보면 하늘 한가운데 거대한 성벽을 둘러친 것 같은 화채봉능선이 앞을 가로막고 오른편엔 천화대와 천불동계곡 사이로 맑은 시냇물이 흘러가는 골짜기가 조금씩 모습을 드러내고 있다.

거대한 장군봉 허리를 뒤로하고 천화대, 1,275m봉, 천불동계곡을 굽어본다. 천불동계곡의 맑은 물과 기암절벽들과 주변의 연녹색 물결에 취해 잠시 동심의 세계로 되돌아가 본다. 사진 촬영을 마치고 일행과 함께 마등령으로 가는 능선을 넘었다. 능선 왼쪽으로 인자하게 생긴 커다란 현인암이 나타나고 등산로 주변엔 진달래, 철쭉꽃이 드문드문 무리를 지어 피어 있다.

마등령馬登嶺은 내설악과 외설악을 가름하는 태백산맥의 준령으로 해발 1,327m의 준봉이고 주변 일대의 경관이 매우 아름다운 등산 코스다. 옛날에 이 산을 넘을 때 어찌나 가파른지 엎드려 땅을 짚고 올라야 하는 고개로 마치 말의 등과 같이 생겼다 하여 마등령이라 불렀다. 과거엔 영동·영서 간에 물물교환을 하던 상인들이 이 고개를 넘어 다녔던 요로要路이기도 하다. 신흥사에서 마등령까지는 10km 정도가 되며 백담사에서 오세암을 거쳐 외설악으로 빠질 때 이 마등령을 이용하기도 한다.

가파른 능선을 타고 올라가면 마등령 7부 능선쯤에 마치 남근男根처럼 생긴 거대한 암봉峰이 웅장하게 솟아 있다. 동서남북 위아래 어디에서 보아도 모습이 동일하게 보이는 진대봉이다. 이 봉은 마등령 바로 북쪽에 위치한 해발 1,327m의 봉우리로 이전부터 주민들에 의하여 불려진 지명이나 요즈음은 거의 잊혀지고 지도에는 1,327m

봉으로 표기되어 있다. 마등령 코스에는 두 군데의 샘물이 있다. 진대봉에서 50-60m 아래에 맑은 샘물이 항상 넘쳐 흐르고 금강문에서 40m 위로 올라가면 샘이 하나 더 있다. 진대봉에서 십여 분 정도 올라가면 금강문이 나타나는데 바위가 길 양쪽에 문의 기둥처럼 갈라져 마치 거대한 문이 열려 있는 것 같은 형상을 하고 있다. 이 문은 불가佛家에서 마치 극락으로 들어가는 관문이 열려 있다는 뜻으로 누구든지 이 문을 통과하면 극락으로 들어가게 된다는 뜻이다.

금강문을 통과하여 십여 분 걸어가면 마등령 정상이 나타난다. 앞엔 공룡능선이, 그 끝엔 신성봉과 청봉이 웅장하게 버티고 서 있다. 동쪽엔 푸른 동해바다와 속초 시가지와 설악산 입구가 눈 아래 전개되고 하늘나라 꽃밭인 천화대의 암봉들이 하늘을 찌를 듯이 도열해 있다.

마등령의 아침

마등령 정상을 넘어가면 오세암이 나타난다. 정상에 오르면 서쪽으로는 내설악 일대와 농남쪽으로 동해와 외설악의 절경이 한눈에 전개된다. 남쪽으로는 대청봉에서 시작하여 화채봉과 칠성봉, 집선봉, 권금성까지 이어진 화채능선이 거대한 성벽처럼 뻗어 내려가고 북쪽으로는 저항령과 황철봉으로 이어지는 능선이 동해로 뻗어내려 마치 천군만마가 좌우에 도열한 듯한 웅장한 모습이다.

옛 노인들의 말에 의하면 마등령은 험준하여 한번 오르자면 힘겹게 손을 잡고 더듬으며 네 발로 기듯이 올라갈 수 있는 고개라 하여 어루만질 마摩인 마등령摩登嶺이라 불렀다고 한다. 동쪽으로는 흡사 둥글기가 달마와 같다 하여 부르게 된 달마봉은 부드럽고 점잖게 앉아서 영랑호와 청초호의 잔잔한 물결을 바라보고 있다.

<u>47</u> 설산^{雪山},
대청봉 진달래와 철쭉꽃

혀끝을 톡 쏘는 사이다 맛을 연상케 하는 오색약수를 마시고 오후 1시 30분 대청봉을 향해 출발했다. 옛날에 오색꽃이 피었다 하고 또 『사기史記』에 오색석사五色石寺가 있었다 하여 오색리라고 전한다. 이 마을은 우리나라에서 가장 유명한 오색약수와 80년대 초에 개발한 온천으로 인하여 아름다운 자연 경관과 더불어 천혜의 관광자원을 갖춘 보고寶庫이다. 오색천을 좌우로 끼고 형성된 식당과 숙박지구를 지나 한계령으로 이어지는 아스팔트 길로 발길을 돌렸다.

대청봉 정상

설악산雪嶽山 명칭의 유래와 지질

설악雪嶽은 신산神山으로 생각하고 성역같이 믿어왔던 곳이다. 『삼국사기三國史記』에는 '설산雪山, 설화산雪華山'으로 기록되어 있다. 『동국여지승람東國輿地勝覽』의 「양양도호부 산천조山川條」에 보면 "설악雪嶽은 부府의 서북 오십 리 허許에 있는 진산鎭山인데 매우 높고 험준하다. 한가위中秋부터 내리기 시작한 눈이 이듬해 여름이 되어서야 비로소 없어진다"는 뜻에서 설악雪嶽이라 이름 지었다 한다.

또한 명산 설령雪嶺에 설雪자를 붙이는 것은 우리의 옛말古語에 술이란 단어가 있는데 이것은 신성을 뜻하는 것이며 설雪이란 결국 신성을 뜻하는 '술'의 음역音譯이다. 이 신성이 내포되었다는 뜻에서 생명生命을 중심으로 하는 신성神聖, 숭고崇高, 결백潔白함을 나타낸 신산神山 성역임을 의미한다.

여류시인 금원여사錦園女史가 쓴 『호동서락기湖東西洛記』에 "설악산의 돌이 눈같이 희므로 이름을 설악이라 하였다石白如雪故名雪嶽"는 내용이 있다. 이렇듯, 술 뫼인 설악산은 우리 겨레의 영산이며 진산이고 또 신산神山으로서 예부터 대대로 내려오는 성역임을 알 수 있다. 또한 봉우리마다 열을 지어 섰고 돌石의 빛이 눈雪같이 흰 대자연의 신성하고 아름다운 모습에서 설악이라는 이름이 유래하였다.

설악의 지질

대청봉 정상 부근과 그 동부, 서부 및 남부, 즉 외설악 남부는 시대 미상인 선캄브리아기紀 변성암류인 화강암질 편마암과 반상변정 편마암으로 구성되어 있다. 내설악의 대부분과 외설악의 북부는 백악기白堊紀의 화강암인 불국사 화강암으로 되어 있다.

수억 년에 걸친 지반의 융기隆起와 침식, 삭방작용으로 중생대에 이르러 다시 퇴적지로 변했으며 중생대층中生代層이 끝날 무렵 한국에서 가장 뚜렷이 드러난 것으로 알려진 백악기의 화성활동火成活動이 설악산에도 활발히 진행되었다. 각종 화강암류가 관입貫入하는 과정에서 단斷과 층層, 절리節理, 부정합不整合 등의 원인이 발생했다. 성질을 달리하는 각종 화강암류의 발달과 수천만 년의 세월을 거쳐 침식 풍화작용으로 현재와 같은 뛰어난 경관과 지형이 형성되었다.

설악산에서 중요한 화성활동은 설악산 화강암의 관입으로부터 시작되었다. 설악산 화강암의 관입으로 화강암질 편마암, 반산변정 편마암 등의 선캄브리아기의 기반암基盤巖이 융기되었다. 대청봉과 화채능선 등의 장엄한 봉우리들이 이 작용으로 형성될 수 있었다. 또한 공룡능선과 같은 기암괴석과 계곡을 가진 절경이 형성될 수 있었다. 그 다음으로 중요한 지질사건은 흑운모 화강암의 관입이다. 내설악의 형성은 설악산 화강암과 흑운모 화강암의 관입으로 그 기초가 마련되었다고 할 수 있다.

내설악은 비교적 초기에 관입한 화강암류로 구성되어 있음에 반해 외설악은 주로 말기에 관입된 화강암류로 구성되어 있다. 가장 나중에 형성된 울산 화강암이 외설악의 특징을 잘 나타내주고 있다. 암석 순서를 볼 때 내설악이 먼저 형성되었고 그 다음에 외설악이 형성되었다.

현재의 모습이 있기까지 설악산은 6000만 년 이상 침식작용과 지각의 융기로 솟아오르고 동해의 함락으로 동사면東斜面이 급격히 침식되고 화강암의 절리현상으로 기암절벽과 계곡을 가진 절경을 형성하게 되었다.

오색 ···▸ 대청봉 가는 길

오색온천 남쪽 산기슭에 자리 잡은 망월사望月寺에서 들려오는 은은한 독경소리가 마음을 편안하게 가라앉힌다. 골짜기에 늘어선 다양한 상가와 식당들이 빼곡히 들어서 있다. 아스팔트가 끝나는 지점의 매표소에서 왼쪽으로는 한계령을 넘어가는 코스와 오른쪽으로는 양양읍으로 가는 길이 나 있다.

매표소를 지나 산을 오르다 보면 두 개의 갈림길이 나타나는데 왼쪽 길은 독주골로 가는 등산로이고 오른쪽은 설악폭포와 대청봉으로 이어지는 길이다. 이곳부터는 경사면이 점점 더 가파른 험한 코스가 시작된다. 뾰족뾰족한 돌길이 산정으로 뻗어 있다. 어찌나 가파른지 땀이 눈앞을 가려 주변 경치를 감상할 여유도 없다. 울창한 송림숲으로 덮여 있는 곳이라 확 트인 전망조차 볼 수 없다. 오색에서 대청봉을 선택하는 등산코스의 장점은 가장 짧은 시간에 대청봉 정상에 도달할 수 있고, 대청봉에서 내려가는 다른 등산코스의 선택이 용이하다는 것이다.

대청봉 가는 길

소청봉 가는 길

　제1쉼터에서 조금 더 올라가면 시야가 확 트인 산허리 능선이 나타나고 이곳에서 1.5km 정도 올라가면 50장* 정도의 맑은 폭포수가 바위틈을 굽이치며 유연하게 흘러내리고 있다. 흐린 날씨에 간간이 뿌려지는 빗방울에 더위를 식히며 1,450m 지점인 제2쉼터에 도착했다. 봄이면 늘 배낭 하나 짊어지고 남도를 여행하던 학창시절부터 나는 혼자 여행하는 데 익숙해 있다. 지도를 바라보며 내리고 싶은 역이 있으면 어느 때라도 내려서 도회지의 밤 풍경을 탐닉했었다. 혼자 여행하는 것이 외롭게 보일지 몰라도 언제나 새로운 사람을 만나 대화하고 모든 상황에 혼자 대처해야 하므로 여행의 진수를 느끼기엔 안성맞춤이다. 모든 선택은 백퍼센트 자신의 결정에 있다는 게 가장 큰 매력이다.

　여기서 대청봉까지는 1.2km로 약 1시간 거리다. 정상으로 가까이 올라갈수록 산세가 완만해지고 늦게 핀 철쭉과 진달래꽃이 바위틈에 수줍게 피어 아직도 봄의 정취를 간직하고 있다. 대청봉 정상에

서면 남쪽으로 태백산맥의 줄기가 동해를 향해 굽이쳐 흐른다. 대청봉의 서북쪽을 종주하여 한계령을 지나 1,424m의 점봉산點棒山으로 내려가는 한계령 능선이 있다. 또한 1,577m의 귀때기청봉에서 대승령大勝嶺을 거쳐 1,430m의 안산鞍山까지 뻗쳐 서북쪽으로 흘러가는 장엄한 서북주능선이 이어지고 있다.

날카로운 연봉들이 많이 솟아 흡사 용龍의 치아齒牙처럼 뾰족뾰족한 봉우리가 연이어진 용아장성능선龍牙長城稜線과 동쪽으로는 1,305m의 화채봉華彩峰을 지나 칠성봉七星峰, 집선봉集仙峰, 권금성權金城으로 이어지는 화채능선華彩稜線이 거대한 성벽처럼 동해로 뻗어 내려간다. 이 능선은 설악의 가장 아름다운 경관을 이루는 천불동계곡을 에워싸고 있다. 중청과 소청 무너미고개를 지나면 북쪽 신선암부터 바위가 뾰족하고 험난하여 마치 공룡恐龍의 등같이 생긴 공룡능선을 따라 1,275m봉, 노인봉老人峰, 나한봉羅漢峰이 장엄하게 버티고 서 있다. 연이어 내·외설악을 연결하는 말의 등같이 생긴 마등령馬登嶺이 동으로는 금강굴, 비선대, 서로는 오세암, 백담사, 북으로는 저항령低項嶺, 황

대청봉에서 본 주변 전경

철봉黃鐵峰, 미시령彌矢嶺으로 이어진다.

외설악에서 가장 날카로운 봉우리가 밀집되어 있는 곳이 천화대天花臺인데, 날카로운 연봉들로 겹겹이 에워싸여 있어 천군만마를 호령하듯 우뚝 솟아 있다. 대청봉 정상에 오르면 호연지기가 일어나 장쾌한 쾌감을 맛보게 된다. 가을에 단풍으로 붉게 물든 계곡을 바라보면 가슴이 활활 타오른다. 겨울이 오면 기암절벽에 눈이 쌓여 온갖 형태의 눈꽃雪花이 피는데 겨울 설악의 비경秘景은 바로 지상의 선계仙界이다.

진달래와 철쭉꽃이 만발한 대청봉 일대가 운무에 싸일 때는 천상의 화원처럼 별세계에 서 있는 느낌이다. 나는 잠시 숨을 몰아쉬며 진달래꽃 속에서 아름다운 천상의 여인이 미소를 지으며 다소곳이 걸어 나오는 모습을 연상한다.

3부

인제 지역의
경관과 문화

한계령 구비길

동해의 물길 따라

<u>48</u> 수도^{修道}의 도량^{道場}
백담사^{百潭寺}

속초⋯▶백담사 가는 길

한계령 휴게소에서 차를 마시고 백담사 입구인 용대리 마을에 도착했다. 매표소 주변엔 식당과 토산품가게가 늘어서 있다. 매표관리소에서 백담사까지 차량통행을 철저히 통제해서 버스를 타거나 걷거나 선택해야 한다. 내설악은 비교적 산세가 완만하다. 특히 둥근 자갈돌들은 외설악에서 거의 볼 수 없는 풍경들이다. 백담사 계곡길은 차량이 두 대 정도 비켜갈 수 있게 잘 닦여 있다.

내설악은 비교적 중생대 초기에 관입^{貫入}한 화강암류로 구성되어

백담사 전경

백담사 가는 계곡

지세가 완만하고 둥근 돌들을 볼 수 있다. 외설악은 말기에 관입한 화강암류로 기암괴석과 암벽이 잘 발달되어 내설악의 지세와 경관이 서로 잘 대비가 된다. 백담계곡은 어머니의 품안처럼 편안하고 따뜻한 느낌을 준다. 강교를 지나면 야트막한 산을 둥글게 에워싼 넓고 큰 계곡이 눈앞에 펼쳐진다.

용대리에서 백담사까지 7.5km 정도의 거리다. 성인 걸음으로 1시간 30분 정도 걸린다. 도로 보수와 다리가 잘 설치되어 있어 걸어다니기에는 무난한 코스다. 시내버스가 운행되고 있어 신도들이 절을 방문하기에는 편리하다. 백담계곡으로 흘러내리는 맑고 청아한 하천과 부드럽고 단아한 암석들과 둥근 돌들이 어우러져 편안하고 넉넉하게 갈 수 있는 불국토이다.

백담사 입구로 들어서면 넓은 하천이 나타나고 헤아릴 수 없을 만큼 돌탑이 쌓여 있어 장관을 이룬다. 절과 개울 위엔 화강암으로 만든 수심교修心橋가 굳건한 모습으로 놓여 있다. 다리를 건너 일주문으로 들어서면 왼쪽엔 만해당과 오른쪽엔 식당으로 사용하는 후원이

천불돌탑

만해기념관(상), 만해기념관 내부 전경(하)

좌우에 서 있고 그 가운데 조그마한 3층 석탑이 서 있다. 석탑 뒤엔 아미타불을 주불로 모신 극락보전極樂寶殿이 있다.

백담사는 예전의 모습보다 많이 변모했다. 불교용품을 파는 가게와 차를 마시는 백담다원, 한용운 스님의 일대기를 전시한 만해기념관이 있어 볼거리가 다양하다. 특히 템플스테이와 만해교육관, 스님들의 수행을 위한 무문관 수도처 등이 개설되어 불교포교에 많은 노력을 기울이고 있다.

tip

백담사의 유래

백담사는 신라 진덕여왕 원년(647년)에 자장율사가 창간하였다. 창건 당시의 절 이름은 백담사가 아니고 한계사寒溪寺라 했다. 한계사는 백담사의 전신이다. 43년 후 불타고 재차 중건하였으나 그마저 불타버렸다. 그 후 원성왕元聖王 6년(790년)에 이곳을 떠나 30리 지점에 사찰을 세우고 이름을 운흥사雲興寺라 바꾸었다. 그러나 운흥사터도 폐허가 되었다. 세월이 흘러 고려 성종成宗 3년(984년)에 변란으로 인하여 없어졌다가 성종 6년(987년)에 옛터의 북쪽 60리 지점에 다시 옮겨서 심원사深源寺라 이름을 바꾸었다.

조선시대에 들어와 다시 불타버리고 세종 16년 30리 지점에 선구사旋龜寺라 하였으나 9년 만에 불타고, 다시 4년 후에 옛터 서쪽 10리 지점에 영취사靈鷲寺를 세웠다. 영취사마저 재화를 입고 그 이듬해에 재익과 재화, 신열 스님 등이 옛터의 위쪽 20리 지점에 절을 세우고 백담사라 이름을 바꾸어 불렀다. 백담사란 이름은 이때부터 시작되었다. 백담사도 여러 번 우여곡절을 겪으며 영조 46년(1772년)에 불타버렸다. 3년 후 심원사尋源寺를 세웠으나 정조 7년(1783년)에 다시 백담사로 바꾸어 불렀다. 1915년 160여 칸의 백담사는 불타버리고 4년 후에 중건하였으나 6·25전쟁으로 소실되어 1957년에 다시 중건하였다.

백담사는 이렇듯 많은 화재와 사연을 지닌 채 천삼백여 년간 존속된 것을 보면 스님들의 구도의 집념과 종교의 위대한 힘을 실감나게 한다. 전해 오는 얘기에 의하면 사찰이 계속 화재로 소실되어 폐허가 되므로 이름을 고쳐보려 애쓰던 중 어느 날 주지스님의 꿈에 신령스러운 백발노인이 나타나 청봉에서 지금의 절까지 담潭을 세어 담이 백 개가 되는 장소에 사찰을 건립하면 수水, 화火, 풍風의 3재를 면하리라고 현몽하기에 현재의 위치에 건립하였다. 담潭자는 수기水氣를 강하게 막을 수 있다고 하여 백담사百潭寺로 이름을 바꾸었다고 전한다.

백담사 3층 석탑

　많은 화재와 중건으로 절의 이름을 바꾸면서 수난의 역사를 극복하고 오늘날까지 끈질기게 그 명맥을 유지한 것은 만해 한용운 스님 같은 시대의 등불을 만들기 위한 긴 세월의 기다림이었을 것이다. 백담사는 만해사상의 고향이다. 그는 내설악의 바람소리와 맑은 물소리를 들으며『님의 침묵』과『조선불교유신론^{朝鮮佛敎維新論}』등의 주옥같은 글들을 쓸 수 있었다. 3·1운동의 중심 인물로서 조국 광복을 염원했던 선각자로서 떠났지만 그는 민족의 가슴에 샛별 같은 존재로 영원히 살아 있다.

나룻배와 행인^{行人}

한 용 운

나는 나룻배
당신은 행인^{行人}

당신은 흙발로 나를 짓밟습니다.
나는 당신을 안고 물을 건너갑니다.
나는 당신을 안으면 깊으나 옅으나 급한 여울이나 건너갑니다.

만일 당신이 아니 오시면 나는 바람을 쐬고 눈비를 맞으며 밤에서
낮까지 당신을 기다리고 있습니다.
당신은 물만 건너면 나를 돌아보지도 않고 가십니다그려.
그러나 당신이 언제든지 오실 줄만은 알아요.
나는 당신을 기다리면서 날마다 날마다 낡아갑니다.

나는 나룻배
당신은 行人

tip

백담사에 얽힌 전설

원래 백담사의 위치는 현재의 화천^{華川}땅에 해당하는 한천땅에 북금사 北_{金寺}라는 이름으로 있었다. 그런데 포수들이 짐승을 잡으러 자주 들리는 등 불도에 어긋난 불미스러운 일들이 절 근처에서 자주 일어나 할 수 없이 인제군 북면 한계리에 절을 옮기고 한계사라 이름을 바꾸었다. 그런데 이 절을 옮길 때 한천에서 한계까지 하루저녁에 옮겼는데 옮기는 도중 실수로 청동화로 하나와 절구를 떨어뜨리고 왔다. 춘성군 절구골은 이때 절구가 떨어졌기 때문에 붙여진 이름이고, 한계리 부근의 청동골은 청동화로가 떨어졌던 곳이어서 마을 이름이 그렇게 붙여졌다고 전해진다. 한계리에서 옮겨온 이 절은 이곳에서도 다섯 번이나 화재가 일어났는데 화재를 만날 때마다 주지스님의 꿈에 도포를 입고 말을 탄 사람이 나타나 절터를 옮기고 이름을 고쳐보라고 일러주곤 하였다. 화재가 자주 일어난 이 절은 그 부근에 있는 용대리의 암자동으로 옮기고 영취사 靈_{鷲寺}로 이름을 바꿨으나 이곳에서도 역시 화재를 당하게 되었다. 여기마저도 화재의 재난을 당하자 주지스님은 이름이 잘못되었기 때문이라 생각하고 이름을 고치려 노심초사하고 있었다. 그런데 어느 날 주지스님의 꿈에 백발노인이 나타나 "청봉에서 절까지 담을 세어 담이 백 개가 되는 장소에 사찰을 건립하면 3재를 면하리라"고 일러주었다. 꿈에서 깨어난 주지스님은 그 이튿날 청봉에서부터 절까지 물굽이를 세어 백 번째가 되는 현재의 자리에 절을 세우고 백담사로 명명하였다. 그랬더니 그 후부터는 화재가 전처럼 자주 일어나지 않았다.

49 영원한 맹서의 땅 영시암永矢庵

따끈한 녹차 한 잔을 마시고 9시경쯤 백담산장에서 수렴동 계곡으로 출발하였다. 상쾌한 산바람과 맑은 계곡의 물소리가 아침 햇살을 연두색으로 물들였다. 여울져 굽이치는 물결과 바위 웅덩이 속에 노니는 점박이 개구리와 알더미들, 신록이 돋아나는 5월의 봄 향기가 천지간에 가득 차 저절로 가슴이 뛰고 힘이 솟구친다. 바위틈에 돋아난 돌단풍잎들이 바람에 한들거린다. 냇가에 수줍게 핀 진달래와 철쭉꽃들이 4월의 향기를 머금고 있다. 청아한 계곡물소리와 새소리, 지난밤 한 잔의 술을 꺾으며 느낀 객수客愁가 어느새 사라지고

영시암 전경

막힌 가슴을 확 뚫어놓은 듯 상쾌한 기분이 밀려온다. 여기서 대청봉까지는 12.5km로 9시간 30분 정도 소요되고 장수대까지는 7.3km로 6시간 30분 정도 걸린다. 내설악은 외설악과 달리 흐르는 물결이 잔잔하며 계곡의 형상이나 바위의 모습들이 평온한 느낌을 준다.

성 선생과 최형과 나는 계곡 오른편을 끼고 도는 십자소에서 휴식을 취하며 바위 위에 걸터앉아 사진 촬영을 위해 포즈를 취했다. 이곳에서 남동쪽으로 눈길을 돌리면 저 멀리 먼 이국의 성벽처럼 용아장성 능선이 연두색 장삼을 걸치고 경쾌하게 솟아 있다. 십자소를 가로막고 서 있는 커다란 바위가 수천만 년 세월의 물결에 마멸되어 4.5미터 정도 높이의 바위 한가운데가 둥글게 깎여 물이 흐르는 것을 보면 낙숫물이 바위를 뚫는다는 옛 속담이 과언過言이 아님을 절감하게 된다.

카메라에 봄의 빛깔을 담으려는 작업을 지켜보면서 나는 이 찬란한 봄의 영상과 순간들이 사라지는 것을 담아두고 싶어 깨알 같은 글을 적어 내려갔다. 수정처럼 투명한 맑은 물에 비친 초록색 잎들의 잔상은 연두색의 봄빛에 흠뻑 물들어 있다. 바람에 파문지며 흩

영시암

262

비로전

어지는 둥근 원들의 잔상殘像들이 흔들리는 모습을 바라보며 삼라만
상의 오묘한 조화를 가슴에 담아본다. 작은 우주가 그 속에 물결치
고 있다. 바위나 이끼 틈새에 돋아나 바람에 한가로이 손을 흔들고
서 있는 이름 모를 꽃잎들을 바라보았다. 겨우내 긴 혹한과 눈 속에
서 더욱더 푸르러진 생명의 소리와 빛깔을 담아 다소곳이 미소를 짓
고 있다. 물속에 누워 있는 바위와 둥근 돌들과 굽이쳐 흐르는 물살,
한가로이 날아다니는 나비들, 재잘대는 새소리, 봄바람 싣고 한가로
이 떠가는 뭉게구름 한 점, 이런 것들이 수렴동계곡의 그윽하고 은
은한 본연의 자태가 아닐까?

　백담산장에서 계곡을 끼고 사오십 분 정도 올라가면 내설악 영시
암永矢庵을 만나게 된다. 길을 걷다 쉴 겸 노스님에게 다가가 이 절의
유래에 대해 물었다. 노스님과 길 옆에 마주앉아 노변정담을 나누었
다. 오세암과 봉정암, 백담사 주지를 역임하신 법랍法臘 30년의 노스
님은 그윽한 눈빛으로 이야기 보따리를 풀어놓기 시작했다.

영시암의 유래

조선시대 숙종肅宗 15년의 일이지요. 그해는 나라에 큰 혼란이 벌어지고 그 유명한 장희빈張禧嬪 사건이 일어난 해였지요. 숙종의 정비正妃 인현왕후仁顯王后 민씨에게 왕자가 없고 희빈 장씨가 숙종 14년 9월에 왕자를 낳게 되었지요. 숙종이 장씨에 혹해지니 서인西人들이 간언諫言하였으나 말을 듣지 않았답니다.

숙종 15년에 장희빈의 소생을 세자世子로 책봉冊封하려 하자 영의정 김수흥을 비롯하여 김수순, 송시열 등 중신들이 반대했습니다. 김수흥은 세자를 가르치는 문제가 급하지 세자 책봉이 급하지 않다고 김수순과 함께 반대했으나 숙종은 장씨의 소생을 왕자로 봉하고 숙빈 장씨를 희빈嬪嬪으로 봉封하자 서인西人들이 일어나게 되었지요. 이에 숙종은 격노하여 김수흥과 김수항, 송시열을 귀양 보냈다가 그해 3월에 김수흥의 관직을 박탈하고 윤 3월에 사사賜死하게 되었지요. 이때 김수항의 아들 삼연三淵 김창흡은 세상과의 인연을 끊고 심산유곡인 설악산 이곳에 찾아와 산수를 즐기며 영원히 세상에 나가지 않을 것을 맹서永不出世爲誓하였답니다. 영시永矢는 한번 쏜 화살은 돌아가지 않는다는 뜻으로 지금 이 자리에 정사精舍를 짓고 영원히 맹서한다는 뜻에서 영시永矢라는 명칭을 붙이게 되었다고 합니다. 삼연 김창흡은 아버지 김수항의 영靈을 위로하기 위해 아침 저녁으로 기도를 드리며 일생을 보냈답니다. 김창흡은 매월당 김시습과 쌍벽을 이룰 만큼 문재文才가 뛰어난 분으로 과거에 등과 후에도 벼슬길에 나가지 않았고, 종의 신분으로 있던 하인을 면천시켜 주었지요. 함께 살던 최 처사가 마을에 갔다 오다가 범에 물려갔는데 그래서 이 개울 앞 동네가 호식동虎式洞이라 불리게 되었답니다.

그 후 이 깊은 산속에서 혼자 살다가 나이가 들어 주위의 분들이 모시고 나가게 되었을 때 그 정사精舍를 스님에게 인계하고 나갔다고 합니다. 그 후 없어졌다가 인공스님이 중건하였고 기호스님이 중수했으나 일제시대에 화재로 소실된 것을 다시 중창하게 되었지요.

수렴동 대피소

영시암의 주불전인 비로전毘盧殿에 들러 삼배를 올리고 발길을 돌렸다. 비로전은 비로자나화엄불국토의 주인인 비로자나불을 모시는 전각이다. 비로자나란 무한한 빛을 발하며 어둠을 쫓아낸다는 뜻으로 대광명의 화엄세계를 나타내고 있다.

백담산장에서 1시간 30분 정도 수렴동계곡을 따라 올라가면 수렴동 대피소가 나타난다. 수렴동 골짜기는 영시암 앞 계곡에서 쌍폭까지의 골짜기를 말한다. 대청봉을 끼고 중청봉을 거쳐 용아장성龍牙長城을 끼고 두 갈래의 골짜기를 형성하는데 한 골짜기는 가야동伽倻洞이고 또 한 골짜기는 구곡담九曲潭이다. 구곡담계곡은 봉정암에서 수렴동까지의 계곡을 말한다. 희운각에서 수렴동 입구까지의 계곡은 가야동계곡이다.

백담산장에서 출발하여 1시간 30분 정도 수렴동계곡을 따라 올라가면 수렴동 대피소가 나타난다. 구곡담에서 내려오는 물과 가야동계곡에서 내려오는 물이 합쳐지는 지점이라고 해서 수렴동水簾洞이라 명명되었나.

수렴동계곡의 겨울

동해의 물길 따라

<u>50</u> 관음보살이 머무는 오세암

　　산장 아주머니의 인사말을 뒤로하고 우리 일행은 이곳에서 오세암으로 가는 길을 택하지 않고 가야동계곡으로 향했다. 사진 촬영을 위해 짐을 풀고 흐르는 계곡물에 발을 담갔다. 맑은 하늘을 배경으로 누워서 기암절벽과 녹음을 바라보았다. 소나무와 단풍나무, 자작나무 등이 어우러져 산 전체는 연두색 푸른 물결로 싱그럽다. 계곡의 바위 틈과 길이 끊어진 오솔길을 헤치고 올라가면 웅장하고 근

관음봉과 동자전

천진관음보전

엄하게 생긴 거대한 바위가 계곡의 한가운데 우람하게 떡 버티고 있다. 사찰 입구에 서 있는 사천왕문을 연상시킨다고 하여 천왕문天王門 바위라 부른다. 이곳을 지나 계곡의 상류로 올라가면 희운각喜雲閣 산장이 있어 등산객들의 휴식처가 된다. 왼쪽 계곡으로 올라가면 오세암으로 가는 지름길이 있으나 매우 위험하여 산행하지 않는 것이 좋다. 평소엔 가야동계곡의 물이 많지 않아 등산로가 끊어졌다 이어졌다 하지만 여름철엔 수량水量이 많으므로 등산하기에 매우 위험한 코스이다.

구름 몇 점이 만경대를 흘러가고 좁은 협곡 사이로 유연하게 굽이쳐 흐르는 오세폭포는 마치 진경산수화의 한 폭을 펼쳐 놓은 것 같다. 이곳부터는 길이 끊어지고 깎아지른 듯이 가파른 폭포 옆으로 암벽과 나무뿌리를 잡고 스릴을 느끼며 암벽 등반을 하는데 자칫 실수를 하여 떨어지면 목숨을 잃거나 치명상을 당하는 난코스다.

오세폭포를 넘으면 오세암이 나타난다. 이 깊은 산정山頂에 넓고 확 트인 사찰 터를 만나니 명당터구나 하는 찬사가 저절로 나온다. 주말이라 신도들이 많다. 새로 말끔하게 단장한 오세암은 주변이 병풍처럼 둘러친 산봉들로 인하여 사찰 경내는 안온하고 편안한 느낌을 준다. 주지스님과 따끈한 당귀차 한 잔을 나누며 오세암에 대한 이야기를 나누었다.

오세암을 촬영하고 이곳에 대해 글을 쓰고 싶다는 말씀을 드렸더니 이 주변 일대를 가장 잘 볼 수 있는 곳으로 안내해 주시겠다며 오세암 사적비를 지나 산등성이 길로 안내하셨다. 가파른 산비탈을 올라 오세암 정면 우측에 우뚝 솟아 있는 백호등에 올라보면 주변 일대가 한눈에 굽어보이고 저 아래 법당과 요사체 사이로 작은 인형 같은 사람들이 오가고 있다.

저 멀리 귀때기청봉이 아슴푸레 누워 있고 수렴동 골짜기 정면 중앙에 우뚝 솟아 있는 수려한 옥녀봉과 삼태봉이 용아장성을 이루고

애기봉과 범종각

소청과 중청, 대청봉으로 연이어져 산맥을 이루고 있다. 절 입구에 들어서면 관음보살을 모신 천진관음보전이 나타난다. 관음전에 모셔진 관음보살의 형상은 여성적인 형상으로 화려한 색조로 장엄하며 매우 강렬한 인상을 준다. 관음봉 아래엔 동자암童子庵이 인상적이다. 우측으로는 병풍바위, 좌측에는 나한봉이 솟아 있다. 오세암 뒤쪽 계곡길을 따라 올라가면 마등령이 나타난다. 마등령에서 좌측으로 뻗은 능선이 공룡능선이다.

오세암 정면 우측 만경대에 관세음보살의 형상을 가진 좌선바위가 남쪽을 바라보고 있다. 그 정면이 봉정암 사리탑 쪽이라니 자연의 형상치고는 참으로 불가佛家의 사연과 인연이 깊은 바위들이다. 오세암 정면으로 내려가면 우리 일행이 넘어왔던 오세폭포와 천왕문을 지나 가야동계곡이 펼쳐진다.

오세암 정면의 세 봉우리를 삼태봉이라 하는데 예부터 풍수지리상 이로 인해 인물이 많이 배출되었다고 한다. 옆에서 보면 콧날이 오뚝하고 부드러운데 그 곡선미의 오묘한 형상에 절로 감탄을 자아낸다.

오세암五歲庵을 옛날에는 관음암觀音庵이라 불렀다. 오세암은 신라 27대 선덕여왕 12년(643)에 자장율사가 관음진신을 친견하시고 관음조의 안내를 받아 관음봉 아래 초암草庵을 짓고 관음암을 창건하시니 관음진신의 상주처요 해동 제일의 선원으로서 수많은 고승대덕이 수도 정진하였다.

tip

오세암五歲庵의 5세 동자童子

조선 인조시대(1643)에 설정雪淨이라는 스님이 있었다 오세암을 중수重修한 뒤의 일이다. 스님에게는 다섯 살 되는 조카가 있었다. 이 아이는 일찍이 양친을 여의고 이 절에 와 있었다. 그해 날이 몹시 짧은 늦가을 10월 어느 날 스님이 영동 쪽에 볼일이 있었다. 조카에게 말하기를 너는 관세음보살만 부르면서 오늘밤 혼자서 자면 밝은 내일에 돌아오겠다 약속하고 암자를 떠나 영嶺마루를 넘어 영동 방면으로 가게 되었다.

그러나 그날 밤에 눈이 내리기 시작하여 길도 골짜기도 분간할 수 없게 되었다. 눈이 산같이 쌓여 길이 막히고 보니 스님도 돌아올 수가 없었다. 그해 겨울이 지나고 눈이 녹기 시작하여 봄이 된 후에 스님은 죽었거니 하고 한탄하면서 돌아오니 조카가 승방에서 관세음보살을 염불하며 살아 있었다. 스님은 놀란 나머지 어떻게 되었느냐고 물었다. 조카는 "인자하신 어머니가 와서 먹을 밥과 젖을 주며 이부자리며 방도 뜨시게 하여 주셔서 죽지 않고 겨울을 살았습니다."고 하였다.

스님은 신기하게 여겼다. 그러나 조금 있노라니 어디선지 바람소리같이 휙 하는 소리와 함께 백의부인白衣夫人이 관음봉觀音峯에서 내려와 조카의 이마를 어루만졌다. 그리고 난 후 스님께 보리기菩提記를 주고 청조靑鳥로 변해서 날아가 버렸다. 오세동자가 득도得道하였다 하여 오세암이라 부르게 되었다.

동자전

천진관음보전 관음보살상(상), 천진관음보전 전경(하)

동해의 물길 따라

⁵¹ 가장 높은 곳에 위치한 적멸보궁 봉정암

대청봉−소청봉− 봉정암

대청봉에서 출발하여 중청봉을 지나 소청봉 산장에 이르면 여기서 1.2km 계곡 아래에 봉정암이 있다. 봉정암으로 가는 길 앞에 용아장성이 길게 뻗어 있고 왼쪽은 구곡담계곡, 오른쪽은 가야동계곡이 펼쳐진다. 귀때기청봉으로 이어지는 서북주능선이 병풍처럼 둘러 싸고 있다. 동북 방향엔 공룡능선과 주봉 1,275m봉, 범봉이 선명하게 시야에 들어온다. 소청산장 앞뜰 나무걸상에 앉아 따끈한 차 한 잔을 마시며 잠시 휴식을 취했다. 벌써 젊은 등산객들로 붐빈다.

나한봉과 사찰

대웅전 전경

　봉정암으로 가는 코스는 소청봉에서 소청산장으로 내려가거나 희운산장을 지나 소청봉 중간쯤을 오르다 보면 오른쪽에 봉정암으로 가는 등산로와 표지판을 만날 수 있다. 용대리에서 출발하여 백담계곡과 수렴동계곡을 지나 구곡담계곡의 봉정암으로 가는 길과, 수렴동계곡에서 오세암을 거쳐 가야동계곡을 넘어오는 등산로가 많이 이용되고 있다.

　가파른 오솔길의 수목과 바위틈을 돌아 내려가면 봉鳳바위가 나타나고 심산유곡에서 요사체를 만나게 된다. 일주문을 지나 돌계단을 올라가면 적멸보궁寂滅寶宮이 나타난다. 봉정암은 우리나라 사찰 가운데 가장 높은 곳에 위치한 암자다.

　오대산 적멸보궁과 영월 사자산 법흥사, 태백산 갈래 정암사, 양산 통도사와 더불어 우리나라 5대 적멸보궁 가운데 하나이다. 사찰 뒤에는 깎아지른 듯 솟아 있는 봉바위가 에워싸 위압감을 주고 있다. 봉鳳바위는 봉황새가 알을 품고 있는 형상이라 하여 붙인 이름이다.

나한봉 아래 사찰들

tip

봉정암의 유래

봉정암은 신라 선덕여왕 시절 자장율사가 당나라에서 돌아와 창건한 절이다. 이 암자를 창건할 때 암자의 서쪽 석대石臺 위에 석가세존의 사리를 봉안하여 5층탑을 세웠다. 자장율사가 도량道場을 찾을 때 하늘에서 봉황이 내려와 자리를 정해주었다. 그 후 원효대사가 다녀가고 보조국사普照國師가 고종 13년(1226)에 중수重修하였다. 조선 중종 13년(1518) 환적幻寂스님이 중수하였다. 인조仁祖 10년에 설정雪淨스님이 재중수하고 그 후 환공幻空과 수산睡山 스님이 차례로 보수하였다.

봉정암의 사찰들

    봉정암을 둘러싸고 있는 산세가 기고만장氣高萬丈하고 기암괴봉奇巖
怪峰이 병풍처럼 암자를 둘러싸고 있어 산사의 비경을 말로 표현하기
엔 부족하다. 암자를 한가운데 두고 오른편 동쪽에 솟아 있는 봉이
기린봉과 할미봉, 범바위 등이고 절 뒤편 왼쪽 봉이 독성나한봉獨聖羅
漢峰, 지장봉地藏峰 등으로 불리고 있다.

    부처님 진신사리를 안치한 대웅전은 극락세계를 연상케 하는 절
경을 간직하고 있다. 법당 정면을 통유리로 설치하여 나한봉을 비롯
한 사찰 주변 일대의 기이한 암봉과 아름다운 주변 풍광들을 아우르
고 있어 여기가 불보살들이 머무는 극락세계임을 보여주는 것 같
다.

    봉정암 뜨락에 서서 설악을 바라보면 운무에 솟아 있는 수천의 봉
우리들이 겹겹이 에워싸고 있고 푸른 하늘과 가을 단풍잎들, 은은히
울려 퍼지는 저녁 예불소리가 산사의 정취를 돋우고 있다.

    미역국에 밥을 말아 김치를 곁들여 먹을 수 있는 저녁 공양(식사)

은 꿀맛 같다. 진신사리탑으로 가는 조그만 일주문을 지나 우측 돌
계단을 따라 올라가면 환하게 탁 트인 장소가 나타난다. 커다란 바
위 위에 바위를 기단지대석으로 사용한 5층 석탑이 서 있다. 주변 일
대를 한눈에 바라볼 수 있다. 마음이 환하게 밝아오는 대명당이다.
산사의 예불시간을 알리는 범종소리가 봉정골 계곡 가득히 저녁노
을 속으로 은은하게 퍼져가고 있다. ✍

⁵² 전설이 머무는
한계령/ 장수대/ 대승폭포
장수대 휴게소···대승폭포···십이선녀탕계곡···퐁교리

나그네의 쉼터 한계령 휴게소

오색약수터에서 그린야드와 남설악호텔로 가는 언덕길로 오르면 대청봉으로 들어가는 매표소에 도착하게 된다. 오른쪽 도로는 양양읍으로 가는 길이고 왼쪽 길은 인제와 홍천으로 가는 한계령이다. 길을 따라 펼쳐지는 암벽 군락들과 단풍잎들을 감상하며 산정에 도착하면 바위산 아래 이국풍의 한계령 휴게소가 있다.

작고한 건축가 김수근 씨가 설계했다는 한계령 휴게소는 지나가

한계령의 봄

동해의 물길 따라

는 여행객들이 즐겨 찾는 명소다. 벼랑에 세워져 독특한 정취를 풍기는 한계령 휴게소는 좋은 쉼터일 뿐만 아니라 발아래 펼쳐지는 동해바다와 아름다운 설악의 모습을 감상할 수 있는 멋진 전망대로서의 역할을 톡톡히 하고 있다. 차를 마시거나 음식을 들면서 눈앞에 펼쳐지는 전경을 바라보면 마치 허공이나 구름 위에 떠 있는 기분에 젖게 된다.

장수대와 폐사지 한계사 3층 석탑

한계령 정상에서 홍천과 인제 방면으로 가는 길을 따라 5분 정도 차를 타고 가면 장수대매표소가 나타난다. 매표소 도로 맞은편 아래쪽에 장수대將帥臺가 있다. 6·25 때 설악산을 수복한 용사들이 한식집을 짓고 장수대라 불렀다. 소나무숲에 자리 잡고 있는 장수대는 등산가들의 휴식처로 매우 좋은 곳이다.

장수대매표소에서 오른쪽으로 울창한 숲길이 나 있다. 산 언덕 위

한계령 구비길

에는 예전에 식당으로 쓰던 단층벽돌집이 눈에 띈다. 뒤뜰로 이어지는 돌계단을 넘어 수풀을 지나면 허리를 넘치는 잡풀들이 무성하게 자란 널찍한 공터가 나타난다. 이름 모를 야생화가 꽃밭을 이룬 풀밭 속에 부도와 비석인 듯한 석조물石造物들이 있다. 풀벌레와 매미소리, 산새들의 노랫소리만 숲속에 가득하다.

폐허가 된 한계사 터 한가운데 야생화에 둘러싸인 3층 석탑이 눈에 띈다. 설악의 암산巖山을 뒷배경으로 청아하고 우아한 모습으로 말없이 서 있는 석탑을 바라보면 깊은 산속에서 청순한 여인을 만난 듯한 기쁨을 느낀다.

대승大勝폭포

장수대매표소에서 북쪽으로 1km 정도 산행을 하면 높이 88m의 대승폭포가 있다. 금강산의 구룡폭포와 개성의 박연폭포와 더불어 우리나라 3대三大 폭포의 하나다. 폭포에서 떨어지는 물줄기의 장관

동해의 물길 따라

은 황홀하고 장엄하다. 특히 햇빛에 반사되어 생기는 무지개는 신비
스럽다. 이곳엔 대승폭포大勝瀑布와 대승大勝총각에 얽힌 감동적인 전설
이 전해지고 있다.

tip

대승폭포 전설

옛날 대승이라는 총각이 이 고장에 살았다. 대승은 석이石耳를 따서 그것으로 생업을 삼았다. 어느 날 폭포가 있는 돌기둥 절벽에 동아줄을 매고 내려가서 석이를 땄다. 석이는 바위 위에 자라는 식용 버섯으로서 향기와 맛이 좋은 귀한 버섯이다. 석이를 한참 따고 있는데 이미 세상을 떠난 어머니의 다급한 목소리가 절벽 위에서 "대승아 대승아" 하고 불렀다.

대승은 돌아가신 어머니의 외침에 소스라치게 놀라 동아줄을 타고 올라왔다. 어머니는 간데 없고 동아줄에는 커다란 지네가 매달려 동아줄을 뜯고 있었다. 동아줄은 막 지네에 뜯겨 끊어지려던 참이었다. 대승은 동아줄을 급히 타고 올라가 무사히 살아날 수 있었다. 후세사람들은 죽어서도 아들의 위험을 가르쳐준 대승 어머님의 외침이 메아리친다 하여 이 폭포를 대승폭포라고 부르기 시작했다.

월궁선녀가 목욕하던 옥녀폭玉女瀑과 옥녀탕玉女溫

옥녀폭포와 옥녀탕은 한계리 고성古城 아래인 장수대로 들어가는 장수1교 옆에 있다. 옥녀폭포는 물줄기가 큰 바위를 뚫고 세 번 꺾인다. 마지막 세 번째 물줄기가 옥녀폭포인데 이 폭포 밑에 아름다운 옥녀탕이 있다. 이 계곡은 수목이 우거져 아름답고 가을단풍이 물들면 절경을 이룬다. 지네에게 쫓긴 옥선녀玉仙女의 전설이 서린 곳이다.

옥선녀와 지네

먼 옛날 대승폭포에 월궁선녀月宮仙女가 내려와 목욕을 하고 있었다. 그곳에 사는 지네라는 괴물이 옥선녀玉仙女를 보고 해치고자 하였다. 선녀는 쫓기어 다른 소沼로 옮겼다. 둘째 소까지 쫓겨 왔으나 지네가 다시 쫓아와 해치고자 했다. 그 순간 하늘에 옥황상제가 옥선녀의 편을 들어 벼락을 내렸다. 지네는 벼락을 맞아 죽고 옥선녀는 생명을 구했다. 후세 사람들은 이곳에서 옥선녀가 놀았다고 하여 옥선녀탕이라 이름 지어 불렀다.

어머니

함영덕

굽어진 등 굽이굽이 못난
자식 사랑으로 베푸신 한평생

주름진 눈 가엔 가득한 자애로움
헤어지고 갈라진 두 손 끝
어디에 그 사랑 견주오리까

풀잎 흔들리는 소리에도
바람 스치는 소리에도
그리움으로 다가서는 어머님

세세손손 그 은혜로움
두 손 모두오고
등불로 밝히옵니다.

4부

속초시내 경관과 문화

설악의 관문
대포항^{大浦港}

 속초시와 양양군의 경계인 쌍천^{雙川}을 지나면 설악
산의 관문인 아름다운 어촌 마을을 만나게 된다. 대포^{大浦}는 근대화로
인한 외지와의 교통이 활발해짐에 따라 이 고장의 문호 역할을 한
상당히 큰 항구였고 도천면^{道川面}의 소재지였다.

 일제시대 후기에 청초호^{靑草湖}가 개발되고 북쪽에 위치한 속초리<sup>束
草里</sup>가 커지기 시작했다. 1937년 7월 1일에는 면^面의 소재지가 속초리
로 옮겨지고 면의 명칭도 속초면^{束草面}으로 바뀌었다.

대포항 전경

대포항 전경

　1966년 동제洞制 실시 때 대포리에 외外옹치리와 내물치리內勿淄里가 합쳐져 대포동이 되었다. 대포리는 큰 포구라는 뜻으로 한 개라고 부르던 것을 대포大浦라고 표기한 데서 유래되었다. 또한 외옹치리가 독재라는 고개의 바깥에 있다고 하여 밧독재라고 하는데 대포리는 독재의 안쪽에 있다고 하여 안독재 또는 독재 밑에 있는 큰 마을이라 하여 큰 독재라 불렀다. 조선시대의 행정상 명칭은 옹진리甕津里였고 외옹치리는 일제시대에 바뀐 이름이다.

마을 신앙

　마을 신앙의 대표적인 형태는 성황제城隍祭라 할 수 있는데 동리마다 성황당(서낭당)이 남아 있다. 번창했던 대포항을 끼고 내물치와 대포, 외옹치 3개 자연부락을 형성했다. 주민들은 소수의 농민을 제외하고는 대부분이 고기잡이를 주 생업生業으로 하여 왔다. 그러므로 이 지역의 성황제는 무사한 조업과 풍어를 기원하는 내용으로 진행되었다. 또한 마을 주민 전체가 참여하는 성황제 풍어豊漁놀이를 통하여 화합을 도모하여 왔다.

　대포동은 일제시대에는 상당히 큰 항구로 이 고장의 문호 역할을 담당했었다. 그러나 산업과 교통의 발전, 관광문화의 발달로 대포동은 설악산과 속초의 관문으로서 새로이 각광받기 시작했다. 설악과 척산온천, 청초호와 영랑호를 지적에 두고 낭만과 정열이 굽이치는 동해를 바라보는 대포동포구의 횟집들은 설악산을 찾는 사람들이 한번쯤 들르는 명소로 각광받고 있다.

　계절에 따라 약간의 차이가 있지만 대체로 광어와 넙치, 방어, 도다리, 청어 등이 대포항의 주요 어종이다. 청정수역에서 건져 올린 고급 생선들의 싱싱한 회로 관광객들의 입맛을 사로잡는다. 먹거리로 오감을 만족시키는 것도 여행객에게는 빼놓을 수 없는 즐거움이다.

　롯데호텔과 롯데리조트가 외옹치리 언덕 위에 건설되어 새로운 볼거리와 휴식처로 자리를 잡아가고 있다. 대포항 방파제 옆에 건축된 속초라마다호텔은 바다와 가장 가까운 거리에 지어져 창문을 열면 바다가 쏟아져 들어와 바다관광의 새로운 휴양처로 부각되고 있다.

54 실향민의 애환 서린
청호동[青湖洞] 나룻배

　　속초 관광호텔 앞에 청호동 나룻배가 있다. 중앙동과 청호동 사이를 넘나드는 도선[渡船]을 갯배라 부르고 도선장을 갯배의 머리라고 한다. 밤이 되면 청호동과 마주하고 있는 주변 일대의 즐비한 횟집에서 흘러나오는 불빛이 불야성을 이루며 아름다운 선창가의 밤을 무르익게 한다.

　　흔히들 도선장이라 하면 서글픈 이별의 장소를 떠올리기 쉽지만 이 마을은 다른 곳과 다른 특이한 사연을 가지고 있다. 6·25전쟁 전

청호동 갯배 선착장

290

까지만 해도 이곳은 갯벌과 황량한 백사장이었다. 1953년 휴전과 함께 고향을 이북에 두고 온 함경도와 평안도 사람들이 한 치의 땅이라도 고향에 더 가까운 곳으로 가겠다는 집념으로 잠시 머무르기를 작정한 실향민들의 집단 취락지이다.

삽시간에 많은 사람이 모여들어 마을을 형성하였으나 생활에 필요한 물품을 사고파는 기능이 형성되기는 어려운 실정이었다. 이런 이유 때문에 중앙동 쪽으로 거룻배를 타고 건널 수밖에 없었다. 잡아온 고기를 싱싱한 채로 시장에 내보내기 위해서는 주민들이 모두 이용할 수 있는 갯배가 필요하게 되었다.

속초 갯배의 효시는 이북에서 월남한 조막손이란 김씨 노인이 승객 20명쯤이 탈 수 있는 갯배를 만들어 청호동과 중앙동 사이의 승객을 실어나르면서 교통비로 뱃삯을 받았다. 그 후 속초항이 우리나라 최북단의 어업 전진기지로 각광받으며 갑자기 인구가 늘어나자 당시 읍사무소는 김노인으로부터 갯배를 인수하여 청호동사무소에서 관리하게 하다가 나중에 읍사무소가 직접 운영하게 되었다. 그나마 연안에서 잘 잡히던 오징어와 명태 등이 잘 잡히지 않자 청호동 쪽에서 가공돼 갯배를 이용하여 넘어오던 수산물량이 격감했다. 현대적인 교통수단의 등장으로 청호동 갯배를 운영하기에 더욱 힘든 처지가 되었다. 그러나 지금은 드라마 가을 동화 촬영지와 예능 1박 2일 촬영지 등으로 널리 알려지게 되어서 관광객들이 애용하는 명소로 변했다. 마을 위로 설악대교가 지나가고 예전에 조성된 아바이 마을은 많은 변화를 겪게 되었다.

청호동과 중앙동을 연결하는 굵은 쇠줄을 두 사람이 쇠갈고리로 양쪽에서 와이어를 잡아당기며 나아가면 뒤이어 같이 탄 사람들이 번갈아가며 잡아당긴다. 이렇게 몇 분 동안 반복하면 뱃삯을 받는 매표소에 도착한다.

지금은 속초 예술인들이 매년 갯배 예술제를 개최하여 다양한 공연이 이루어지고 있다. 주변의 다양한 횟집과 중앙 골목길로 이어지는 순대와 새우튀김 등 여러 가지 음식도 맛볼 수 있어 관광명소로 자리 잡고 있다.

마을 뒤편 좁은 골목길을 빠져나가면 넓은 해변 백사장이 펼쳐지고 왼쪽으로 연해 있는 방파제를 따라 걸어가면 두 개의 등대가 밤바다를 지키고 있다. 선창가 횟집의 불빛과 네온사인은 밤의 정취를 한껏 고조시키고 있다. 언제나 고향의 산천과 부모형제를 그리는 실향민들의 소원은 언제쯤 이루어질 수 있을까. 아직도 도심의 한가운데서 전쟁의 상흔으로 남아 있는 청호동은 이 시대의 마지막 이산의 상처를 간직한 마을이다.

청호동 갯배

동해의 물길 따라

<u>55</u> 화랑이 머물던 도장^{道場} 영랑호^{永郎湖}

     속초 시외버스 터미널에서 북쪽으로 50m쯤 걸어가면 사거리가 나타난다. 맞은편 포장도로를 따라 차 한 잔 마실 시간을 걸으면 아담한 예식장과 영랑호 리조트 안내 간판이 나타난다. 연초록 녹음 속에 5월의 아카시아 향기가 싱그럽다. 호수 주변을 따라 많은 아파트들과 리조트, 골프장이 들어서 있어 예전의 모습과는 많이 달라졌다.

    영랑호는 속초시 서북쪽 장사동과 영랑동, 동명동, 금호동에 둘러

영랑호 전경

싸인 둘레 8km, 넓이 약 36만 평의 자연호수다. 이 호수를 영랑호라 이름 붙이게 된 것은 『삼국유사』의 기록에 근거한다. 신라의 화랑 영랑이 같은 낭도郎徒인 술랑述郎과 남랑南郎, 안상安祥 등과 함께 금강산에서 수련을 마치고 고성 삼일포三日浦에서 3일 동안 유람을 한 후 각각 헤어졌다. 영랑은 동해안을 따라 순례하며 서라벌로 돌아가는 길에 이 호수를 발견하고 호수의 아름다운 경치에 넋을 잃어 머물게 되었다. 영랑은 서라벌로 돌아가는 것도 잊고 아름다운 호반에 매료되어 오랫동안 이곳에 머물면서 풍류를 즐겼다. 그 후 후세의 사람들이 이 호수를 영랑호라 부르게 되었다. 이때부터 영랑호가 화랑들이 즐겨 찾는 순례도장이 되었다.

잔잔하고 맑은 호수에 붉은 저녁노을이 찾아든다. 울산바위의 아름답고 웅장한 자태와 호반을 향해 웅크리고 앉아 있는 범바위가 호숫가에 잠겨 있다. 호수 주위에 울창한 송림과 범바위, 노적바위 등 큰 바위로 둘러싸여 주변의 운치를 한층 북돋아준다. 오월의 아카시아 향기와 가을 단풍으로 붉게 물든 영랑호반은 사랑과 낭만을 안겨주는 명소다. 영랑호는 민물과 바닷물이 섞이는 곳이라 어족이 풍부하고 예부터 낚시터로 유명하다. 10월 하순 호반에 날아와 4월에 돌아가는 천연기념물 고니를 비롯하여 청둥오리와 가창오리 등 수백 종, 수백만 마리의 철새들이 저녁노을에 호수를 날아오른다.

소나무숲과 아카시아꽃 너머로 잔잔한 호수를 바라보면 저녁의 평화로움이 밀려든다. 호수 주변을 둘러싼 호반도로 주변에는 뾰족한 양옥식 지붕과 별장들이 숲과 호수 사이에 한 폭의 풍경화처럼 늘어서 있다. 5월의 아카시아 향기가 흩날리는 호반의 저녁 정취는 평화롭고 넉넉한 마음을 안겨준다.

영랑호永郎湖

함영덕

갈대로 가슴 여는 아침
호수는 바람으로 눈 뜬다.

호수에 잠든 설악의 산맥들
밤마다 제자리로 돌아서고

영랑은 낚시 끝에
서라벌의 세월을 벗긴다.

술잔에 달을 담아 끝없이 마셔도
줄지 않는 술병엔
여인의 눈동자만 나부낀다.

아득한 강 저편에 그리움 싣고
떠나가는 빈 배 그대의 뒷모습.

하조대 등대

5부

양양의 인문문화와 해변경관

56

오색꽃 향기 서린 오색약수^{五色藥水}

　양양 시외버스 터미널에서 차를 타고 30분 정도 가면 오색리가 나타난다. 오색동은 설악산 대청봉으로부터 서쪽 8km, 양양읍에서 서쪽으로 20km 지점에 위치한다. 예부터 오색약수와 온천, 경관의 아름다움으로 사시사철 여행객의 발길이 끊이지 않는 종합 관광지다. 옛날에 오색꽃이 피었다는 얘기와 『사기』에는 오색사^{五色寺}가 있었다 하여 오색리라 전한다.

　다리를 건너 상가지구를 지나면 왼쪽 산비탈엔 망월사로 가는 돌계단이 놓여 있다. 약수터 출구 오른편 약수교^{藥水橋}를 지나 오른쪽 산기슭을 따라 걸어가면 매표소가 나타난다. 오색계곡 길은 노약자나

오색약수터

오색약수터

아이들과 같이 가족여행을 하기 좋게 등산코스를 평탄하게 개발했다.

오색약수는 조선 왕조 중엽인 서기 1500여 년 전 현재 성국사인 오색석사의 스님이 수도하던 중 다섯 가지의 찬란한 광채와 향기를 발산하는 꽃을 발견하고 그 꽃이 있는 곳을 파보니 독특한 물맛의 약수가 솟아나왔다. 그 뒤 물맛을 보니 다섯 가지 맛五味이 난다 하여 오색약수라 하였다. 또 같은 나무에 오색꽃이 피었다 하여 오색리라 하였다는 말도 있다. 1500여 년을 하루같이 그 용출량이 매일 1,500ℓ 정도씩 솟아나와 이 물로 많은 병약자를 치료하였다. 특히 철분이 많아서 위장병과 신경쇠약, 빈혈 등에 약효가 있다. 이렇게 신통한 약수가 전국에 두 곳 있는데 첫째는 오색약수이고, 둘째는 함경남도 안변군 삼방약수三坊藥水라고 전한다.

암석 틈에서 은실 같은 줄기로 끊임없이 샘솟는 약수를 마신 후 울창한 소나무 숲길을 따라 오르면 겹겹이 주름져 연이어진 골짜기가 나타나고 돌로 쌓은 큰 담장을 만나게 된다. 놀계단을 올라서면 병풍을 사방으로 둘러친 분지에 옛날 성국사지城國寺址 절터가 나타난다.

성국사의 돌계단을 내려와 계곡을 끼고 올라가면 계곡 좌우로 웅장한 바위와 아름다운 경치가 여행객의 마음을 사로잡는다. 몇 개의 철다리를 건너면 옥같이 맑은 물이 계곡을 흐르다 아담한 소沼를 이룬다. 달 밝은 밤에 아름다운 선녀들이 하늘에서 내려와 날개옷을 반석 위에 벗어놓고 목욕을 하고 올라갔다는 선녀탕이 있다.

선녀탕에서 서쪽 약 1km 지점인 해발 600m에 오색온천이 있다. 옛날 선녀들이 이곳에서 목욕을 하고 승천하였다는 온천이다. 1982년 강원도에서 개발에 착수하여 장시간 탐사한 끝에 새로운 온천지점을 발견하고

오색계곡 길

시추하여 pH 8.6의 양질의 온천을 개발하였다. 이 온천은 유황천으로 피부병과 신경통에 좋다.

오색약수터에서 출발하여 30분쯤 걸으면 미륵암이 나타난다. 미륵암에서 왼쪽으로 주전곡鑄錢谷이 펼쳐지고 오른쪽으로 200m쯤 상류에 용소龍沼폭포가 있다. 용소폭포의 상류계곡을 따라 조금 올라가면 한계령 중간쯤에 도로가 나온다. 용소폭포 입구의 철다리를 건너는 지점에 마치 시루떡을 겹겹이 쌓아놓은 것 같은 바위를 시루떡 바위라고 부른다.

용소폭포에서 동남쪽으로는 우람하게 솟아 있는 장군봉이 있다.

주전골로 향했다. 주전골은 남설악의 큰 골 중에서도 자연 경관이 가장 수려하다. 이 계곡에는 웅전암을 비롯하여 주전봉과 주전폭포, 청풍암, 토끼바위 등이 있고 골의 입구부터 크고 작은 폭포가 연이어 있다.

옛날 강원감찰사가 오색령을 넘다가 주전골에서 쇠붙이 두들기는 소리가 들리기에 하인을 시켜 찾아가 살펴보게 했다. 10여 명의 승려들이 위조주전 만드는 것을 발견하고 그 사실을 보고하니 관찰사가 대로大怒하여 즉석에서 처단하고 그들이 거주하던 사찰까지 불질러버렸다. 주전골이란 지명은 그런 사실에서 연유된 것으로 보고 있다. 또 주위에 있는 암석들이 마치 돈을 쌓아놓은 것 같은 형상이어서 주전골이라 부른다는 설이 있다.

주전골에 접어들면 만상대萬相臺가 나온다. 이 대臺에 올라 아래를 굽어보면 천태만상의 기암연봉이 시야에 펼쳐진다. 모든 것은 마음에서 비롯되듯 화상和尙같이 보이는가 하면 오백나한이 둘러서서 염불하는 형상 같기도 하다. 외설악산의 천불동이라 하면 남설악의 만물상萬物像이라 이름할 수 있다. 울산바위가 웅장하여 남성적이라 하면 이곳 만물상의 뾰족뾰족한 만봉萬峰은 여성적인 아름다움을 갖추고 있다.

구부러질 듯 휘감아 돌아 급격히 흘러내리는 12선녀 폭포에 발을 담그고 북쪽 계곡을 바라보면 저 멀리 설악의 준봉들이 능선을 따라 희미한 윤곽을 드러낸다. 가파른 계곡 아래로 펼쳐지는 다양한 암벽 군락들과 새소리, 물소리를 들으면 어느새 피로가 눈 녹듯 사라지고 입안에 생기가 돈다. 설악산맥의 연봉에서 흘러내리는 물이 크고 넓은 반석 위를 굴러 떨어지며 12연주 폭포가 되었다. 소沼에서 10장十丈 정도 오르면 탕湯이 있고 탕에서 20장 오르면 연淵이고 연에서 또다시 오르면 12폭의 주렴珠簾이 있다. 이것은 마치 주렴을 펴놓은 것 같다. 폭포 옆에 앉아 잔잔히 흐르는 옥수玉水와 흩뿌리며 떨어지는 물보라를 만져보면 여인의 손끝처럼 감미롭다. 잔잔하다가도 급해지며 부드럽다가도 굳센 변화무쌍한 폭포의 아름다움에 여행객들은 넋을 빼앗긴다. 장군봉 뒤편에 기개 넘치는 장군바위가 서 있다. 위로 올라가면 토끼바위와 연인처럼 마주보고 서 있는 부부바위가 눈길을 끈다.

302

tip

폭포로 변한 두 선녀의 전설

옛날 병풍바위 밑에서 일곱 선녀가 옷을 벗고 목욕을 하고 있었다. 몰래 뒤따라온 선관仙官이 가장 예쁘게 생긴 아름다운 두 선녀의 옷을 딴 곳에 몰래 감추어버렸다. 옷을 잃은 두 선녀는 하늘로 승천하지 못하고 한탄하다 지친 나머지 한 선녀는 옥녀玉女폭포가, 다른 선녀는 여신女神폭포가 되었다. 선관은 두 선녀가 폭포로 변한 사실을 모르고 두 선녀를 찾으러 사력을 다해 대청봉계곡을 오르다 힘에 겨워 주저앉아 굳어버렸다. 그 자리는 곧 독주獨走계곡과 독주獨走폭포가 되었다. 그때 선관이 감추었던 선녀들의 옷은 물에 떠내려와 현재의 남설악호텔 앞에 와서 치마폭포로 변했다. 그 위 계곡에 걸린 선녀의 옷은 속치마폭포가 되었다. 약수터에서 약 200m쯤 계곡을 따라 올라가면 좌측에 보이는 탕건宕巾바위와 현 남설악호텔 뒷산에 보이는 감투바위는 그때 그 선관의 탕건과 감투가 그대로 탕건바위와 감투바위로 변한 것이다. 선녀탕에서 약수계곡까지 흐르는 물을 음수陰水라 하고 독주폭포에서 흘러 내려오는 물을 양수陽水라 한다. 이곳 오색리의 물이 건강식수로 호평을 받고 있는 것도 알칼리성 양수와 음수의 원리에 의한 것이다.

선녀탕

57

연어의 고향
어성전/ 법수치리

하조대에서 10km쯤 들어가면 양양 남대천 상류를 낀 어성전리漁城田里 마을이 나타난다. 약 400년 전 마을의 서북방에 어성사漁城寺가 있어 어성전漁城田이라 불렀다. 주위는 산성山城으로 둘러싸여 있고 동리는 평탄한 평전坪田이 널려 있다. 뿐만 아니라 법수치法水峙 동조개동洞朝開洞 등지에서 흘러내리는 수원水源이 이곳에서 합류되어 큰 냇가를 형성하여 고기가 풍부하다. 양양군 현북면의 송이는 풍미風味와 향기가 좋아 우리나라 송이 중 품질이 가장 우수하여 명성이 높다.

법수치리 가는 길

어성전 상류계곡에 있는 아름다운 법수치리계곡은 마치 불가佛家의 법수法水를 색출索出한 것과 같다 하여 동리의 이름이 법수치리다. 법수치리 냇가 계곡을 따라 펼쳐지는 이곳 경치는 설악산이나 소금강에서 볼 수 있는 현란하고 장쾌한 아름다움에 비하여 담백하고 잔잔하여 고즈넉한 분위기다.

지금은 계곡과 골짜기마다 각각의 개성과 특성을 지닌 펜션마을이 하천을 따라 조성되어 있다. 이 계곡 상류에는 맑고 깨끗한 물에서만 사는 산천어가 서식한다. 양양 남대천의 풍부한 어족魚族 가운데서도 특히 은어는 이른 봄철 눈이 녹을 무렵 동해에서 치어稚魚로 올라와 15km의 긴 양양 남대천 하천에 골고루 분포되어 서식하다가 11월쯤 바다로 되돌아간다.

내수면 어족 가운데 가장 관심과 경외감을 느끼게 하는 것은 역시 연어라고 할 수 있다. 모천회귀성母川回歸性이 강한 연어는 자기가 태어난 하천에서 바다로 나가 북상하는 한류寒流를 타고 알래스카 부근까지 여행한다. 그곳에서 3, 4년을 보낸 후 예민한 후각으로 다시 자기가 태어난 하천으로 찾아와 알을 낳고 일생을 마친다.

어린 치어椎魚 시절 수만 리를 여행하고 성장하여 어떻게 변화무쌍한 바닷길을 다시 찾아 돌아올 수 있는지 도무지 믿기지 않는다. 더더욱 자기가 태어난 곳에 돌아와 알을 낳고 일생을 마치는 모천회귀 본능은 비록 미물일지라도 뿌리를 찾고자 하는 그 모습에서 경외감을 느끼게 한다.

넓은 하천과 수려한 산수에 둘러싸인 어성전 마을은 특히 여름 한철 많은 피서객들이 찾는다. 어성전 마을 입구에서 왼편으로 명주사로 가는 표지석이 서 있다. 산길을 따라 울창한 송림을 지나면 만월산에서 흘러내리는 맑은 계곡물이 산내음을 물씬 풍긴다. 대부분의 전국 유명 사찰들이 관광지화되어서 사찰의 참맛을 느끼기가 힘든데 비해 명주사는 소박한 산사의 맛을 그대로 느낄 수 있다. 곧게 자란 아름드리 적송赤松들과 10여 개의 부도가 모여 있는 탑 주위에 들어서면 소나무 향기가 그윽하다.

명주사 문성폭포

동해의 물길 따라

tip

명주사 연혁

명주사明珠寺는 고려 목종穆宗 12년 혜명惠明, 대주大珠 두 대사가 만월산에 창건한 천 년 고찰로 두 대사의 이름에서 한 자씩 따내어 명주사明珠寺라는 이름을 지었다. 그 후 인종 원년에 청연암淸漣庵, 운문암雲門庵을 창건했다. 조선 숙종 2년과 정종 5년에 향로암香爐庵과 원통암圓通庵을 창건하여 본사本寺를 중심으로 동서남북에 4개의 암자를 가진 큰 사찰이 되었다. 백여 칸에 달했던 옛 절의 규모로 미루어 한때 수백 명의 승려가 수도 정진했던 대가람으로 추정된다.

조선시대에 들어 두 번의 큰 화재를 겪으며, 사세寺勢가 기울었다. 원통암을 현재의 명주사로 개명하여 오늘에 이르고 있다. 화제와 관리 소홀로 귀중한 문화재는 대부분 소실되었다. 지금은 지방유형문화재 64호인 동종(조선 숙종 1704년 제작)과 20여 개에 달하는 부도와 비문이 번성하였던 당시의 흔적을 알려주고 있다.

사찰 입구에 들어서면 원통보전 법당과 요사채가 나타난다. 절 오른쪽 뒷길로 걸어가면 수십 장 되는 폭포가 흘러내린다. 스님들이 폭포소리를 들으며 수도하는 곳이라는 뜻으로 문성聞聲폭포라 부른다. 문성폭포 위쪽으로 이어지는 계곡과 주변의 고즈넉한 경관은 하룻밤 머무르고 싶게 만드는 사찰이다.

58 순결한 처녀림
미천골 자연휴양림

양양 버스터미널에서 서쪽 죽도 방향인 오색약수로 가는 길을 따라 차를 달리다 양양 남대천 상류를 지나 서림마을에 도착했다. 양양군 서면 서림출장소와 현서 분교가 있는 조그만 초등학교가 이 마을의 중심지다. 여기서 홍천까지는 115km의 2차선 도로가 펼쳐져 있다. 서면 황이리에서 20리 계곡에 걸쳐 크고 작은 폭포와 소沼, 기암괴석과 울창한 숲이 어우러진 순결한 처녀림이 펼쳐진다. 고지대라 7월 중순인데도 감자꽃이 피어 있다.

미천골 여름 피서지

미천米川계곡의 물소리를 들으며 40여 분쯤 걸어가면 길 왼쪽에 돌로 쌓은 석축이 나타난다. 계단을 오르면 보물 444호인 선림원지禪林院地 3층 석탑이 나타난다. 이 탑은 2중기단 위에 높이 5m의 3층으로 된 탑으로 전통적인 양식을 잘 계승하고 있다. 선림원禪林院은 중생들의 기도처가 아니라 스님들의 수도처나 경전을 전수專修하는 강원講院이 아니었을까 추정해 볼 수 있다. 산비탈 좁은 공간에 자리 잡은 절터는 어느 날 심한 산사태로 흙에 묻혀 폐사지가 되었다.

이곳에서 대대로 살고 있는 동네 사람들에 의하면 예전에 절터인 지조차 몰랐다고 한다. 농작물을 경작하다 우연히 유물이 발견되어 고증도 거치지 않고 마을사람들이 그것을 맞추어 놓았다. 창건 당시 세운 삼층 석탑이 1985년 7월 동국대 발굴팀에 의해 복원되었다. 양양군 강현면 둔전리에 있는 진전사지 3층 석탑의 생김새와 거의 비슷하며 경쾌하고 힘찬 기상을 주는 석탑이다.

석탑 뒤엔 절터로 사용된 주춧돌과 석축이 잔디 위에 가지런히 누워 있다. 오대산의 북쪽 기슭이자 설악산의 남쪽 접경인 첩첩산골 황이리 미천골에 찬란했던 신라 불교문화의 천년 숨결이 잠들어 있다.

선림원지에서는 해방 직후에 신라 범종이 출토되어 오대산 월정사月精寺에 옮겨 놓았는데 6·25 때 월정사와 함께 불타버렸다. 이 범종의 기록에 보면 해인사海印寺를 창건했던 순응법사順應法師가 이 신라 범종을 제작했다는 명문이 새겨져 있었다. 조성 내력과 연대가 새겨져 있던 선림원지의 동종은 오대산 상원사 동종, 성덕대왕 신종과 더불어 남북국시대의 가장 빼어난 유물 중 하나였다.

선림원은 신라의 가장 유명한 불교 종파인 화엄종에서 지은 사찰로 추정되고 있다. 그러나 9세기 말경에 홍각선사弘覺禪師라는 분이 이곳에 주석하면서 이 절의 면목은 새로운 변화를 일으켰다. 외형적으

미천골 선림원지

로 대대적인 중수가 이루어졌다. 내면적으로 화엄종이 아닌 선종으로 전향한 것이다. 오늘날 남아 있는 유물은 신라 말의 불교미술을 대표하는 부도와 석등, 비석 등 거의 모두 9세기 후반기의 작품들이다. 그 당시에 거창한 중창불사重創佛事가 이루어졌던 것 같다. 이를 주도한 것은 홍각선사弘覺禪師 내지 그 직계 선종승려들이었다는 것은

미천골휴양림 매표소

310 동해의 물길 따라

홍각선사의 비문碑文에서 알 수 있다. 선종승려들은 9세기 후반에 이 선림원을 중심으로 어지러운 난세亂世를 피해서 수도에 전념하고자 했던 것으로 짐작된다.

선림원은 화엄종에서 선종으로 전향한 사찰로 생각되는데, 이것은 당시 화엄종 승려들이 대거 선종으로 이적한 불교사佛敎史의 커다란 사건이었다. 최초로 분명한 역사적 유적을 남긴 사찰이란 점에서 매우 중요한 곳이다.

캠핑장, 콘도, 민박촌

　돌계단을 내려와 계곡 상류로 조금 올라가면 미천골휴양림 관리
소가 나타난다.

　현재 미천골은 2차선 아스팔트 도로가 개통되고 교통편이 발달되
어 관광객들이 찾아오기 편리하게 변했으나 여름철을 제외하고는
홍보 부족으로 사람들의 방문이 기대만큼 많지 않다고 주민들이 걱
정하고 있다. 2000년대부터 본격적으로 개발되기 시작한 미천골휴
양림은 6개 단지로 잘 개발되어 많은 관광객들이 애용하고 있다. 도
로를 따라 형성된 펜션과 야외캠핑장 시설들이 마을에 들어서 있어
가족이나 지인들끼리 조용히 휴식을 취하고 가기엔 안성맞춤인 지
역이다.

　토종벌을 대규모로 기르는 양봉 지역에서 계곡을 따라 상류 쪽으
로 조금 올라가면 둥근 철교가 놓여 있는 제2야영지가 있다. 이곳에
서 한 굽이 돌아 올라가면 2층 관리사무실이 나타나는데 2층에 28종
의 나무와 재질을 사진 설명과 함께 전시하고 있다. 전시관에서 위
쪽으로 올라가면 미천골 정자가 나타난다. 이곳에서 10여 리쯤 인적

이 드문 산길을 헤쳐가면 미천약수(불바라기)가 있다. 절벽 위에서 흘러내리는 이 약수는 천상수天上水라 부를 만하다. 미천 불바라기 약수藥水는 절벽을 오르내리며 받아먹기 힘이 들지만 위장에는 선약仙藥으로 알려져 있다.

미천골 정자에 앉아 맞은편 계곡에서 흘러내리는 폭포를 바라보니 한여름의 더위가 눈 녹듯 사라진다. 골골이 옹골지게 돌아 흘러내리는 폭포 줄기에는 시원한 산바람이 묻어 있어 마음 구석구석을 씻어주는 것 같다.

난 향^{蘭香}

함영덕

초생달 눈썹 끝으로
별을 헤는 조선의 여인

학이 되어 비상하는 두 팔로
겨우내 사린 불꽃 별빛에 띄우면
달빛인들 어찌 네 그림자 훔칠까

萬象이 모두 제 철이 있다지만
척박한 돌 틈에 뿌리내리고
비상을 꿈꾸는 넌
잃어가는 마지막 여인의 손길

옷깃 스치는 소리에
세월 향기 묻어내는 빈 뜨락
은장도 가슴에 새긴
다가설 수 없는 여인의 향 내음

<u>59</u> 해당화 전설이 붉게 물든 하조대

　하조대 해수욕장 입구에 도착하여 바닷가 쪽으로 닿아 있는 포장 도로를 따라 언덕길을 넘으면 군인휴양소로 사용하는 고즈넉한 백사장이 나타난다. 해송들이 울창하게 늘어선 구불구불한 해변길을 따라 바닷가에 다다르면 깎아지른 듯한 암벽 사이로 검푸른 파도가 부딪쳐 오른다. 소나무로 둘러싸인 암벽 위에 백색 등대가 우뚝 서 있다. 가파른 암벽 허리를 돌아 층층계단을 오르면 푸른 소나무숲

하조대 등대

하조대 일출

이 나타난다. 등대에 오르면 동해의 망망대해가 한눈에 보인다. 끝없이 펼쳐진 파도 위엔 저 멀리 고기잡이 어선들이 점점이 흩어져 있다.

등대 뒤로는 푸른 소나무숲과 어우러진 기묘한 암벽들이 바다를 응시한다. 어둠을 뚫고 솟아오르는 동해의 일출과 황금빛 물결로 출렁이는 저녁노을을 바라볼 때면 가슴이 뛰고 말문이 막힌다. 발 밑에 부서지는 파도와 갈매기 소리를 들으면 바다의 선경 속에 떠 있는 기분이다.

가파른 층층계단을 돌아 내려와 왼쪽 산등성이로 뻗어 있는 층층계단을 오른다. 깨끗하게 단청을 한 아담한 정자가 나타난다. 그 앞 바위에 하조대河趙臺라고 음각한 표석이 2개 있다. 소나무숲 사이로 저 아래 등대가 저녁 햇살에 여신처럼 빛난다. 정자 앞에 있는 암벽

동해의 물길 따라

꼭대기엔 남쪽으로 뻗은 큰 소나무 한 그루가 고고한 학처럼 서 있다. 남쪽 앞바다엔 무인도 섬과 소나무숲 그 너머로 주문진과 강릉 연안이 아스라이 다가온다.

정자에 올라 잠시 저녁노을을 바라본다. 그 옛날 하조대 처녀 총각의 애틋한 사연과 고려 말 하륜河崙과 조준趙浚이 하조대에 머물면서 고려를 멸망시키고 조선왕조를 개국하기 위해 혁명을 모의했다는 얘기를 떠올려본다. 세월은 가고 파도소리만 가슴을 적시는데, 갈매기 긴 울음소리에 가을이 깊어간다.

하륜과 조준이 혁명을 모의하던 하조대

기암절벽이 바다에 우뚝 솟아올라 기이한 경관을 이루고 있는 바위 위에 하조대가 서 있다. 하륜과 조준이 하조대와 인연을 맺게 된 것은 고려가 기울어져 나라 안이 어지러울 때였다. 나라 안의 정세로 보아 고려왕조의 왕통王統이 그대로 지탱될 수 없을 것을 예감하고 새로운 왕조를 건립해야겠다는 뜻을 품고 벼슬을 버리고 경치가 좋은 이곳 하조대에 와서 새 왕조를 개국하기 위한 혁명을 모의하며 소요逍遙했다.

그 뒤 태조가 등극하자 벼슬길에 오르기 위하여 두 사람 모두 떠났다. 두 사람은 이곳에 있는 동안 혁명을 꾀했다. 이곳에서 모의한 혁명이 성취되어 훗날 높은 벼슬길에 오르자 하륜과 조준의 두 성姓을 따서 이곳을 하조대라 부르게 되었다.

하조대의 총각과 처녀 전설

옛날 하광정리 하조대 근처에 하씨河氏 성을 가진 준수한 청년 한 사람이 있었다. 이 청년이 사는 바로 이웃 조씨趙氏 가문에 혼기가 찬 두 처녀가 있었다. 그런데 이 두 처녀는 하씨 청년의 준수함에 반하여 둘 다 한 청년에게 열렬한 애정을 품게 되었다. 두 처녀 중 한 처녀가 양보를 하면 별문제가 없을 것이나 두 처녀 중 어느 누구도 양보를 하지 않았다. 난감해진 세 사람은 이 해결책을 협의하였으나 이 세상의 관습이나 윤리가 세 사람이 함께 결합할 수 없게 되어 있으므로 하씨 청년은 "저세상에서는 도덕이니 윤리니 하는 번거로움이 없을지도 모르니 우리 다 같이 저세상에 가서 셋이서 함께 살자"고 제안하고 합의하여 그들은 함께 하조대 절벽에서 몸을 던져 죽었다. 그 후 이곳을 하조대라 부르게 되었다. 이곳 하조대 근처에는 해당화가 많고 그 해당화의 빛깔이 동해안의 다른 곳보다 훨씬 붉다고 하는데 그 이유는 이들 세 젊은 남녀의 애절한 넋이 해당화에 서렸기 때문이라고 한다.

강II

함영덕

알몸 부딪치는 갈대의 가슴 속에
살며시 일어서는 새벽

어둠의 강 저편
세상 밖을 흐르는 피리 소리
햇살처럼 쏟아지는 꿈길

잔물결 헤치는 영혼이
달빛을 저어 가는 어둠
주름진 파도
사념의 숲 속에서
마실수록 목마른 샘물

기억의 숲을 노 젓는
망각 속을 흐르는 강 언덕에서
밤마다 건져 올리는 노래 소리

※경향신문 시마을 게재

민족의 애환 서린
전적지 38분계선

　　　　동해안을 따라 북쪽으로 올라가다 보면 양양군 현
북면 기교리^{機橋里} 7번지 국도변에 38선 표지석^{標紙石}이 외로이 서 있다.
조국 광복의 감격도 채 누릴 새 없이 남북으로 양단된 원한의 38선
이 그어진 곳, 졸지에 한 마을과 이웃이 장벽을 쌓고 남북으로 갈라
져야 했던 통한의 장벽이 섰던 곳이다. 누가 한 겨레를 적으로 만들
었으며 왜 우리는 서로의 가슴에 총부리를 겨누었는지 세세손손 잊지
않고 기억해야 할 역사적 장소로 남겨두어야 할 유산이다. 이곳을

38분계선 표지석

왕래하는 관광객들에게 분단사에 대한 올바른 교육과 확고한 통일 안보관을 심어주기 위한 분단사적지分斷史跡地로서의 산 교육장이다.

1950년 10월 1일 국군이 분단 이래 최초로 38선을 넘어 북진함으로써 이날을 '국군의 날'로 제정하게 된 동기가 된 것도 바로 38분계선이다. 또한 이곳은 교통의 요충지로서 오가는 사람들이 쉬면서 차를 마시거나 식사를 할 수 있는 좋은 길목에 자리 잡고 있다.

흰 백사장은 여름철 피서지로 많은 사람들이 찾아오는 해수욕장이다. 휴게소에서 보면 정면에 거북이처럼 생긴 거북섬과 왼쪽에 한적한 작은 어촌마을의 방파제가 보인다. 이렇게 평화롭고 아름다운 마을에 분단의 철조망을 쳤다는 사실을 실감케 하는 것은 38선 표지석뿐이다.

38분계선 앞 해변

61 관세음보살 觀世音菩薩 이 점지한 성지 낙산사 洛山寺

　　　　강릉에서 동해안을 따라 속초를 향해 북쪽으로 42km 정도 달리면 낙산사가 나타난다. 서쪽 낙산사 입구에 홍예문과 매표소가 있다. 홍예문을 지나면 왼쪽엔 숲으로 둘러싸인 아늑한 공간이 나타난다. 잘 정돈된 앞길을 따라 걸으면 동쪽으로 의상대와 홍련암으로 가는 길이 아래로 나 있다. 왼쪽 산등성이를 오르면 사

낙산사 의상대 주변 전경

천왕문^{四天王門}이 나타난다.

동쪽에는 해수관음보살의 옆모습이 송림 위로 경쾌하게 솟아 있다. 단아하고 소박한 사천왕문은 새로운 세계로 통하는 관문처럼 서 있다. 사천왕은 밖으로는 천신의 위엄과 용맹을 보이고 안으로 보살의 자비를 돕고 사방을 진무하여 불법을 보호하고 권위를 베풀어 상벌에 사^{私}가 없기를 원하며 마귀를 항복시키는 신장^{神將}을 말한다.

풍경소리와 산새들의 지저귐, 출렁이는 동해의 물결을 굽어보는 낙산사의 정취는 가히 관동팔경의 하나로 손색이 없다. 숱한 전화^{戰禍}를 딛고 오늘까지 면면히 이어온 사찰의 구석구석엔 사람들의 의지와 혼이 맥맥이 흐르고 있다. 1200여 년 전의 의상대사와 낙산사에 얽힌 창건설화를 떠올려본다.

낙산사의 유래

낙산사가 있는 산 이름을 낙산이라 한 것은 인도 남쪽 해안에 있는 관음의 주처住處로 산의 모양이 8각형인 보타낙가산寶陀洛伽山에서 딴 것이라 한다. 낙산이란 potalaka라는 산스크리트어의 음역音譯이다. 낙산 동쪽 바닷가에 바닷물이 출렁거리는 굴이 하나 있는데 이 굴은 자비慈悲의 화신化身인 관음보살이 거처하던 성지라 한다.

종남산 지엄화상知儼和尙에게 화엄학華嚴學을 공부한 의상대사가 귀국하여 낙산사에 관음觀音의 진신眞身이 이 해변 굴 안에 머무신다는 말을 듣고 친견親見하기 위해 찾아왔다. 의상이 재계齋戒한 지 7일 만에 앉은 자리座具를 새벽물 위에 띄웠더니 천天, 용龍 등 팔부중(八部衆; 사천왕이 거느리고 있는 여덟 귀신)이 굴 속으로 그를 인도하였다. 의상이 공중을 향해 예불을 드렸더니 수정염주水晶念珠 한 꾸러미를 내어주기에 그 염주를 받아가지고 물러 나오자 동해의 용이 다시 나타나 여의주如意珠를 바치자 스님은 받아가지고 와서 다시 7일 동안 재계하고 관음을 친견하였다. 관음보살이 말하기를 "이 낙산 위에 올라가면 대나무 두 그루가 난 곳이 있을 테니 그곳에 절을 지으면 불법佛法이 크게 일 것이다."라고 일러주고는 어디론가 사라져버렸다.

의상이 그 말을 듣고 굴에서 나오니 과연 쌍죽이 땅에서 솟아나왔다. 이에 금당을 짓고 관음상을 빚어 모시니 그 원만한 얼굴과 고운 모습이 천연스러웠다. 그리고 그 대나무는 없어졌으므로 그제야 이곳이 바로 관음의 진신이 거주하는 곳임을 알았다. 이로 인하여 그 절을 낙산사라 하고 의상은 그가 받은 수정염주와 여의주를 성전聖殿에 모셔두고 떠났다.

그 후 몽골의 침입으로 13세기 초 큰 화禍를 입었으나 세조 13년 왕명으로 크게 중창하였고 예종睿宗 원년(1469)에도 왕명으로 중건이 있었다. 인조仁祖 9년(1631)과 21년(1643) 재차 중건이 있었으나 정조正祖 원년(1777)

에 화재를 당하여 다음에 중건하였다. 또한 임진왜란과 병자호란을 겪으면서 폐허가 되어 겨우 명맥을 유지하다 구한말에 와서 다시 예전의 절 모습을 찾았으나 6·25전쟁으로 또다시 소실되어 1953년 재건하였다. 지난 2005년 강풍을 타고 넘어온 산불이 낙산사를 덮쳐 전소에 가까운 피해를 입었다. 원통보전이 불타고 보물로 지정된 조선시대 동종이 녹아버렸다.

낙산사의 동종은 조선 예종이 1469년 그의 아버지 세조를 위해 낙산사에 보시한 종이다. 조선 초기를 대표하는 종이었으나 2005년 4월 5일 낙산사의 화재로 녹아내려 보물지정이 해제되었고, 문화재청에 의해 다시 복원되었다.

담장 문을 들어서면 마당 한가운데 7층 석탑과 관세음보살을 모신 원통보전圓通寶殿 법당이 나타난다. 2005년 화재로 전소되어 다시 중건되었다. 원통보전 둘레를 네모꼴方形로 둘러싸고 있는 담장은 조선 세조가 낙산사를 중수할 때 처음으로 축조하였다고 전한다. 이것은 지방유형문화재 34호이다.

암키와와 붉은 진흙을 차례로 다져 쌓으면서 상하 교차로 동일한 크기의 둥근 화강석을 일정한 형태와 간격으로 박아 아름다운 별무늬를 장식하고 있다. 벽에 박힌 둥글고 작은 화강석은 그 당시 세조가 지방행정구역을 8도로 나눈 것을 나타내었다.

관음은 관세음의 약칭이며 관자재라고도 한다. 관음전觀音殿을 또한 원통전圓通殿이라고도 하며 관세음의 위신력威神力을 가리켜 이르는 말이다. 절대적인 진리는 모든 것에 두루 통해 있다는 뜻으로 주원융통周圓融通의 약칭이라 한다. 관세음보살은 귀로 듣는 일에 가장 뛰어난 보살이므로 원통은 관세음의 별칭이며 중생의 소리를 듣고 가서 구원하는 내사내비한 보실이다.

관세음보살은 자비의 화신이다. 중생을 끝없이 이롭게 하기 위해 서원誓願을 세운 관세음보살은 불가사이한 위신력으로 무수한 몸 '응화신應化身'을 나타내어 중생의 재난을 막아주고 지혜의 방편으로 시방세계十方世界 어디에든지 몸을 나타내지 않는 곳이 없다고 한다. 32응화신三二應化身을 나타내면서 중생을 구제한다고 하며 두 눈과 두 팔만 가지고는 중생을 보살피고 건져줄 수 없기 때문에 천수천안千手千眼관세음보살이 등장하게 된다.

관음신앙은 예전부터 우리나라에 민간신앙의 형태로까지 널리 보편화되었다. 어려운 일을 당했을 때 '관세음보살'을 염念하면 그 재난을 극복하고 복을 받을 수 있다고 믿어왔기 때문이다.

> **tip**
>
> ## 낙산사 관음보살 이야기
>
> 삼국유사 낙산사 전설에는 생불生佛을 못 본 원효대사의 이야기가 다음과 같이 전해지고 있다. 후에 원효법사가 뒤이어 와서 예배하려고 처음에 남쪽 교외에 이르니 논 한가운데 흰옷白衣(관음을 암시)을 입은 한 여인이 벼를 베고 있었다. 원효법사가 희롱 삼아 그 벼를 달라고 하니 여인은 벼가 열매 맺지 않았다고 희롱해 대답했다. 법사가 가다 또 다리 밑에 이르니 한 여인이 월경대月經帶를 빨고 있었다. 법사가 먹을 물을 달라고 청하니 여인은 더러운 물을 떠서 바쳤다. 법사는 여인이 준 물을 쏟아버리고 다시 냇물을 떠서 마셨다.
>
> 이때 들 한가운데 서 있는 소나무 위에서 파랑새 한 마리가 말했다. "제호醍醐화상은 가지 마시오." 하고는 갑자기 숨어서 보이지 않았다. 그 소나무 아래에 신발 한 짝이 벗어져 있었다.
>
> 법사가 낙산사에 도착하니 관음보살상의 자리 밑에 전에 보았던 신발 한 짝이 벗어져 있으므로 그제서야 전에 만났던 여인이 관음의 진신眞身임을 알았다. 그래서 그때 사람들은 파랑새가 앉았던 그 소나무를 관음송觀音松이라 하였다. 법사가 성굴聖窟에 들어가서 다시 관음의 참모습을 보려 했으나 풍랑이 크게 일어 들어가지 못하고 떠났다.

동해의 물길 따라

원통보전을 나와 마당 한가운데 있는 7층 석탑으로 발걸음을 돌렸다. 탑의 겉모양이 조선시대 특유의 다층석탑多層石塔의 양식을 하고 있다. 이 탑은 본래 의상대사가 창건할 당시에는 3층이었던 것을 세조 13년(1467)에 현재와 같은 7층으로 조성했다. 이때 수정염주와 여의주를 탑 속에 봉안했다.

이 탑 상륜의 형태는 원대元代 나마탑喇嘛塔양식을 연상케 한다. 별무늬 장식의 아름다운 담장으로 둘러쳐진 원통보전의 지붕과 푸른 노송과 오죽烏竹, 단아한 모습으로 한가운데 서 있는 7층 석탑이 저녁 노을에 비껴 마치 한번도 온 적이 없는 새로운 세계에 묻혀 있는 기분을 느끼게 한다. 극락과 지옥은 담장 하나 차이인가. 몇 번인가 되

원통보전 앞 7층 석탑

동해의 물길 따라

돌아보며 대문을 나서는 건 담장 너머 사바세계의 온갖 욕망이 들끓는 바다로 떠밀려 나가는 기분 때문일까.

원통보전에서 보타전寶陀殿으로 향했다. 2005년 대형 산불사태에도 홍련암과 함께 극적으로 화재에서 살아남았다. 법당에 들어가면 수많은 손과 얼굴을 달리한 거대한 나무 조각상들을 보게 된다. 이것은 우리나라 다른 사찰에서는 볼 수 없는 불상조각들이다.

보타전의 중앙에 있는 관세음보살상은 모든 자비를 가장 넓게 포용하고 있는 11면 42수 관음이다. 거대한 하나의 원목으로 조성한 높이 20척의 대불상이다. 이것은 성관음聖觀音과 십일면관음十一面觀音, 천수관음千手觀音의 모습을 동시에 갖춘 관세음보살상으로 머리 위에는 열하나의 제각기 다른 표정을 띤 얼굴이 묘사되어 있다. 합장한 손이 있는가 하면 칼을 잡은 손이 있고 연꽃을 들고 있는가 하면 활을 잡고 있는데 42개의 손이 어지러울 정도로 제각기 독특한 물건을 잡고 있다. 관음본존상을 중심으로 좌우에 3개씩 6관음상을 봉안하고 있다.

이웃나라인 중국이나 일본에서는 6관음상과 32응신상을 모신 사찰을 쉽게 찾아볼 수 있다. 그러나 관음신앙의 뿌리가 매우 깊었던 우리나라에는 아직 6관음과 32응신상을 갖춘 사찰이 없다고 한다. 그런데 불교가 이 땅에 전래된 지 1600여 년 만에 우리나라 제일의 관음성지 낙산사에 모든 관세음보살을 모신 보타전이 처음으로 건립된 것은 매우 고무적이다.

이 불사는 낙산사와 특별히 인연이 깊었던 회주會主 오현五絃스님이 구심점이 되어 수많은 불교도가 동참하고 불교건축과 회화, 조각, 공예의 대가들이 함께 동참하였기에 가능했던 것이다.

보타전 관세음보살상들

tip

보타전 32은신상과 육관음

육관음은 관음의 특성을 인격화한 것으로 육도^{六道}의 모든 중생을 제도한다는 신앙에서 6관음의 6도와 대비시킨 것이라 한다. 성^聖, 천수천안^{千手天眼}, 십일면^{十一面}, 여의륜^{如意輪}, 준제^{准提}, 불공견색^{不空羂索} 관음보살을 이곳에 봉안하고 있다.

성관음^{聖觀音}은 대자대비의 총체로서 어느 때에는 33신으로 자유자재로 변하면서 중생을 제도한다. 상호는 머리 위에 아미타불을 이고 있는 것이 특징이다. 천의^{天衣}와 영락^{瓔珞}(목이나 팔에 두르는 구슬을 꿴 장신구)을 걸치고 왼손에는 봉오리진 연꽃을, 오른손에는 모든 이의 소원을 들어주고 있음을 나타내는 여원인^{與願印}을 취하고 있다.

천수관음^{千手觀音}은 일체 중생을 이익이 되게 하고 안락하게 하리라는 서원을 발하여 천 개의 손과 천 개의 눈을 가지게 되었다. 여기서 천이라는 수는 무한을 의미한다. 관음의 절대적인 대비심^{大悲心}과 교화의 힘을 구체적으로 표현한 것이다. 천수관음은 여러 관음들 중 가장 힘이 있는 구제자^{救濟者}로 신봉되고 있다. 탱화로 모실 때와 달리 조각상으로 모실 때에는 이들 모두를 묘사하는 것이 무리가 있으므로 42개의 손만 표출시킨다. 곧 42개의 손 중 합장한 두 손은 본래 가지고 있는 것이고 그 밖의 40개의 손은 그 하나하나의 손이 25유^有의 중생을 제도하므로 40×25=1천 개의 손이 된다고 한다.

십일면관음^{十一面觀音}은 죄를 소멸하고 복을 주며 병을 낫게 해주는 절대적인 능력을 갖추고 있다. 머리에는 열한 가지의 모습을, 손에는 감로병과 염주를 쥐고 있는 경우가 많다. 이때의 감로병은 소원을 성취하는 것을, 염주는 중생의 번뇌를 단절시키는 것을 나타낸다.

준제관음^{准提觀音}은 엄숙한 모성을 상징화한 것이다. 밀교에서는 이 관음을 칠구지^{七俱胝}의 불모^{佛母}라고 칭하는데 칠구지는 7억^億이라는 말로서 모든 부처님의 모체가 되는 이 보살의 공덕이 광대무변하다는 것을 나타낸 것이다. 그 형상은 흔히 세 개의 눈에 두 팔 혹은 4, 6, 8, 10, 18, 32, 82개의 팔을 나타내기도 한다. 이때의 세 눈은 중생의 세 가지 장애인 혹惑, 업業, 고苦를 남김없이 제거하여 맑고 깨끗한 마음을 갖게 한다는 것을 나타낸 것이다.

여의륜관음如意輪觀音은 여의보주如意寶珠의 삼매 속에서 항상 법륜法輪을 굴려 중생을 교화하는 보살로서 부귀와 권력, 지혜의 모든 염원을 성취시켜 주는 것으로 상징되고 있다. 이 보살의 손에는 보주를, 등에는 법륜을 지고 있다.

그리고 팔이 여섯 개인 육비좌상六臂坐像을 모시는 경우가 대부분으로 이 여섯 개의 팔은 육도六道를 윤회하는 중생들을 제도한다는 것을 나타냄과 동시에 육바라밀六波羅蜜을 닦게 한다는 것을 보여주고 있다.

불공견색관음은 대자대비의 견색(새나 짐승을 잡는 그물)을 갖고 아무리 극악한 중생이라도 남김없이 구제하는 보살이다. 견색의 견羂은 새나 짐승을 잡는 그물, 색索은 고기를 낚는 낚싯줄에 비유한 것이라고 한다. 보살의 형상은 하나의 얼굴에 팔이 두 개, 두 얼굴에 네 개의 팔, 세 얼굴에 여덟 개의 팔 등으로 묘사되고 있다.

32응신은 관세음보살의 응현應現(같은 말은 응화應化이며 부처나 보살이 중생을 구제하기 위하여 여러 가지 모습으로 이 세상에 나타나는 일)하는 모습이 경전에 따라 다르지만 우리나라에서는 『법화경』 보문품의 33응신설應身說과 『능엄경』의 32응신설을 채택하고 있다. 부처의 몸으로 제도할 이에게는 부처의 몸을 나타내어 설법하고 벽지불, 법왕, 장자, 비구… 등 32신 또는 33신으로 응화應化하여, 제도할 대상에 따라 그에 알맞은 여러 가지의 형상으로 나타내는 것이라 한다. 그러나 관음의 응신은 특정한 형상이나 숫자의 형상에 국한되는 것이 아니라 궁극적으로는 이 세상 어느 것 하나라도 관음의 응신이 아닌 것이 없다고 볼 수 있다. 낙산사의 보타전은 우리나라에서 가장 널리 채택하고 있는 능엄경의 32응신상으로 봉안하였고 그 뒤쪽으로는 1,500불의 관음상이 봉안되어 있다.

　왼쪽 벽엔 신중탱화를 나무로 양각한 희귀한 목각조상이 있고 바른쪽엔 나무꾼이 다섯 마리의 학을 향해 활을 쏘는 장면, 학이 동자승으로 변해 나타나서 나무꾼에게 수기^{授記}(부처가 수행자에게 미래의 깨달음에 대하여 미리 지시하는 예언과 약속)를 주면서 일러주는 장면, 의상대사가 파도가 휘몰아치는 깎아지른 바위(현재의 의상대 자리)에서 좌선 수도하는 장면을 그린 세 점의 탱화가 시선을 끌었다.

　보타전의 자리에서는 옛 영산전의 자리로 불사를 할 때 기와조각과 같은 많은 유물이 발견되었다. 이곳 관음지 위에 108평의 거대한 보타전을 건립한 내력과 그에 얽힌 전설을 회주 오현스님에게 전해 들었다.

보타전에 얽힌 전설

『삼국유사』의 대산오만진신臺山五萬眞身의 조항에는 신효거사信孝居士의 매우 신기한 이야기가 수록되어 있다. 통일신라시대 강원도 명주 땅에는 홀어머니를 봉양하며 살아가는 신효거사가 있었다. 그는 지극한 효성으로 봉양했다. 어머니가 고기 없이는 밥을 먹지 않았으므로 산과 들을 다니며 사냥을 해야만 했다. 그런데 어느 날 사냥감이 없어 동해 바닷가의 낙산까지 오게 된 그는 소나무 위에 앉아 있는 학 다섯 마리를 발견하고 활시위를 당겼다. 그러나 학은 깃털 하나를 떨어뜨리며 날아가 버렸다. 거사는 무심하게 그 깃털을 주웠다. 그리고는 그 깃털을 눈앞으로 가져갔다. 그런데 이제까지 사람으로 보이던 동료 사냥꾼들이 모두 짐승으로 보였다. 순간 거사는 큰 깨달음과 함께 사냥에 대한 자신의 잘못을 뉘우치고 집으로 돌아왔다.

그날부터 어머니 상에는 자기의 넓적다리 살을 베어서 올리고 남몰래 정진하며 도를 구하였다. 얼마 뒤 어머니가 죽자 그는 출가하였다. 자기의 집을 절로 만들어 효가원孝家院이라 한 다음 신령스런 깃털을 들고 전국을 유랑했다. 여러 곳을 떠돌아다니면서 깃털로 사람들을 살펴보았지만 짐승으로 보이는 이가 더 많았다. 그는 모두가 사람의 모습을 취하고 있는 곳에 머물고 싶었다.

마침내 만 3년이 되었을 때 경주를 거쳐 강릉 부근에 이르러 깃을 통해 사람들을 보니 모두가 사람의 형상을 하고 있었다. "이곳이 내가 머무를 곳이구나" 그는 기쁜 마음으로 길 옆 콩밭에서 김을 매고 있는 노파에게 집을 짓고 살 만한 곳을 물었다. "서쪽 고개를 지나면 북쪽으로 향한 골짜기가 있으니 그곳에 집을 짓고 살 만합니다."

노파는 말을 마치자 홀연히 사라져버렸다. 거사는 그분이 관세음보살임을 깨닫고 서쪽 고개인 대관령을 넘어 북쪽 오대산으로 들어가서 초가집을 짓고 수도하였다. 그런데 얼마 지나지 않아 가사를 입은 스님 다섯 명이 나타났다.

"그대가 가져간 가사 한 폭은 지금 어디 있는가?"

거사가 영문을 몰라 멍하니 있자 스님이 일러주었다.

"그대가 집에서 사람들을 본 깃털이 그것이다."

거사는 이에 깃털을 내주었다. 스님이 그 깃털을 가사의 없어진 폭 사이에 붙이자 그 자리에 한 치의 오차도 없이 꼭 맞았다. 그리고 찰나 사이에 다섯 스님은 흐릿한 안개 속으로 사라져버렸다. 그제서야 거사는 깨달았다. 수년 전 낙산에서 본 학도 방금 나타났던 스님도 오대산에 항상 머물러 계신다는 관세음보살, 아미타불, 지장보살, 석가여래, 문수보살의 화산이라는 것을…

신효거사는 이곳에서 얼마 동안 정진하다가 처음 오류성중五類聖衆(본불本佛을 따라다니는 다섯 종류의 성자들)을 만났던 낙산으로 다시 찾아갔다. 낙산의 원래 이름인 오봉산五峯山의 다섯 봉우리가 연잎처럼 둘러싸고 있는 가운데 지점(현재 보타전이 있는 곳)에서 기도를 하자 다섯 봉우리마다 학이 내려앉았다. 다시 기도를 계속하자 오대산에서 만났던 다섯 스님이 나타나 수기授記를 주면서 일러주었다. "주위의 다섯 봉우리는 우리가 살고 있는 곳이요, 그대가 앉아 있는 자리는 1천여 년이 지난 뒤 관세음보살이 말법중생을 제도하는 곳이 될 것이다. 부디 함부로 누설치 말고 자리를 더럽히지 마라."

비로소 신효거사는 이곳이 오류성중이 사는 근원임을 깨달았다. 그 뒤 설악산 봉정암으로 들어가 기도하다가 이 사실을 전법제자에게 엄밀히 전한 다음 입적하였다.

오류성중이 말법중생을 위해 자리를 정한 곳이요 신효거사가 점지한 성스러운 땅, 1천여 년 동안 비밀스럽게 전승되었던 이 뿌리 이야기가 오랜 세월의 산고 끝에 결실을 맺게 되었다는 불가의 깊은 인연법을 되돌아보았다.

발걸음을 보타락으로 돌렸다. 보타락은 보타전과 함께 창건하고 우리말로 광명光明, 해도海島, 소화수小花樹란 의미와 관세음보살의 진신眞身이 상주한다는 뜻으로 보타락이라 명명하였다. 관음지 연못을 조금 더 내려가면 지방유형문화재 48호인 의상대義湘臺가 나타난다. 만해 한용운이 쓴 「의상대기」에 의하면 1925년 이곳에 한 정자를 짓고 의상대라 이름지었다. 그것은 의상대사가 처음 낙산사를 창건할 당시 매양 이곳에 와서 입정入定했으므로 예부터 그렇게 불려왔다. 1936년 큰 폭풍으로 무너져 다시 세우고 지금의 의상대는 1975년 중건한 6각형 정자다.

의상대 정자

낙산사 의상대 일출

하얀 파도가 포말을 일으키며 끊임없이 암벽에 부딪치고 세찬 해조음이 솔내음을 싣고 온다. 아침 해가 어둠을 뚫고 수평선을 붉게 물들일 때 가슴이 멎을 것 같다. 누각 위에서 망망대해를 바라보며 해풍을 맞는 기분도 일품이다. 바위 틈 사이로 홍연암과 요사채가 보이고 저 멀리 대포항의 외옹치가 선명하게 다가온다. 의상대 앞 아름드리 관음송 옆에 서면 마치 바다 위에 떠 있는 것 같다. 발 밑에 부서지는 파도소리를 들으며 북쪽 산기슭을 돌아보면 해수관음상이 마치 이국의 여신처럼 하늘로 날아오르는 것 같다.

의상대의 진면목은 해돋이 장소로 유명한 홍연암 부근에서 바라보는 원경遠景이다. 험준한 기암절벽 위에 수도승처럼 묵묵히 좌정하고 있는 의상대를 바라보면 감탄사가 절로 나온다. 휘영청 달 밝은 날 밤 낙산사에서 울리는 은은한 범종소리와 파도소리가 허공에 가득히 스며 오른다. 한 여인을 사랑하게 된 조신調信이라는 스님의 이야기가 전해진다.

조신의 일장춘몽

옛날 서라벌이 서울이었을 때 세규사世達寺 혹은 세달사世達寺의 장사莊舍 (농장을 관할하기 위하여 파견된 관리인이 살던 집)가 명주溟州고을 내리군㮈李郡에 있었는데 서라벌의 본사本寺에서 조신調信을 그곳 장사로 보내어 관리하게 했다. 조신이 이곳에 와서 김흔의 딸을 보고 그 아름다움에 혹하여 홀로 은근히 마음을 태우기 시작했다.

조신은 이 사랑을 이루기 위해 낙산사의 관음보살 앞에 나아가 혼인을 맺게 되기를 매일 기원했다. 그러나 그 처녀는 딴 곳으로 시집을 가고 말았다. 조신은 관세음보살을 원망하며 날이 저물도록 슬피 울다가 그 자리에서 잠이 들었다. 꿈속에 생시와 같이 김태수의 딸이 나타나 슬픈 표정을 지으며 "스님, 저는 사실 처녀시절부터 스님을 사모하고 있었습니다. 그러나 불도에 정진하고 계시는 스님에게 저의 심정을 털어놓을 수도 없어 홀로 고민하다 부모님의 명에 의해 마음에 없는 시집을 가기는 했습니다. 그러나 마음은 항상 스님에게 있어 그 괴로움을 견딜 수가 없었습니다. 앞으로는 스님만 모시려고 집을 뛰쳐나왔으니 저를 더럽다 마시고 받아주시기 바랍니다"라고 울면서 호소했다. 조신은 그 여인을 데리고 불가佛家를 떠나 환속還俗하여 고향에 돌아와 속인俗人의 생활을 시작했으나 세상 물정에 어두워 살아갈 길이 막연하였다.

나이가 늙어감에 따라 부부의 애정은 깊어갔으나 아이들은 늘어나고 생계는 어려워 가족은 누더기 옷으로 겨우 살을 가리고 문전걸식門前乞食하며 연명해야 할 처지에 이르렀다. 이렇게 떠돌며 걸식하는 동안에 명주 해현령을 지나는데 열다섯 살 된 큰 아이가 굶어 죽고 말았다. 통곡하며 길가에 묻어주었다. 나머지 네 자녀를 데리고 우곡현羽曲縣에 이르러 길가에 초가집을 짓고 살았다. 부부가 병들어 거적에 눕게 되고 보니 열 살짜리 딸아이가 부모를 대신하여 집마다 다니면서 밥을 빌어 입에 풀칠을 해야 할 형편이 되었다. 그 아이마저 어느 날 밥을 빌러 갔다가 개한 테 물려 자리에 눕게 되어 이제는 밥을 빌러 다닐 사람도 없게 되었다. 부인은 눈물을 닦으면서 말했다.

"내가 처음 당신을 만났을 때는 얼굴도 아름답고 나이도 젊었으며 의복도 많고 깨끗했습니다. 한 가지 음식이라도 당신과 나누어 먹었고 얼마 안 되는 의복일망정 당신과 나누어 입으면서 함께 산 지 50년에 정이 맺어져 매우 친밀해졌으며 은애恩愛로 굳게 얽혔습니다.

그러나 근년에 와서는 쇠약해져서 생긴 병이 해마다 더욱 심해지고 굶주림과 추위가 날로 더욱 닥쳐오고 곁방살이와 보잘것없는 음식조차 남에게 빌어먹을 수 없게 되었으니 무엇인가 달리 대책을 세워야겠습니다. 당신은 나 때문에 괴로움을 받고 나는 당신 때문에 근심이 됩니다. 역경을 당하면 버리고 순경順境(모든 일이 순조로운 환경)이 있으면 친하고 하는 것은 인정상 차마 못 할 일이지만 헤어지고 만나는 것도 운수가 있는 것이니 어린것들을 나누어 각기 헤어집시다." 조신도 그 생각이 옳을 것 같아서 그렇게 하기로 하고 떠나려 하니 부인이 말했다.

"저는 고향으로 가니 당신은 남쪽으로 가십시오."

막 헤어져 길을 떠나려 할 때 그만 꿈을 깼다. 등잔불이 깜박거리고 새벽이 다가오고 있었다. 아침이 되니 수염과 머리털은 모두 희어지고 망연하여 전혀 세상에 뜻이 없어서 사는 것도 싫어지고 한평생 신고辛苦를 겪은 것처럼 되었다.

돌아와 해현령에 죽은 자식을 묻었던 곳을 파보니 돌부처가 나왔다. 이것을 물로 씻어 부근의 절에 모셨다. 서울에 돌아와 장사의 직책을 그만두고 사재를 기울여 정토사淨土寺를 짓고 불도에 정진하였다.

돌이켜보면 꿈이 아닌 것이 무엇이 있을까. "마땅히 머무르는 바 없이 마음이 난다應無所住而其心"는 금강경 구절에 대구對句로 읊은 야보도 천冶父道天 선사의 선시가 나그네의 마음을 울리는 것은 망망대해의 바람과 파도소리 때문일까?

고요한 밤 산막에 말없이 앉았으니	山堂靜夜坐無言
고요하고 적막함이 본래 이런 것이구나	寂寂寥寥本自然
무슨 일로 서풍은 잠든 숲을 깨우고	何事西風動林野
한 소리 찬 기러기 긴 하늘을 울리네.	一聲寒雁唳長天

금강경 오가해의 야보송(金剛經 五家解의 冶父頌)

산기슭으로 난 길을 따라 홍연암紅連庵으로 향했다. 홍연암 입구의 관음보살상 옆에는 맑은 샘물이 솟아오르고 있다. 샘 옆에 의상대의 해돋이 시비가 서 있다.

천지개벽이야
눈이 번쩍 뜨인다.
불덩이가 솟는구나
가슴이 용솟음친다.
여보게
저것 좀 보아
후끈하지 않는가.

돌로 쌓은 산비탈 계단으로 올라가면 동향으로 자리잡은 요사채와 높이 7.5m, 폭 8m, 세로 6m인 목조관음전이 나타난다. 의상이 관음을 친견하고 대나무가 솟은 곳에 지은 불전佛殿이 바로 이 암자다. 일설一說에 의하면 홍연암의 유래와 전설은 신라 문무왕 12년에 의상대사께서 입산하는 도중 돌다리 위에서 이상한 청조靑鳥를 만났는데 쫓아 들어가 본즉 청조는 석굴 속으로 들어가 버리고 보이지 않았다. 대사는 이상히 여겨 7일 동안 밤낮으로 기도를 드렸더니 7일 후 바닷속에서 홍련紅蓮이 솟아오르고 그 홍련 속에서 관음보살이 현신하므로 대사가 친견을 하고 심중의 소원을 말하였다. 그래서 만사가 뜻대로 성취되고 무상대도無常大道를 얻었다.

홍연암에서 들려오는 독경소리가 파도를 타고 귓전을 맴돌고 있다. 청조가 들어갔다는 바닷가 암벽석굴 위에 자리 잡은 이 암자는 현존하는 법당의 양식으로는 국내에서 유일한 형태다. 바닷물이 투명한 유리로 만든 법당의 마루 밑을 통해서 오갈 수 있도록 만들었는데 그것은 아마도 의상에게 여의주를 바친 용이 불법을 들을 수 있도록 배려한 조치 때문일 것이다.

은은한 새벽 목탁소리를 들으며 일출로 붉게 물든 수평선을 바라보면 대자연의 장엄하고도 화려한 광경이 펼쳐진다. 법당에 들어서면 주불인 관세음보살이 모셔져 있다. 관음상 뒤 후불탱화는 관세음보살의 호법신장護法神將인 남순동자南巡童子가 연꽃을 들고 왼쪽에 있고 오른쪽에는 관음조觀音鳥가 염주를 물고 있다. 그 아래에는 해상용왕이 있어 관음도량의 창건설화를 얘기하고 있다.

홍연암에서 오른쪽 산비탈을 타고 좁은 산길을 따라 올라가면 의상대와 홍연암 중간쯤 되는 산 중턱에 커다란 사리탑이 동해를 바라보며 있다. 이 탑은 강원도 유형문화재 제75호로 조선 숙종肅宗 18년(1698)에 조성한 것으로 8각 원당형圓堂形을 기본으로 하는 부도탑浮圖塔이다.

전하는 바에 의하면 탑의 자리는 닭이 알을 품는 형국이라 하며 숙종 9년(1693)에 홍연암에서 도금불사鍍金佛事를 거행할 때 서기瑞氣가 가득 차더니 공중에서 영롱한 구슬이 떨어졌는데 유리와 같은 광채를 내었다. 비구 석겸釋謙 등이 대원大願을 세우고 이 탑을 쌓고 구슬을 간직했다.

산등성이를 넘어 작은 오솔길을 따라가면 해수관음보살상으로 가는 길목이 나타난다. 넓고 긴 골 계단을 오르면 불교용품을 파는 선물가게와 거북상 등 위에 해수관음 조성 연기비緣起碑가 음각되어 있다. 5년간에 걸쳐 무려 750톤의 석재를 사용한 낙산사의 해수관음입상海水觀音立像은 높이 16m, 둘레 3.3m, 좌대의 넓이 6m로서 단일불상으로는 동양 최대이며 좌대의 앞부분은 쌍용상, 뒷부분은 비천상飛天像, 양옆으로는 사천왕상四天王像이 조각되어 있다. 그 위에 한 송이 연꽃봉오리 위에 성상을 안치하였다.

관음상은 왼손에는 감로수병을 받쳐들고 오른손은 부드럽게 주름진 감미로운 곡선을 그리며 늘어뜨린 천의天衣 자락을 살짝 잡고 있다. 미간眉間에는 백호白毫를 박아 온누리에 퍼지는 자비의 광명을 상징하고 있다. 중생의 아픔과 번뇌를 감싸는 듯한 온화한 미소를 머금은 채 망망한 동해를 지그시 굽어보고 있다. 해변가 쪽으로 나서면 저 아래 의상대 지붕과 관음송이 보인다.

신성봉의 해수관음상에서 내려와 의상대를 지나 후문 매표소 쪽으로 발길을 돌렸다. 오른쪽 산정에 낙산비치호텔이 있다. 큰 돌로 쌓은 담장엔 담쟁이덩굴이 바람에 흔들린다. 낙산해수욕장은 주변의 빼어난 자연경관과 유적이 많아 동해안 제일의 해수욕장으로 명성이 높다. 긴 백사장과 송림으로 우거진 해안일대는 바다와 문화유적을 함께 감상할 수 있는 보기 드문 명소다. 해수海水는 맑고 얕으며 조개가 많아 조개 줍는 즐거움이 피서객들의 흥미를 돋운다. 맑은 남대친 하류의 담수가 흐르며 해수와 교차하여 해수욕장으로서 최적이다.

해변가에 연인들의 즐거운 모습을 바라보면서 1300여 년 전 한 여인의 아름답고 숭고한 사랑이야기를 떠올려본다.

낙산사 해수관음보살상

tip

의상대사와 선묘낭자 이야기

중국 송나라의 찬녕贊寧이 988년에 쓴 『송고승전宋高僧傳』의 의상전에 선묘善妙낭자와의 애틋한 사랑이야기가 설화說話로 전해진다. 의상은 그의 속성俗性이 박씨로서, 신라의 서울 경주 사람이다. 어려서부터 영특하고 뛰어났으며 자라는 과정에 그는 구도적求道的인 천성天性이 역력했다.

스무 살 때 마침 당나라에서는 화엄교학華嚴敎學이 한창이라는 소문을 듣고 원효법사와 함께 입당구법入唐求法의 길에 올랐다. 그들이 신라의 해안 당주계唐州界까지 와서 배를 구하여 바다를 건너려 할 때 큰 비를 만났다. 그들은 길가의 움집으로 들어가 비를 잠깐 피했는데 이튿날 깨어보니 그곳은 움집이 아니라 옛 무덤이며 옆에는 해골이 뒹굴고 있었다. 그 다음날도 하늘은 시커멓게 뒤덮이고 땅은 질어 한 걸음도 앞으로 나아갈 수가 없었다. 할 수 없이 바위틈의 벽에 기대어 하룻밤을 더 보내는데 별안간 귀신이 나타나 놀라기도 하였다. 원효가 탄식을 하며, "전날에는 무덤을 토굴이라 생각하고 잤는데 편안히 잘 수 있었고, 오늘밤에는 그곳을 피해 잤는데 귀신이 넘나드는 변을 당했다. 생각에 따라 갖가지 일이 생기고, 생각을 없애니까 토굴이니 무덤이니 하는 구별이 없어진다. 이 세상 모든 것이 다 마음가짐 하나 탓이다. 이 마음 외에는 또 무슨 진리가 있으리요. 나는 당으로 건너가지 않겠소"라고 한 것이 이때의 일이다.

원효가 짐을 메고 다시 신라를 향해 돌아설 때 의상은 홀로 죽음을 무릅쓰고 유학길을 떠났다. 총장總章 2년(669)에 상선을 타고 바다를 건너 등주登州 해안에 도달했다. 의상은 한 신도의 집에 머무르게 되었는데 그 집에는 선묘善妙라는 이름의 아름다운 딸이 있었다. 그녀는 의상의 용모가 매우 뛰어남을 보고 갑자기 도심道心을 일으켜 그 앞에서 다음과 같이 대원大願을 발發했다.

"세세생생世世生生에 스님께 귀명歸命하겠습니다. 대승大乘을 배워 익히고 대사大事를 성취하겠습니다. 제자는 반드시 시주施主가 되어 스님께서 필요로 하시는 생활품을 바치겠나이다."

의상은 그 후 장안長安 종남산終南山에 있는 지엄삼장知儼三藏에게로 가서 화엄학華嚴學을 배웠다. 그때 동문에는 당나라의 유명한 법장法藏, 나중에 강장국

344

사康藏國師도 있었다. 공부를 끝내자 돌아가 전법傳法을 해야겠다고 생각한 의상은 고국 신라로 돌아가는 먼 길에 올랐다. 다시 문등현文登縣에 이른 그는 그 신도집을 찾아 그동안 베풀어준 갖가지 편의에 사의를 표명했다. 의상대사를 선창가에서 보았다는 소문을 들은 선묘낭자가 미리 의상을 위해 준비한 법복法服과 그 밖의 여러 가지 집기什器들을 함에 가득 넣어 해안에 도달했을 때 의상의 배는 이미 멀리 떠나고 있었다. 그녀는 주문을 외우며 "나의 참된 본심은 법사를 공양供養하는 일입니다. 원하옵건대 이 옷함이 저 배에 닿기를" 하고 옷함을 물결 속에 던졌다. 때마침 질풍이 불더니 그 옷함을 새털이 날리듯 의상이 탄 배에 닿게 하는 것이었다.

그녀는 또 맹세하기를, "내 몸이 변해서 대룡大龍이 되기를 바라옵나이다. 그래서 저 배가 무사히 신라 땅에 닿아 스님이 법을 전할 수 있게 되기를 비옵니다." 하고 몸을 바닷속에 던져버렸다. 그 원력願力이 굽힐 수 없는 것임을 알았는지 신이 감동하여 과연 원대로 해주었다. 이 용은 혹은 떠올랐다, 혹은 물속에 잠겼다 하며 그 배 밑을 부축하여 의상을 무사히 신라의 바다에 도달할 수 있게 해주었다.

귀국한 후 의상은 산천을 두루 편력遍歷했다. 그리하여 고구려의 먼지나 백제의 바람이 미치지 못하고 말이나 소도 접근할 수 없는 곳을 찾아 "여기야말로 땅이 신령하고 산이 수려하니 참으로 법륜法輪을 굴릴 만한 곳이다. 권종이부權宗異部(다른 잘못된 주장을 하는 종파)의 무리들이 5백 명이나 모여 있을 까닭이 무엇이냐"라고 하였다. 의상은 또 마음속 깊이 대화엄大華嚴의 가르침은 복되고 선한 곳이 아니면 일으키지 말아야 한다고 생각하였다. 그때 선묘가 항상 따라다니며 의상을 지켜주었다. 의상의 이러한 생각을 알고 선묘대룡이 허공 중에 대신변大神變을 일으켜 커다란 바위로 변했다.

일리一里나 되는 바위가 되어 가람伽藍의 지붕 위에서 떨어질까 말까 하는 모양을 하였다. 그곳의 군승群僧들은 소승小乘에 집착한 무리들이었는데 그 돌을 보고 사방으로 흩어져버렸다. 의상은 이 절에 들어가 겨울과 여름에 화엄경華嚴經을 강講했다. 특별히 부르지도 않았는데 많은 사람들이 모여들었다.

송宋나라 고승전高僧傳에 전해오는 의상과 선묘, 그리고 부석사浮石寺의 창건에 얽힌 설화다. 부석사 무량수전 우측에 부석浮石이라 쓴 그바위가 떠서 날아갈 듯 놓여 있고 좌측엔 애틋한 이국의 낭자의 혼을 기리기 위한 선묘각이 있다. 일제시대 부석사를 보수할 때 무량수전 밑에 묻혀 있는 석룡石龍이 발견되었다. 그 꼬리부분이 묻혀있는 이 석룡은 선묘화룡善妙化龍의 설화를 더 현실적으로 설명해 주고 있다.

　세속적인 사랑의 이야기가 종교적인 지고지순의 사랑으로 승화되어 목숨을 버리면서까지 님을 향해 끝까지 돕겠다는 자비의 사랑이 세세생생世世生生(불교에서 몇 번이고 다시 환생還生함을 이르는 말) 스님께 귀명歸命하여 대승大乘을 배워 익히며 대사大事를 성취하겠다는 선묘낭자의 맹세가 천년의 향을 사르고 있다. ✍

62 아름다운 포구마을 남애^{南涯}, 인구^{仁邱}해수욕장

강릉에서 출발하여 주문진읍을 지나면 규사공장으로 유명한 향호호수가 나타난다. 호수 위에 깨끗한 백사장과 송림을 낀 지경해수욕장이 있다. 지경해수욕장은 주변 경관과 막국수로 유명하며 가족 단위나 단체로 피서하기에 적당한 곳이다. 동해안은 어느 곳이든지 해안선을 따라 차를 타고 가다 보면 굽이마다 경치가 수려할 뿐만 아니라 오염되지 않은 푸른 동해와 송림숲이 이어진다. 국도를 따라 양양 방향으로 달리다 보면 횟집으로 유명한 현남면 남애

죽도봉과 인구해변

해수욕장 입구가 나타난다. 바다와 연해 있는 맑고 투명한 백사장이 펼쳐지고 도롯가에는 바닷가 어촌마을이 길게 늘어서 있다. 바위들과 햇빛에 부서지는 은빛 물결, 점점이 흩어진 고깃배들, 한낮의 남애 바닷가는 고요히 잠들어 있다.

뱃고동소리가 가끔 조용한 포구마을의 정적을 깨운다. 방파제가 있는 해변가엔 양야도陽也島란 조그만 섬이 있다. 옛날에는 양야도에 봉화대가 있었는데 남으로 주문진, 북으로 하조대와 연락하던 곳이다. 투명한 유리로 만든 양야도전망대에 오르면 파도와 바위가 발밑에서 부딪치고 있다. 3층 전망대에 오르면 항구를 감싼 방파제가 양팔을 벌리고 좌우로 뻗어 있다. 광활한 동해바다를 배경으로 어판장과 횟집들, 어선들이 어울려 작은 포구마을을 형성하고 있다. 남애의 해변도로를 따라 북쪽으로 조금 올라가면 인구해변 가에 있는 죽도竹島가 나타난다. 죽도봉을 중심으로 좌우에 맑고 깨끗한 긴 백사장이 펼쳐진다.

양야도전망대

동해의 물길 따라

죽도봉은 양양에서 남방 20km 지점에 위치하며 주위가 1km, 높이 53m의 우뚝한 봉이다. 산정으로 오르는 계단 좌우에는 커다란 바위와 아름드리 소나무가 어울려 신성한 느낌을 준다. 죽도봉 정상에는 철골구조물로 만든 3층 전망대가 있다. 이곳에서 바라보는 전망은 동해바다의 또 다른 운치를 느끼게 한다.

 전망대의 좌측으로는 죽도해변 백사장과 저 멀리 동산해안 방파제가 포구마을을 두 팔로 꼭 껴안고 있다. 우측으로는 인구해변과 바다로 뻗은 인구항 방파제가 햇살에 눈부시다. 전망대에서 내려오면 마을 유지들이 만든 아담한 죽도정이 있다. 새소리와 바람소리, 파도소리 들으며 잠시 쉬어가기엔 안성맞춤이다. 정자 앞 바윗길 계단으로 죽도 앞 해변에 이르면 선녀탕과 부채바위, 신선바위 등 갖가지 기묘한 형태의 바위가 군락을 이루어 신선이 머무는 장소처럼 느껴진다. 낚시하는 강태공들을 배경으로 망망대해에 펼쳐진 풍광은 고요하고 평화롭다. 옛날에는 섬이었다고 전하나 지금은 육지와 연결되어 있다. 사시장철 대나무가 울창하므로 죽도竹島라 한다.

죽도와 인구항 방파제

6부

고성군
사찰문화와
통일전망대

⁶³ 갈매기 파도를 타는 청간정^{淸澗亭}과 화암사^{禾岩寺}

    속초 시외버스 터미널에서 영랑호다리를 건너 차로 5분쯤 달리면 길 왼편으로 금강산 화암사^{禾岩寺}로 가는 길과 해변 쪽으로는 하일라비치콘도로 가는 길이 나타난다.

    화암사는 금강산 최남단의 절로서 769년 신라 36대 혜공왕 5년에 진표율사가 설악산 북쪽 기슭에 창건하였다. 화암사의 기록에 의하면 이 절은 다섯 차례나 화재를 입었다고 전한다.

화암사 수바위

tip

화암사 수바위 전설

화암사 남쪽 300m 지점에 수바위라는 왕관모양의 우람한 바위가 있는데 달걀 모양의 바탕 위에 왕관 모양의 또 다른 바위가 놓여 있고 윗면에는 길이 1m, 둘레 5m의 웅덩이가 있다. 이 웅덩이에는 물이 항상 고여 있어 가뭄을 당하면 웅덩이 물을 떠서 주위에 뿌리고 기우제를 올리면 비가 왔다고 전한다. 이 때문에 수바위 이름의 수자를 물수水라고 주장하는 사람도 있으나 바위의 생김이 뛰어나 빼어날 수秀자로 보는 사람이 많다. 또한 이곳은 창건자인 진표율사를 비롯한 이 절의 역대 스님들이 수도장으로 사용하여 왔다.

화암사는 민가와 멀리 떨어져 있어 스님들이 항상 시주를 구하기가 어려웠다.

그러던 어느 날 이 절 두 스님의 꿈에 백발노인이 나타나 수바위에 조그만 구멍이 있으니 그곳을 찾아 끼니 때마다 지팡으로 세 번 흔들라고 현몽을 하였다. 잠에서 깬 스님들은 아침 일찍 수바위로 달려가 꿈을 생각하며 노인이 시키는 대로 했더니 두 사람 분의 쌀이 쏟아져 나왔다. 그 후 두 스님은 식량 걱정 없이 편안히 불도에 열중하며 지낼 수 있게 되었다.

몇 년이 지난 어느 날 객승客僧 한 사람이 찾아와 이 절 스님들은 시주를 받지 않고도 수바위에서 나오는 쌀로 걱정 없이 지냈다는 사실을 알았다. 객승은 세 번 흔들어서 두 사람분의 쌀이 나온다면 여섯 번 흔들면 네 사람분이 나올 것이라는 엉뚱한 생각을 했다. 다음날 날이 밝기를 기다려 아침 일찍 수바위로 달려가 지팡이를 넣고 여섯 번 흔들었다. 그러나 쌀이 나와야 할 구멍에서는 엉뚱하게도 피가 나오는 것이었다. 그 후부터 수바위에서는 쌀이 나오지 않는다는 전설이 전해지고 있다.

청간정과 송림

　이 절 남쪽에는 수雄바위가, 북쪽에는 코끼리 모양의 바위가 있는
데 바위의 맥이 서로 상충하는 자리에 절터가 있다. 그런데 수바위
가 뿜어내는 열기를 이겨내지 못해 여러 차례 화재를 겪었다고 전한
다. 이런 연유에서인지 지금의 절은 창건 당시 위치에서 남쪽으로
100m쯤 떨어진 장소에 있다. 화암사禾岩寺에 얽힌 수바위 전설이 전해
지고 있다.

　화암사로 들어가는 입구에서 5분쯤 더 달리면 송림으로 울창한
해변이 나타난다. 조그만 다리를 건너면 널찍한 주차장과 청간정휴
게소가 나타난다. 정자에 오르면 솔향기와 바람소리가 가슴을 시원
하게 적셔준다. 설악산 골짜기에서 흘러내리는 청간천과 동해가 연
접된 절벽 위에 청간정이 자리 잡고 있다. 이곳은 시인 묵객들이 찾
아와 시를 읊고 그림을 그리며 풍유를 논하던 누각이다.

　청간정淸澗亭에 올라서면 왼쪽엔 작은 대나무숲이 에워싸고 백사장
가엔 갈매기떼들이 한가로이 무리지어 있다. 그 옛날 송강 정철이
누각에 올라 읊었던 관동팔경의 자취를 더듬어본다.

　지방유형문화재 32호인 청간정은 팔작지붕의 목재로 된 누각으

로 창건연대나 창건자는 알 수 없다. 조선시대 중종 15년(1520) 최청崔淸을 비롯해 역대 군수들이 중수하였다. 주위가 모두 석봉으로 되어 층층이 대를 이루고 있다. 수십 길 암벽 높이에 파도가 부딪쳐 흰 거품을 남기며 부서지는 광경은 장엄하다.

특히 청간정에서 바라보는 해돋이와 달 뜨는 정경은 관동팔경關東八景의 하나로 가히 일품이다. 1884년 갑신정변 때 불타고 없어져 그대로 방치되다가 일제 중기(1928) 당시 면장 김용집의 발기로 지금의 정자로 재건하였다. 청간정 현판은 당시 이승만 대통령이 쓴 친필이다.

청간정에서 출발하여 국도를 따라 북쪽 해변으로 조금 올라가면 아야진해수욕장이 나타난다. 조금 더 지나면 문암리 마을의 넓은 벌판이 펼쳐진다. 동해안을 따라 펼쳐지는 백사장은 저마다 특색이 있다. 속초에서 11km 거리에 위치한 삼포三浦해수욕장과 바위 위쪽에 연해 있는 백도白島해수욕장도 대표적인 곳 중에 하나다. 이중환의 『택리지』에 의하면 "동해안의 모래는 빛깔이 눈같이 희고 사람이나 말이 밟으면 소리를 내는데 그 소리가 쟁쟁하여 마치 쇳소리와 같다"고 이곳을 소개하고 있다. 특히 고성과 간성 지방은 오염되지

청간정

않은 청정지역으로 이 지방 해안은 어디를 가나 고운 모래밭과 푸른 바닷물이 어우러져서 한번 찾아온 이는 다시 찾지 않을 수 없는 빼어난 주변 경관을 가지고 있다.

백도해수욕장에서 조금 지나면 수심이 얕고 깨끗한 백사장으로 유명한 송지호松池湖해수욕장이 있다. 동해안에서 보기 드물게 큰 섬인 죽도竹島는 대나무가 많다 하여 죽도竹島라 부른다. 해수욕장 뒷면에 있는 송지호는 약 20만 평의 큰 호수로, 호수 주변을 에워싸고 있는 울창한 송림과 함께 물빛이 청명하고 수심이 일정하여 많은 고기들이 서식하는 곳으로 유명하다.

아득한 옛날에는 호수가 아닌 바다였다고 한다. 지금도 바다와 물길이 이어져 있어 도미, 전어와 같은 바닷물고기와 잉어 같은 민물고기가 함께 산다. 호수와 해수욕장이 함께 있어 낚시와 해수욕을 즐기려는 사람들이 많이 찾아온다. 남에서 북으로 길게 누워 있는 잔잔하고 맑은 송지호에 발을 담그고 시원한 바닷바람을 맞으면 자연의 순결한 내음이 폐부 깊숙이 스며든다.

청간정에서 본 해안전경

<u>64</u> 사랑이 꽃피는 해변
화진포 花津浦

　거진읍에서 4km 북쪽에 위치한 화진포는 풍경이 수려하고 면적 72만 평, 둘레 16km의 커다란 호수다. 호수 주변엔 울창한 송림이 병풍처럼 둘러져 있다. 기이한 암벽들이 해변의 흰 백사장과 어울려 한 폭의 그림 같은 경관을 간직하고 있다. 수심이 얕고 오염되지 않아 여름철 피서지로 으뜸이다. 주변에 대형 주차시설을 비롯하여 도로와 부대시설이 잘 갖추어진 쾌적한 곳이다.

　왼쪽 해변 앞바다에 천여 평가량의 섬이 있는데 형태가 거북이처럼 생겼다 하여 금구도 金龜島라 부른다. 금구도는 신라시대 수군의 기지로 사용했던 곳이다. 수천 년 동안 조개껍질과 바위가 부서져 만들어진 화진포는 아름다운 호수를 끼고 있어 해수욕장으로서 널리 알려진 명소다. 연어와 숭어, 도미 등 갖가지 어족이 서식하고 있고 수면이 맑고 깨끗하여 사계절 내내 태공들의 발길이 끊이지 않는다. 해당화가 피어 있는 해변가에 철새들이 떼지어 찾아와 호수 위를 유유히 노니는 풍경은 가히 선경이다.

　화진포는 석호로 형성된 호수다. 주변에 대규모 관광시설이 들어서지 않았기 때문에 주변의 생태계가 잘 보존되어 있다. 호수와 생태박물관, 해양박물관, 산림욕장, 해파랑길, 화진포둘레길이 개발되어 관광자원을 다변화시키고 있다. 화진포주차장에 도착하면 매표소가 있다. 입장권을 구입하면 화진포의 성(옛날 김일성 별장), 이승만 초대대통령별장, 이기붕 전 부통령별장, 생태박물관을 함께 입장할 수 있다.

주차장에서 해변 산 쪽에 위치한 화진포의 성으로 향했다. 1999년까지 육군장병 휴양시설로 운영되다가 그해 7월부터 역사안보전시관으로 바뀌었다. 화진포의 성은 6·25전쟁 이전에는 김일성과 가족의 하계휴양지로 이용되었다. 예전에 군인휴양소로 사용하던 소박한 건물이 역사안보전시관으로 변모하여 많이 달라졌다. 전시관 안에는 한국에서 크리스마스 실을 최초로 발행한 셔우드 홀 가족의 2대에 걸친 이야기와 6·25전쟁에 관한 역사적 내용이 전시되어 있다.

전시관 앞 계단에 걸터앉아 아래를 굽어보았다. 왼쪽으로는 화진포백사장과 호수가 보이고 정면엔 거북섬(금구도)의 푸른 대나무 숲이 그림 같은 모습으로 떠 있다. 뭉게구름 몇 점이 수평선 위로 피어오른다.

초대대통령 이승만 기념관

동해의 물길 따라

　화진포의 성에서 내려오면 해양박물관이 있다. 석호의 유래와 지형, 생태보존에 대해 알 수 있는 시간이다. 생태박물관 뒤쪽으로 피톤치드를 흠씬 마실 수 있는 산림테라원과 습지원, 팔각전망대, 응봉정상으로 갈 수 있는 갈림길이 있다. 화진포에는 화진포의 성 외에도 호수가 보이는 아늑한 언덕에 위치한 이승만 초대대통령별장과 숲속에 은밀하게 자리한 이기붕 전 부통령별장이 함께 있어 서로 다른 정치가들의 성향을 엿볼 수 있다. 초대대통령별장이라고 보기에는 작고 아담한 작은 방에 전시된 당시의 오래된 가구들과 옷가지, 소박한 생활용품들을 통해 그 당시 생활상을 엿볼 수 있다. 방안에서 창밖을 바라보면 화진포호반과 소나무숲이 매우 아름답고 평온하게 느껴진다. 이곳은 이승만 대통령이 미국 유학에서 돌아와 선교사를 만나러 화진포에 왔다가 머물던 곳으로 대통령이 되고 6·25전쟁이 끝난 후 화진포를 되찾자 선교사의 집이 있던 자리에 별장을 지었다. 별장 바로 뒤쪽에는 폐가로 남아 있던 건물을 개보수改補修하여 이승만 초대대통령에 대한 기록물들을 모아 기념관을 만들었다. 독립운동가로 독립된 대한민국을 세우는 데 지대한 공헌을 한 국부지만 3·15부정선거와 4·19혁명으로 하야했던 굴곡진 정치가의 삶이 담겨 있다. 58세의 이승만과 33세의 프란체스카가 사랑에 빠져 대한민국 최초로 오스트리아 출신의 영부인이 탄생한 것은 매우 흥미롭다. 그녀는 매우 검소하고 한국을 사랑하는 마음은 한결같았다고 한다.

정치가나 군인사, VIP인사들이 가끔씩 이용한다는 이 대통령의 별장을 바라보면서 세월의 무상함을 느끼게 된다. 독립의 아버지이며, 말년엔 독재자로 고국을 떠나 망명길에 올라야 했던 한 정치인의 파란만장한 생의 여정을 응시해 보았다.

화진포의 성 앞바다

강태공

함영덕

갈대에 잠긴 위수강
마음 한 잎 낚시 끝에 묻다

그림자 밟으며 떠난 마㼆씨 부인
마음은 어디서 건질까

황하의 심장에 곧은 낚시 꽂고
주름진 파문
소매 자락 끝엔 흔들리는
이슬 맺힌 눈망울

글 속에 천하가 있다 한들 어찌
내일 양식과 바꿀 수 있으랴
상흔을 낚다 보면 세월도
낚시 끝에 걸린다더냐

⁶⁵ 북녘 하늘 마주보는 통일전망대

　　속초시에서 안보공원까지 시내버스가 10분 간격으로 운행되고 1시간 30분 정도 소요된다. 통일전망대 출입증을 휴게소에서 작성하고 출발해야 한다. 양옆엔 높다란 철책이 연이어져 있다. 출발 후 5분쯤 지나면 민통선 초소에 도착한다. 이곳에서 출입증을 맡기고 통과한다.

　　높은 언덕 위 통일전망대에 서면 아기자기한 동해안의 그림 같은 해안선과 잔잔한 바다가 펼쳐져 있다. 계단을 오르면 통일기원 표어

북녘 땅을 보는 연인들

와 6·25 당시 351고지 전투전적비가 서 있다. 통일전망대와 통일안
보공원은 국민 모두에게 통일의 의지를 심어주고 외국인 관광객에
게는 대한민국의 분단 현실을 눈으로 확인하게 하는 곳이다.

전망대에 올라 북녘 땅을 바라보면 해금강 앞바다의 현종암과 북
선암, 외추도, 사공바위, 부처바위가 아스라이 펼쳐져 있다. 휴전선
안 588고지의 3층짜리 금강산전망대와 맞은편 북한의 356엥카고
지, 355고황봉고지가 서로 마주보고 있다. 이북과 2번째로 가까운
580m의 거리로 육성으로 부르면 알아들을 수 있다고 한다. 망원경
을 통해 금강산을 바라보면 이북의 고지와 금강산의 일부가 선명하
게 들어온다.

금강산 육로관광이 시작되기 이전에는 실향민들이 북녘의 산하를
바라보며 망향의 한을 달래던 분단의 현장이다. 지금은 분단의 아픔
을 경험하지 못한 국민들에게 한반도의 평화와 남북통일을 기원하
는 교육장으로 변모하였다.

북녘의 해변과 해금강

6·25전쟁의 참상과 당시의 상황을 사진과 영상, 각종 자료와 유물들을 통해 현실감 있게 체험할 수 있는 6·25전쟁체험전시관이 운영되고 있다. 또한 DMZ박물관은 세계에서 유일하게 남아 있는 분단국의 상징인 DMZ를 통해 1950년 한국전쟁 전후의 모습과 휴전협정으로 탄생한 휴전선이 갖는 역사적인 의미를 찾는 장소이다. 동족상쟁의 고통과 이산의 아픔, 군사적 충돌, 60여 년간 원형 그대로 보존된 DMZ의 생태환경 등을 전시물이나 영상물로 재구성하여 전시하였다.

1천만 이산가족과 고향을 지척에 둔 사람들, 통일을 기원하는 우리 모두의 염원이 담긴 통일전망대는 아이러니컬하게도 분단시대의 소중한 관광자원이 되고 있다. 망원경으로 휴전선 너머 바닷가의 감호 호수를 바라보면서 금강산의 선녀와 나무꾼 이야기를 떠올려 보았다.

옛날 금강산 감호 부근에 마음씨 착한 나무꾼과 사냥꾼에게 쫓기다 죽음을 앞둔 사슴이 있었다. 나무꾼의 은혜로 목숨을 구한 사슴은 답례로 선녀를 얻을 수 있는 장소와 날짜를 알려주어 은혜를 갚는다는 전설의 무대인 감호를 바라보면서 잠시 동심에 젖어본다. 그러나 지금 겹겹이 에워싼 철책 너머로 휴전선을 지키는 초병의 경계 어린 눈빛이 아름다운 전설을 대신하고 있다. 파도가 밀려오는 해안 언덕 위에 눈부신 미륵부처 입상과 성모마리아 성상이 북녘 하늘을 바라보며 기도하고 있다.

⁶⁶ 부처님 진신 치아 사리가 머무는 건봉사

　　고성군의 중심지인 간성읍을 지나면 대대리 검문소에서 두 갈래 길이 나타난다. 건봉사 입구에 들어서면 약 60여 개의 부도^{浮屠}와 비^碑 군락이 있다. 불이문을 지나면 오른쪽 계곡 위에 반원형의 능파교 석조다리가 놓여 있다. 능파교를 지나 계단을 오르면 대웅전이 나타난다. 민통선 출입금지 지역에 사찰을 짓게 된 동기는 이 지역에서 사고가 빈번하게 발생하게 되어 군인법사가 죽은 영혼들의 영가를 위로하고 천도해야 한다고 건의하여 군인들이 이곳에 법당을 짓고 예불을 하였다. 그 후 조계종에서 이곳을 접수하고

능파교와 건봉사

관리하게 되었다. 6월 6일 현충일과 6·25에 두 번 위령제를 지낸다.

특히 왜군의 침략으로 나라가 위기에 처했을 때 사명대사께서 승의병을 모집하여 서산대사와 함께 임진왜란 때 혁혁한 공을 세운 실존 인물들이 건봉사를 중심으로 활동했던 것은 역사적으로 매우 의미가 깊은 곳이다.

---

tip

건봉사의 유래

건봉사乾鳳寺는 신라 법흥왕 7년(서기 520년) 아도화상我道和尙이 거진의 냉천리冷川里에 창건한 것으로 전해진다. 발징화상發徵和尙이 원각사圓覺寺를 중건하였고 도선국사道詵國師가 서봉사西鳳寺를 중수했다. 고려 공민왕 7년(서기 1358년) 나옹대사가 서봉사를 중수하고 절의 이름을 건봉사로 고쳤다. 조선시대 세조가 들렀다가 왕실의 원당願堂으로 정했다. 선조 때는 임진왜란을 맞이하며 사명대사가 승병을 모집하여 봉기한 사찰이다. 오랜 역사와 전통을 간직하고 유명 승려의 수도 정진처였던 7백76칸의 대가람 건봉사의 자취는 찾아볼 수 없고 많은 부도와 비문들만이 그 옛날 번성했던 사찰의 흔적을 남기고 있다.

건봉사라 이름을 바꾼 것은 사찰 쪽에 새의 모양으로 생긴 바위가 있어 건乾과 봉鳳을 합쳐 지은 이름이라 한다. 일제강점기에 한용운 스님이 건봉사에서 승려생활을 했다. 건봉사는 봉명학교를 세워 일제 치하에서 민족사상과 계몽교육의 구심점이 되기도 하였다. 그 후 6·25전쟁으로 건봉사는 불타버리고 불이문만 남게 되었다. 건봉사에 자리 잡고 있는 기념비와 부도들은 고성 지방의 인문자원으로 중요한 역사적 유물이다. 예전의 건봉사는 그 규모에 있어서 불국사나

오대산 월정사가 비할 바가 아니었다. 건봉사의 옛 모습을 복원하여 민족문화의 정신을 고취할 뿐만 아니라 고성 지방의 자연관광자원 편중에서 인문자원의 복원 방향으로 나가야 할 것이다. 통일전망대와 통일안보공원 지역이 현대적인 안보관광의 소재로 구성되었다면 건봉사 지역은 전통적·역사적인 안보 관광지로 복원 개발하는 것이 시급하다.

만해 한용운 스님이 근세의 건봉사지를 저술한 것으로 미루어, 건봉사는 봉명학교 운영과 함께 항일민족운동의 근거지로 민족정기 구현에 일익을 담당했던 곳이다. 건봉사의 역사적인 무게는 곧 고성 지방 역사의 비중과 그 맥락을 같이한다고 볼 수 있다. 능파교에서 서쪽으로 30m쯤 위로 올라가면 적멸보궁이 있는데 나무로 정교하게 만든 사리탑과 잘 다듬어진 주변 공간이 퍽 인상 깊다.

옛날에 있었던 사찰의 석축과 여기저기 흩어진 석조물들, 능파교의 벽면을 감고 있는 담쟁이넝쿨이 사찰의 정취를 한층 정감 있게 만든다. 대웅전 앞에 서면 산들이 주변을 둥근 원처럼 에워싸 편안하고 아늑한 느낌을 준다. 산꼭대기에서 보면 마치 연꽃이 피어 있는 것 같은 형상

건봉사 대웅전

이다. 특히 대웅전 앞산은 어미가 새끼 돼지에게 젖을 먹이는 형상이다. 이 깊은 산중에 넓고 확 트인 아늑한 분지가 있다는 데 놀랍고, 조선시대 우리나라 4대 본찰 가운데 하나가 되기에 손색이 없는 대가람이다.

부처님 진신 치아齒牙 사리舍利를 건봉사에 봉안奉安하게 된 연유는 다음과 같다. 신라시대의 자장율사가 당에서 가져온 부처님의 치아와 사리를 통도사와 월정사에 봉안奉安하였는데 임진왜란 때 왜병이 통도사의 사리를 가져간 것을 선조 38년에 사명대사가 일본으로 사신으로 갔다가 다시 찾아와 이곳 건봉사에 봉안하였다. 이 치아 사리가 민간인 출입금지 시절에 한때 도난을 당해 되찾는 과정에서 전국적인 화제가 되어 세상에 널리 알려지게 되었다. 특별한 행사가 있을 때는 가끔 일반인에게 공개되기도 한다. 삼배를 올리며 번성했던 옛 모습을 복원하고 통일이 오면 우리나라의 중심 사찰로써 새로운 불교문화의 성지가 되기를 기원해 보았다. 서산대사와 사명당의 도술 내기 이야기를 떠올려본다.

서산대사와 사명당의 도술 내기

서산대사는 조선시대에 불교의 도맥을 부흥시킨 고승이지만 임진왜란 때 승병僧兵을 이끌고 국란을 타개하는 데 큰 역할을 한 절의節義의 인물이다. 그는 금강산 장안사에 오래 거주하였다. 서산대사가 이곳에서 득도得道하여 신통력神通力을 얻었다는 이야기가 전국에 퍼져나갔다. 그때 평안도 묘향산에서 도를 닦고 있던 사명당은 그의 도를 시험해 보고 싶어져 몰래 묘향산을 떠나 금강산 장안사로 향했다.

사명당이 단발령을 넘어 장안사계곡 어귀에 다다랐을 때 서산대사는 제자 한 사람을 불러 "지금 장안사계곡을 따라 동구 밖까지 갔다 오너라. 동구에 나가서 묘향산에서 오는 귀한 스님 한 분을 모시고 오너라"라고 분부를 하였다. "스님, 아시다시피 장안사 동구에는 하루에도 수많은 스님이 찾아오시는데 아무 표적도 없이 어떻게 묘향산 스님을 가려낼 수가 있겠습니까?"라고 되물었다. 서산대사는 "묘향산에서 오는 스님이 계곡을 끼고 거슬러 올라올 때 그 스님 옆 계곡물이 네 눈에는 거꾸로 거슬러 흐르는 것처럼 보일 것이다. 그 스님이 바로 묘향산 스님이다. 그리 알고 내가 모셔 오라고 하여 왔다고 하면 된다"고 일러주었다. 제자는 대사의 분부니 그대로 믿고 계곡을 따라 동구로 향했다.

거의 동구에 가까웠을 때 동구 밖에서 스님 한 분이 오는데 그 스님 따라 옆에 계곡물이 역류하고 있었다. 제자는 사명당 앞에 이르러 "묘향산에서 오시는 스님이시죠? 서산대사께서 모셔오라 하시기에 이곳까지 모시러 왔습니다."라고 하였다. 사명당은 이 소리를 듣고 '내가 오는 것을 어떻게 알고 이곳까지 사람을 보냈을까? 소문에 듣던 바와 같이 서산대사도 만만치 않겠구나.' 하고 속으로 놀라며 겉으로는 태연하게 "아, 그렇소. 내가 묘향산에서 오는 사람이요. 일부러 마중까지 나오느라 수고가 많았소." 하고 같이 장안사로 들어갔다.

장안사 뜰에서 마중나온 서산대사를 만난 사명당은 서산대사의 도술이 만만치 않으니 처음부터 꼼짝 못 하게 해야겠다고 마음먹었다. 사명당은 때마침 절간 위로 날아가는 참새 한 마리를 도술로 자기 손아귀에 잡아넣고 보란 듯이 그 술術을 뽐내며 "하늘을 날던 새가 지금 내 손아귀에 들어와 있는데 새가 죽었겠는가 살았겠는가?"라고 서산대사에게 물었다. 때마침 대사는 사명당을 안내하여 막 승방僧房에 들려고 한쪽 다리는 문밖에 있고 한쪽 다리는 문안에 있던 찰나였다. 서산대사는 문지방 사이에 두다리를 걸친 채 "내가 지금 방으로 들어가겠는가, 밖으로 나가겠는가?"라고 반문하니 사명당이 대답을 하지 못하였다. 서산대사는 계속하여 말하기를 "제 수중에 있는 것은 제 마음 나름이지 누구에게 물을 필요가 있겠는가?" 하고 웃으며 승방에 안내하여 인사를 치렀다. 서산대사와 사명당은 자리를 같이하고 마주앉았다. 서산대사가 옆에 있는 어항의 고기를 가리키며 "스님께선 먼 길을 오시느라 시장할 터이니 날것이지만 우선 이 고기를 먹어 요기나 합시다"라고 말하며 어항을 두 사람 앞으로 끌어당겼다. 사명당이 의아해 하며 "불교에 몸을 담고 있는 사람으로 어찌 살생할 수있겠소. 스님은 살생하려는 것을 보니 아직 도를 터득하지 못했군요." 하고 받아넘겼다. 서산대사가 그 말을 듣고 "날것을 먹는다 하여 다 살생은 아니오. 먹어서 요기가 된 뒤에 다시 토하여 살려 놓으면 될 것이니 우선요기를 합시다."라고 하며 사명당에게 권하여 같이 어항의 산 고기를 집어삼켰다.

　　그리하고 난 뒤 얼마 있다가 "이제는 요기가 되었을 것이니 다시 토해놓읍시다"라고 하며 서산대사는 먹었던 고기를 전부 토해 놓으니 한 마리도 죽은 것이 없었다. 그러나 사명당이 토한 고기는 전부 죽어 있었다.

　　첫 내기에서 패한 사명당은 설욕하려고 서산대사에게 달걀 수십 개를 가져오라 하여 "이 달걀을 외줄로 치쌓을 터이니 대사도 그렇게 해보시오." 하고 방바닥에서 시작하여 외줄로 치쌓아 올라갔다. 사명당은 다 쌓고 나서

회심의 미소를 짓고 있는데 서산대사는 그 달걀을 허공(虛空)에 외줄로 쌓아갔다. 이것을 보고 있던 사명당은 더 말을 하지 못하였다. 이때 마침 점심상이 들어왔다. 서산대사는 상을 받아놓고 사명당에게 "점심은 국수를 했으니 사양하지 말고 많이 잡수시오." 하기에 그릇을 보니 국수가 아니라 수천 개의 바늘이 물에 잠겨 있었다. 서산대사가 그 바늘을 맛있게 한 그릇을 치우고 나니 사명당은 그제서야 꿇어 엎드려 "소승이 도인을 못 알아보고 외람된 짓을 했으니 용서하시고 소승을 제자로 거두어주시기 바랍니다."라고 말하며 제자로 받아주기를 공손히 간청하였다. 임진왜란 때 국란을 구하려고 서로 힘을 합해 승병을 모집하고 위기에 처한 나라와 백성을 위해 온몸을 던진 큰스님들이다.

지나간 시간들을 되돌아보면 여행에 대한 많은 에피소드와 힘든 일정들이 생각난다. 거리와 시간에 대한 가장 인상적인 것 중에 하나는 중국 신장의 우루무치 기차역에서 밤 11시 55분에 출발하는 카자흐스탄 알마티행 국제여객열차를 타고 중국의 마지막 국경역 알렉산고에 도착하여 3시간 20분을, 카자흐스탄 두루바시 국경역에서 6시간을 대기하며 두세 번의 까다로운 검색과정을 거치다 보니 두 나라 국경을 통과하는 데 9시간 30분이 소요되었다. 이틀 밤을 기차에서 자면서 카자흐스탄 알마티역에 도착하니 총 33시간이 소요되었다. 과거 공산권국가들의 국경 통과과정의 잔재가 남아 있던 시절의 이야기다.

　또 하나의 잊지 못할 추억 중에 하나는 터키 이스탄불에서 카파도키아의 괴뢰메행 버스여행이다. 이스탄불에서 심야버스를 타고 하룻밤을 버스에서 보내며 다음날 아침 7시 30분에 도착하게 되었는데 창밖에 꽉 찬 달빛이 수천 겹의 잔물결로 파묻져 내 가슴으로 밀려올 때 중앙아시아에서 보았던 초승달이 어느새 보름달로 변해 있었다.

　카파도키아의 기이하고 환상적인 경관을 감상하고 괴뢰메에서 이스탄불행 야간버스에 올랐다. 아침 7시 잠에서 깨어보니 버스는 아시아와 유럽을 넘어가는 길목인 보스포러스대교를 지나고 있었다. 이스탄불에서 아침식사를 마치고 괴뢰메에서 만난 다니엘과 함께 그리스 아테네행 버스에 올랐다. 그리스와 터키 사이에 있는 말마라해협과 잠결에 스쳐가는 눈부신 황금빛 옥수수 물결, 동해안을 연상케 하는 에게해의 아름다운 해변마을과 손을 흔들며 사라지는 데샤로우키 소녀 소냐의 뒷모습이 몹시 인상적이었다. 새벽 5시 20분 아테네 버스터미널에 도착하여 다니엘과 숙소를 찾던 기억이 새롭다. 중국의 우루무치에서 카자흐스탄 알마티까지 기차로 33시간, 카파도키아에서 이스탄불을 경유하여 그리스 아테네까지 버스로 이동한 시간이 총 33시간, 기차와 버스를 타고 각각 이동한 가장 긴 여행시간이 되었다.

국내 여행에서는 지난 가을 오색에서 대청봉을 거쳐 천불동계곡을 경유하는 코스로 11시간이 소요되었다. 양양을 경유하다 보니 오색에서 아침 늦게 출발하였다. 대청봉 정상에 눈이 덮여 있어 서서 김밥을 먹으며 시간을 최대한 단축시켰다. 그 다음 주에는 비선대에서 마등령을 거쳐 공룡능선을 넘어 천불동계곡을 내려오는 데 13시간이 소요되었다. 설악산에서 가장 험한 코스 중에 하나로 공룡능선은 기복이 심하고 밧줄이나 쇠줄을 잡고 오르내리는 코스가 많다. 거리에 비해 시간이 많이 소요되는 난코스다.

책을 집필하면서 예전에 다녔던 계곡을 다시 살펴보게 되었고 동영상이나 디지털카메라로 찍은 사진이 부족한 코스가 오세암과 봉정암이었다. 1월 중순쯤 미루어두었던 산행을 다시 시작했다. 집필작업에 몰두하다 보니 운동도 부족했고 매일 밤 늦게까지 온라인에 쓰일 사진파일과 원고를 읽으며 보내는 시간이 길어져 몸 상태를 알 수 없었다.

일요일 새벽 속초에서 백담사로 출발했다. 새벽이라 용대리마을 주차장 입구에 있는 매표소에서 경비아저씨에게 차량 진입을 부탁했지만 냉정하고 완강한 거부에 포기하고 말았다. 8시 30분부터 차량이 운행된다니 추위에 떨며 기다리는 것보다 차라리 7km 걷는 길을 택했다.

영시암水矢庵에서 비로자나불을 참배하고 수렴동계곡을 거쳐 봉정암을 향했다. 겨울이라 계곡물은 얼어 있었다. 백담사에서 봉정암까지 11.2km 정도의 거리로 외설악보다 내설악코스는 비교적 산세가 완만하고 평탄한 편이다. 봉정암에서 점심공양을 하고 부처님 진신사리를 모신 대웅전으로 들어갔을 때 정면이 통유리로 설치되어 있었다. 주변 전경을 보니 이곳이 불국토구나 하는 생각이 절로 일어났다.

저녁 5시 30분 용대리행 마지막 버스를 타기 위해 하산하던 중 오세암을 경유하지 못한 것이 몹시 아쉬웠다. 하루 더 일찍 오는 것보다 무리하더라도 오세암으로 가자는 생각이 들어 수렴동대피소 아래 삼거리에서 다시 오세암을 향했다. 왕복 5km로 수렴동대피소 산장아저씨는 시간이 늦어 위험하다고 한사코 말렸다.

지친 상태지만 오세암에 도착하여 동영상과 사진을 촬영하고 마무리 작업을 할 수 있었다. 천진관음보전의 관음보살 형상은 매우 강렬한 인상을 주었다. 오세암에서 마지막 현장답사가 끝나는 순간이었다. 예전에는 사계절을 몇 년 동안 다니며 자료를 수집했지만 근년에는 많이 방문하지 못했다. 지난해 7-8회 설악산을 찾아 다시 정리할 기회를 갖게 되었다. 하루 종일 매서운 고산지대의 날씨에 콧물이 흐르고 물병마저 얼어버렸다.

백담사에 내려왔을 때는 저녁 6시 20분이 되었다. 저 멀리 백담사

불빛만 아득했다. 3시간 정도 밤길을 혼자 걸었다. 넓은 계곡과 달빛을 벗 삼았다. 외롭다기보다는 마무리를 지었다는 홀가분함이 앞섰다. 아침 7시에 출발하여 용대리로 되돌아오니 밤 8시가 되었다. 13시간 동안 41.4km를 걸었다. 이 책을 집필하는데 마지막까지 무사히 끝낼 수 있도록 도와주신 불가佛家의 가피加被에 깊이 감사드리며 여정을 마무리했다.

참고문헌

- 강릉. 역사공간, 차장섭. 2013.
- 강릉선교장. 열화당, 이기서. 1996.
- 강릉의 누정자료집. 강릉문화원, 1997.
- 강릉의 역사인물 자료집(상). 강릉문화원, 2003.
- 강릉의 역사인물 자료집(하). 강릉문화원, 2003.
- 강릉의 풍수. 강릉문화원, 조웅연. 2010.
- 강릉향교지. 강릉향교, 강릉향교. 1996.
- 경포대와 경포호의 문화산책. 새미, 2009.
- 경포호수와 그 주변의 문화. 강릉시, 2001.
- 高城郡誌. 高城郡, 1986.
- 蛟山 許筠 詩選. 평민사, 허경진 옮김. 2002.
- 麟蹄郡史, 麟蹄郡. 1996.
- 선교장. 열화당, 차장섭. 2014.
- 束草市誌. 束草市, 1991.
- 신사임당. 명문당, 손동인 · 이현희 · 박경용. 2016.
- 襄州誌. 襄陽郡, 1990.
- 오버 더 실크로드. 늘푸른소나무, 함영덕. 2007.
- 의료관광마케팅론. 새로미, 김희승 · 이혜승. 2017.
- 이율곡. 명문당, 손동인 · 이현희 · 박경용. 2008.
- 임영문화. 강릉문화원, 제41집. 2017.
- 정동진에서 사랑하고 이별하고. 유토피아, 최순철. 1998.
- 지극한 생명의 길. 헌화로. 솔향강릉, 9호. 이홍설. 2012.
- 촘소리. 참소리 축음기. 에디슨박물관, 손성묵. 2013.
- 평행우주. 김영사, 미치오 카쿠. 박병철 옮김. 2006.
- 허균과 강릉. 강릉시, 장정룡. 1998.
- 허균론. 애산학보. 19집. 1995.
- 허난설헌 시선. 평민사, 허경진 옮김. 2015.
- 허난설헌. 건국대학교출판부, 2004.
- 허난설헌연구. 성신여자대학교출판부, 1984.
- 환단고기. 상생출판, 안경전 역주. 2013.

저자와의
합의하에
인지첩부
생략

동해의 물길 따라

2019년 5월 10일 초판 1쇄 인쇄
2019년 5월 15일 초판 1쇄 발행

지은이 함영덕
펴낸이 진욱상
펴낸곳 (주)백산출판사
교 정 성인숙
본문디자인 오정은
표지디자인 오정은

등 록 2017년 5월 29일 제406-2017-000058호
주 소 경기도 파주시 회동길 370(백산빌딩 3층)
전 화 02-914-1621(代)
팩 스 031-955-9911
이메일 edit@ibaeksan.kr
홈페이지 www.ibaeksan.kr

ISBN 979-11-89740-06-1 03900
값 18,000원